Horst Pöttker · Christiane Schulzki-Haddouti (Hrsg.)

Vergessen? Verschwiegen? Verdrängt?

Horst Pöttker
Christiane Schulzki-Haddouti (Hrsg.)
unter Mitarbeit von Tobias Eberwein

# Vergessen? Verschwiegen? Verdrängt?

10 Jahre „Initiative Nachrichtenaufklärung"

**VS VERLAG** FÜR SOZIALWISSENSCHAFTEN

Bibliografische Information Der Deutschen Nationalbibliothek
Die Deutsche Nationalbibliothek verzeichnet diese Publikation in der
Deutschen Nationalbibliografie; detaillierte bibliografische Daten sind im Internet über
<http://dnb.d-nb.de> abrufbar.

Dieser Band erscheint mit freundlicher Unterstützung der Stiftung Pressehaus NRZ (Essen).

1. Auflage Juni 2007

Alle Rechte vorbehalten
© VS Verlag für Sozialwissenschaften | GWV Fachverlage GmbH, Wiesbaden 2007

Lektorat: Barbara Emig-Roller

Der VS Verlag für Sozialwissenschaften ist ein Unternehmen von Springer Science+Business Media.
www.vs-verlag.de

Das Werk einschließlich aller seiner Teile ist urheberrechtlich geschützt. Jede Verwertung außerhalb der engen Grenzen des Urheberrechtsgesetzes ist ohne Zustimmung des Verlags unzulässig und strafbar. Das gilt insbesondere für Vervielfältigungen, Übersetzungen, Mikroverfilmungen und die Einspeicherung und Verarbeitung in elektronischen Systemen.

Die Wiedergabe von Gebrauchsnamen, Handelsnamen, Warenbezeichnungen usw. in diesem Werk berechtigt auch ohne besondere Kennzeichnung nicht zu der Annahme, dass solche Namen im Sinne der Warenzeichen- und Markenschutz-Gesetzgebung als frei zu betrachten wären und daher von jedermann benutzt werden dürften.

Umschlaggestaltung: KünkelLopka Medienentwicklung, Heidelberg
Druck und buchbinderische Verarbeitung: Krips b.v., Meppel
Gedruckt auf säurefreiem und chlorfrei gebleichtem Papier
Printed in the Netherlands

ISBN 978-3-531-15435-0

# Inhalt

*Anke Martiny*
Vorwort ........................................................................................... 7

Die Top Ten der vernachlässigten Themen 2006 ........................... 11

*Horst Pöttker*
Recherche – chronisches Defizit des Journalismus
Die INA bemüht sich um Ausgleich ............................................... 15

*Christian Schicha*
Vernachlässigung als Thema
Nachrichtenaufklärung trotz Nachrichtenfaktoren .......................... 25

*Rita Vock*
Was gilt als wichtig?
Über die strukturelle Vernachlässigung von Nachrichten ............... 35

*Christiane Schulzki-Haddouti*
Auf der Suche nach dem Vernachlässigten
Recherchieren für die Initiative Nachrichtenaufklärung ................. 55

*Peter Ludes*
Verdunkelungsgefahren oder Medienzivilisierung? ....................... 63

*Caja Thimm/Sandra Berlinecke*
Mehr Öffentlichkeit für unterdrückte Themen?
Chancen und Grenzen von Weblogs ............................................... 81

*Johannes Ludwig*
Investigativer Journalismus: Handwerk oder „Hohe Kunst"? ........ 103

*Hubertus Gärtner*
Investigativer Journalismus im Lokalen ......................................... 121

*Manfred Redelfs*
„Investigative Reporting" in den USA:
Welche Strukturen stützen den Recherche-Journalismus? ............... 131

*Carl Jensen*
Thirty Years of Censored News ................................................. 157

*Christoph Hickmann*
Von wichtigen und weniger wichtigen Geschichten. Eine Polemik ........... 167

Statut der Initiative Nachrichtenaufklärung ................................. 173

Geschäftsordnung der Jury der Initiative Nachrichtenaufklärung ............ 177

Die Top Ten der vernachlässigten Themen 2006
(Ausführliche Dokumentation) ................................................ 179

Die Top Ten der vernachlässigten Themen 1997-2005 (Kurzfassungen) ..... 213

Verzeichnis der Autorinnen und Autoren ..................................... 241

Register ..................................................................... 245

# Vorwort

*Anke Martiny*

„Nachhaltigkeit" – „sustainability" – kommt als Begriff im 15 Jahre alten Langenscheidt'schen Großwörterbuch weder auf Englisch noch auf Deutsch vor. Das ist merkwürdig, denn es ist heute eines der meist gebrauchten Worte, wenn es um die Wirkung oder die Folgen gesellschaftlich bedeutsamer Handlungen geht. Hat sich die Welt so rasch verändert, dass nicht einmal große Lexika auf dem Laufenden sind?

Nachhaltig sollen Energiesparmaßnahmen wirken, „sustainable" sollen Umweltauflagen sein, auf Nachhaltigkeit zielen zum Beispiel die Programmatik und die beabsichtigte Ausgestaltung eines Großereignisses wie des Evangelischen Kirchentages, der derzeit für den Mai 2007 in Köln geplant wird. Verschwendung ist demnach „mega-out", Nachhaltigkeit heißt das Gebot der Stunde.

Relativ neu ist der Begriff also wohl, aber er ist weit davon entfernt, lediglich modisch zu sein. Ein Kampfbegriff ist er sicher auch nicht, obgleich er umstritten ist. Benutzt wird er vor allem von jenen, die die Gesellschaft zum Besseren verändern wollen. Aber auch kommunale Amts- und Würdenträger wissen ihn einzusetzen und auf ihre Verantwortungsbereiche anzuwenden.

Der Begriff „Nachhaltigkeit" umschreibt, dass gesellschaftlich notwendige Maßnahmen oder Projekte keine Eintagsfliegen und keine Ad-hoc-Entscheidungen sein dürfen, sondern zukünftige Entwicklungen berücksichtigen und langfristig positive Veränderungen bewirken sollen. Werden Häuser oder Energieversorgungssysteme modernisiert, so soll damit nachhaltig Energie gespart werden – mit positiven Auswirkungen auf die Kosten und auf die Umwelt. Findet ein Großereignis statt, so wünscht man sich, dass seine Wirkungen nicht wie ein Feuerwerk zerknallen und verpuffen, sondern dass nach dem Ereignis Veränderungen festzustellen sind, die in der Region dankbar bemerkt werden, weil sie langfristig positive Effekte haben.

In einem bestimmten Bereich wird von Nachhaltigkeit zwar oft geschrieben und gesprochen, aber in ihm selbst sind Beiträge dazu eher selten. Das ist der Journalismus. „Nichts ist so fad wie die Zeitung von gestern", heißt es zum Beispiel oft. Als ob es in den Zeitungen vor allem um die Neuigkeiten, die

„News" ginge! Viele in der Öffentlichkeit stehende Menschen oder Firmen und Organisationen verlassen sich darauf, negative Medienberichte einfach mit Schweigen zu übergehen und sie „auszusitzen", denn – wie es heißt – „morgen läuft eine andere Sau durchs Dorf". Auch die im Halbstundentakt im Radio oder im Fernsehen gelieferten Nachrichten leisten so gut wie nichts, um den Nachrichten andere Qualitäten als den reinen News-Transport abzuverlangen.

Das hier vorliegende Handbuch der „Initiative Nachrichtenaufklärung" (INA) ist die Fortsetzung des Versuches, dem Umgang mit Nachrichten so etwas wie Nachhaltigkeit zu geben. Es geht darum, die Hektik des News-Umsatzes punktuell zu stoppen und parallel zum sich eifrig weiter drehenden Nachrichtenkarussell Haltepunkte einzurichten, wo Fragen erzwungen werden sollen: „Wie? Das war alles?" Oder: „Und was geschieht nun weiter?"

Eigentlich sollte sich ja auch der Nachrichten-Konsument gelegentlich fragen, was denn aus einem Vorgang wurde, über den er sich vor Wochen oder Monaten geärgert oder gewundert hatte, oder auch, warum er von manchen schlimmen Dingen gar nichts (mehr) liest.

„Nachrichtenaufklärung" ist etwas anderes als der Wetterbericht, das Horoskop oder der Veranstaltungskalender. Gemeint ist, dass die Übermittlung von Nachrichten aufklärerische Ziele verfolgen sollte oder muss. Journalisten sollten sich fragen: Warum leite ich eine Nachricht weiter? Treibt mich die Sensationslust? Will ich am Markt der Erste sein? Sodann: Welchen Zweck verfolge ich mit der Weitergabe? Möchte ich öffentlich aufrütteln und Mitstreiter gewinnen? Will ich Zusammenhänge klären und der „res publica", also den „öffentlichen Angelegenheiten" dienen? Schließlich: Ist es nicht meine Pflicht, zu beobachten, wie mit der von mir übermittelten Nachricht weiter umgegangen wird? Wird sie totgeschwiegen? Wer greift sie auf? Löst sie Reaktionen aus? – Genauso wichtig ist aber ein Fragenbündel, das danach sucht, warum bestimmte Nachrichten nicht übermittelt werden und warum Journalisten einzelnen Fragestellungen von Relevanz nicht nachgehen.

Die „Initiative Nachrichtenaufklärung" wurde 1997 von Medien- und Kommunikationswissenschaftlern gegründet. Sie „stellt sich die Aufgabe, Journalisten und Medien auf Themen hinzuweisen, die zu wenig oder gar nicht öffentlich gemacht werden, obwohl sie relevant sind. Die INA will über Gründe und Folgen dieser Vernachlässigung aufklären." So steht es im Statut der Organisation. Die Initiative schränkt die aufklärerischen Ziele also etwas ein: Ihr geht es vor allem um Themen, von denen die Medien kaum Kenntnis nehmen. Um diese ins öffentliche Bewusstsein zu rücken, wird alljährlich ein Kranz aus zehn „Top-Themen" geflochten, derer sich im jeweils vergangenen Jahr nach Meinung der Jury zu wenige angenommen hatten.

# Vorwort

Der vorliegende Band enthält und kommentiert diese Top Ten des Jahres 2006 und liefert damit eine seit 1997 zum zehnten Mal neuerlich verbreitete Basis für die anderen Beiträge des Buches, die sich mit den Gründen befassen, warum bestimmte Nachrichten als wichtig, andere hingegen als vernachlässigenswert betrachtet werden.

Wer heutzutage als Journalist oder auch als NGO Material in die öffentliche Diskussion einspeisen möchte, sieht sich einem harten Wettbewerb um die umkämpfte Ressource Öffentlichkeit ausgesetzt. Auch die beste Recherche bringt ein unbefriedigendes Ergebnis, wenn ihr Resultat am falschen Ort und zur falschen Zeit platziert wird. Auch hierzu bietet das Handbuch zusammenfassende Beiträge.

Die Mechanismen zu durchschauen, wo über die Wichtigkeit und Relevanz von Nachrichten entschieden wird, ist nicht jedem gegeben. Insofern kommt der „Initiative Nachrichtenaufklärung" die Rolle eines „Media Watchdog" zu, der sich gern auch investigativer Methoden bedient. Besonders im Lokaljournalismus wächst die Bedeutung der investigativen Recherche. Die wachsende Medienkonzentration macht es ständig schwieriger, politisch belastende Resultate der Recherche öffentlich zu machen und dadurch eine Debatte zu entfachen, die die Dinge klärt. Da kann ein solcher Watchdog helfen.

Die Aufgaben unabhängiger Medien und Journalisten werden angesichts der vermachteten Marktstrukturen immer größer. Einzelne können die Verantwortung für die „Aufklärung mittels Nachrichten" kaum mehr schultern. Umso wichtiger ist es, dass Organisationen wie die „Initiative Nachrichtenaufklärung" ihnen beispringen und zu einer laut vernehmbaren Stimme werden.

# Die Top Ten der vernachlässigten Themen 2006[1]

## 1. Fehlende Therapieplätze für Medikamentenabhängige

1,4 Millionen Menschen in Deutschland sind von Medikamenten abhängig. Therapieplätze gibt es jedoch nur für die rund 1,7 Millionen Alkoholkranken und die knapp 300.000 Menschen, die von illegalen Drogen abhängig sind. Auch sind die Therapieangebote nicht auf die Bedürfnisse der von psychotropen Medikamenten Abhängigen zugeschnitten: Sie werden meist im Alkoholentzug therapiert, der nicht auf ihre besonderen Probleme ausgerichtet ist. Obwohl der Suchtbericht 2006 der Bundesregierung die Versäumnisse benennt, fehlen in der Berichterstattung Hinweise auf das völlig unzureichende Angebot an Therapieplätzen und die möglichen Ursachen dafür.

## 2. Über eine Million politische Gefangene in China – unmenschliche Haftbedingungen und Organhandel?

Dass es Menschenrechtsverletzungen in China gibt, ist in der Öffentlichkeit bekannt. Kaum bekannt ist das Ausmaß: Die Zahl der politischen Gefangenen in China liegt nach Schätzungen der Internationalen Gesellschaft für Menschenrechte deutlich über einer Million – eine Zahl, die von Wirtschaftsmeldungen oder der Vorfreude auf die Olympischen Spiele 2008 in Peking verdrängt wird. Zunehmend gelangen Berichte in den Westen, dass Proteste blutig unterdrückt werden sollen. Auch nehmen Meldungen zu, nach denen Hingerichteten die Organe entnommen und diese dann verkauft worden sein sollen. Die chinesische Pressezensur hat notwendige weitere Recherchen bislang massiv erschwert.

---

1   Eine ausführliche Dokumentation dieser Top-Ten-Liste sowie eine Übersicht über die Top-Themen der Jahre 1997 bis 2005 finden sich in einer separaten Aufstellung auf den Seiten 179-239.

### 3. Stromfresser Internet

Klick für Klick, Mail für Mail verbraucht das Internet gewaltige Mengen Strom. Bereits im Jahre 2010 werden dafür – wenn die Energieeffizienz nicht steigt – voraussichtlich drei Atomkraftwerke laufen müssen. Während Energiesparen zu Hause längst populär geworden ist, ist dies in vielen Rechenzentren kaum ein Thema. Verbraucher machen keinen Druck für energiesparende Serverfarmen, weil deutsche Medien darüber kaum berichten. Das Thema ist in seiner gesamten Bedeutung – abgesehen von einer kurzen Themenkarriere im Jahr 2003 – in den deutschen Medien vernachlässigt worden.

### 4. Biowaffen aus dem Internet

Gefährliche Krankheitserreger lassen sich aus frei über das Internet erhältlichen Gen-Sequenzen zusammensetzen. Dieser Versandhandel unterliegt keiner wirkungsvollen Kontrolle. Terroristische Organisationen mit entsprechender Kenntnis und Ausrüstung könnten so zum Beispiel in den Besitz des Pocken-Virus gelangen, gegen den es keinen ausreichenden Impfschutz mehr gibt. Eine internationale Biologen-Konferenz hat bereits im Mai 2006 vor der Gefahr eines Missbrauchs gewarnt. Die Berichterstattung über dieses Thema ist im Vergleich zu seiner Brisanz gering.

### 5. Wenn Insider Alarm schlagen – Whistleblower haben in Deutschland einen schweren Stand

Von Korruption bis zum Gammelfleisch: Missstände in Unternehmen werden oft erst dadurch bekannt, dass Mitarbeiter sich an die Öffentlichkeit wenden. Im internationalen Vergleich haben es so genannte Whistleblower in Deutschland jedoch schwer. Sie werden nicht nur als Denunzianten hingestellt, sondern haben auch – anders als etwa in den USA oder in Großbritannien – keinen besonderen Rechtsschutz. Medien berichten vereinzelt über firmeninterne Maßnahmen wie Korruptions-Hotlines, nicht aber über die prekäre Rechtslage.

### 6. Keine Zukunft für die Sahrauis

Die Sahrauis leben seit mehr als 30 Jahren in Flüchtlingslagern in der Westsahara. Marokko blockiert jede Bemühung, den Konflikt mit der Befreiungsbewegung Polisario öffentlich werden zu lassen. Die UNO versucht vergeblich, die Konflikt-Parteien zu einer Lösung zu führen. Hilfsorganisationen wie Medico International ziehen sich zurück. Das Schicksal der Sahrauis stand 2002 stellvertretend für vergessene Kriege an der Spitze der vernachlässigten Themen der Initiative Nachrichtenaufklärung. Heute können die Sahrauis als das vergessene Volk bezeichnet werden.

## 7. MEADS: Auf welche Berater verließ sich die Bundesregierung?

Laut einem WDR-Fernsehbeitrag hat die rot-grüne Regierung vor ihrer Entscheidung, das umstrittene Raketen-Abwehrsystem MEADS mitzufinanzieren, drei Politikberater konsultiert, die Verbindungen zum beteiligten EADS-Konzern hatten. Die anteiligen Entwicklungskosten für MEADS belaufen sich für Deutschland auf voraussichtlich eine Milliarde Euro. 2008 steht die Entscheidung über die Beschaffung an. Die Verbindungen wurden nur in einem Bericht des WDR-Magazins „Monitor" aufgedeckt. Eine weiter gehende Berichterstattung, eine Überprüfung der vorgelegten Analysen oder eine breite öffentliche Diskussion über die Notwendigkeit des Rüstungsprojekts stehen aus.

## 8. Agrarsubventionen: EU verhindert rechtzeitige öffentliche Debatte

Obwohl im Herbst letzten Jahres die Offenlegung aller Informationen über EU-Agrarsubventionen auf europäischer Ebene für 2007 beschlossen wurde, werden sie der deutschen Öffentlichkeit weiterhin vorenthalten. Von den Medien weitgehend unbemerkt, hat die EU auf Druck einiger Mitgliedsstaaten die Pflicht zur Veröffentlichung der Agrarbeihilfen mittlerweile auf das Jahr 2009 verschoben, obwohl 2008 eine Neuverhandlung des EU-Haushalts und der Agrarsubventionen geplant ist. Offenbar möchte man verhindern, dass Informationen bereits vor der Neuaushandlung des EU-Agrarhaushalts ans Licht kommen.

## 9. Öl-Konzern hintertreibt Klimaschutzpolitik

Exxon Mobil betreibt intensive Lobbyarbeit in Brüssel und in Deutschland, um eine Lockerung der Klimaschutzprotokolle zu erreichen. Deutsche Medien haben darüber kaum berichtet.

## 10. Pauschale Bonitätsprüfung

Der Scorewert ist ein umstrittener, rein statistischer Wert, der vor allem Banken für eine Beurteilung der Bonität eines Kunden dient. Die Verbraucher sind über diese Bewertungskennzahlen oft nicht informiert und können daher auch keine Fehler korrigieren. Sofern sie wissen, wie der Wert zu Stande kommt, ist ihnen meist nicht klar, dass sie das Recht haben, auch gezielt nachzufragen, um ihre Kreditwürdigkeit zu verbessern. Die Aufklärung über die Kennzahlen zur Kreditwürdigkeit sollte in einem kooperativen Stil zwischen Banken und Kreditkunden geschehen. Das Thema ist wichtig, weil es Millionen von Bankkunden betrifft und zur Transparenz und Vertrauensbildung in der Beziehung zwischen Banken und ihren Kunden beiträgt.

# Recherche – chronisches Defizit des Journalismus
# Die INA bemüht sich um Ausgleich

*Horst Pöttker*

Die Recherche ist ein Stiefkind des Journalismus. Das gilt besonders in totalitären und autoritären Systemen, die Journalisten die Gegenstände der Berichterstattung vorschreiben, anstatt sie selbst danach forschen zu lassen. Aber auch in liberal-demokratischen Systemen kommt die Recherche leicht zu kurz, besonders unter den Bedingungen einer ökonomischen Medienkrise. Im Folgenden stelle ich zunächst die durchweg defizitäre Situation der Recherche dar, frage dann nach den Gründen dafür und überlege am Schluss, was getan werden kann, um die Recherche zu fördern.

Dabei verstehe ich unter *Recherche eine eigenständige, bewusste, planvolle und erlernbare Handlungsweise von Journalisten, welche unter Verwendung professionell standardisierter Techniken darauf zielt, zutreffende und umfassende Informationen über Themen, Publikum oder Vermittlungsmöglichkeiten zu gewinnen und hinsichtlich der Wahrheitsdimensionen Richtigkeit und Vollständigkeit auf transparente Weise zu kontrollieren.*

## 1. Ausgangslage: Wie stellt sich die Situation der Recherche dar?

Im Journalismus kommen immer wieder spektakuläre Fehlleistungen vor, weil Journalisten sich in ihrer Berichterstattung auf das verlassen, was sie selbst oder ihr Publikum gern glauben, anstatt sich allein an Logik und eigene oder fremde, aber jedenfalls intersubjektiv überprüfbare empirische Wahrnehmungen zu halten. Ein aktuelles Beispiel: Am 13. Juli 2004 brachten viele deutsche Zeitungen als Aufmacher einen sensationellen Bericht über einen antisemitischen Überfall in Paris; z. B. die „Frankfurter Rundschau":

**Rassistischer Überfall schockiert Frankreich**
Frau mit Hakenkreuzen beschmiert / Antisemitismus nimmt stark zu
<u>Von Hans-Helmut Kohl</u>
Mit großer Empörung hat die französische Öffentlichkeit auf einen antisemitischen Überfall reagiert, bei dem in einem Pariser Vorortzug eine Frau mit ihrem Baby von Jugendlichen aus-

geraubt und mit Hakenkreuzen beschmiert wurde. Mitreisende hatten untätig zugesehen. (...) „Sie hat um Hilfe gerufen, aber es gab keine Reaktion", schrieb am Montag die Zeitung *Le Figaro*. Sechs Jugendliche nordafrikanischer Abstammung hatten die Frau am Freitagvormittag in der voll besetzten Regionalbahn-Linie D des Pariser Verkehrsverbundes RER angegriffen. Mit Messern zwangen sie die 23-Jährige, ihre Geldbörse herauszugeben. Als sie in ihrem Personalausweis entdeckten, dass sie in dem wohlhabenden 16. Pariser Arrondissement gemeldet war, beschimpften die Täter die Frau als Jüdin, schnitten ihr Haarbüschel vom Kopf, schlitzten ihre Kleidung auf und beschmierten mit einem Filzstift den Bauch ihres Opfers mit Hakenkreuzen. Beim Davonlaufen kippten sie den Kinderwagen mit dem 13 Monate alten Baby um. Als das Opfer Anzeige erstatten wollte, wurde es weggeschickt und sollte mit einem Attest über die Verletzungen wiederkommen. Die Polizei sucht nach den Zeugen, von den Tätern fehlt bislang jede Spur.

Man beachte den durchgehend faktischen Ton. Angesichts der fehlenden Zeugen hätte ein recherchebewusster Journalist ja auch den Konjunktiv statt des Infinitivs verwenden können. Am nächsten Tag hieß es dann in derselben Zeitung, allerdings viel kleiner und ganz am Rand:

### Überfall war erfunden
Der angeblich antisemitische Überfall auf eine junge Mutter in einer Pariser S-Bahn war reine Erfindung. Das vermeintliche Opfer gestand der Polizei die Lüge, teilte die Staatsanwaltschaft am Dienstagabend mit. Die Frau kam in Gewahrsam.

Ein brutaler antisemitischer Übergriff hat höchsten Nachrichtenwert, für das deutsche Publikum offenbar besonders, wenn er im Ausland geschieht. Im Übrigen ist es ein Gebot der „political correctness", solche Schandtaten emphatisch abzulehnen. Darauf und auf die Kollegen von der Presse im Nachbarland hatten die deutschen Journalisten sich verlassen, nicht auf die Regeln der Recherche.

Ein ähnliches Beispiel war die Berichterstattung über das vermeintliche Ertränken eines türkischen Kindes durch Rechtsextreme im ostdeutschen Sebnitz im Herbst 2000, die sich bald darauf als Falschmeldung aufgrund von Lügengeschichten der Eltern des ertrunkenen Kindes herausstellen sollte. Aber auch die Berichte der US-amerikanischen Medien über vermeintliche Massenvernichtungswaffen im Irak und die allzu späte Selbstkritik der „New York Times" wären als Beispiel zu nennen.

Wenn ich auf solche Fehlleistungen hinweise, will ich damit nicht behaupten, dass der Journalismus im Allgemeinen nichts taugt. Im Gegenteil: Er hat nicht nur große Persönlichkeiten wie Daniel Defoe, Alexander Puschkin, Upton Sinclair, Theodor Wolff, Egon Erwin Kisch oder Hanns-Joachim Friedrichs hervorgebracht, sondern auch bleibende Bestandteile unserer Kultur wie die Genres Nachricht, Reportage, Kommentar und Interview. Und beispielsweise an der Kriegsberichterstattung lässt sich zeigen: Seitdem der Journalismus sich zu Beginn des 18. Jahrhunderts seiner Aufgabe bewusst geworden ist, räumliche und soziale Barrieren der gesellschaftlichen Kommunikation zu überwinden und für wichtige Themen Öffentlichkeit herzustellen, wehren sich Journalisten dagegen, von Politikern, Militärs und anderen Mächtigen für Propagandazwecke benutzt zu werden. Die mehr oder weniger kontinuierliche Entfaltung des Unabhängigkeitsstrebens ist ein Aspekt der Professionalisierung, die eingebettet ist in den historischen Prozess der funktionalen Differenzierung, bei dem auch der Journalismus als Handlungssystem zunehmend Autonomie gewinnt und sich von anderen Handlungssystemen abgrenzt. Im Laufe dieses Prozesses bildete und bildet der Journalismus professionelle Standards, z. B. die erwähnten Genres oder berufsethische Normen nebst entsprechenden Ausbildungskapazitäten heraus, die ihm helfen, seine Unabhängigkeit gegen die Begehrlichkeiten der Mächtigen zu verteidigen.

Aber – so meine Ausgangsthese – im Vergleich mit der Entwicklung der professionellen Darstellungsformen und berufsethischen Verhaltensregeln oder im Verhältnis zur wachsenden Unabhängigkeit von Politik, Militär und anderen Handlungssystemen ist die *Recherche* als Technik der Emanzipation von *eigenen* Vorurteilen (und denen des Publikums) in der Entwicklung des Journalismus bisher vernachlässigt worden. Das gilt von Anfang an. Bereits 1712 formulierte Daniel Defoe, einer der ersten Journalisten mit professionellem Selbstverständnis, im Zuge seiner sehr weitsichtigen Kritik an Presselügen und sensationellen Aufbauschungen in der Kriegsberichterstattung seiner Zeit:

„Und was ist nun die aktuelle Lüge der Woche? (...) Ich glaube, die Meisterlüge an der Spitze des Schwarms ist die über die Truppen des Herzogs von Ormond, von denen behauptet wird, sie hätten eine Kirche niedergebrannt und darin 270 arme Einwohner des Orts bei lebendigem Leib umkommen lassen, indem man sie in das angezündete Gebäude einsperrte. Ist diese Geschichte glaubhaft? Handeln Engländer so? Ist der Herzog von Ormond ein derart blutrünstiger und barbarischer Mann? Ich kann nicht umhin, mich dies zu fragen. In welcher Zeit leben wir, dass wir so eine Nachricht durchgehen lassen?" (Payne 1951: 74, Übers.: H.P.)

Der erste und vielleicht größte britische Journalist hat sich geirrt: Als Engländer traute Defoe dem „common sense", dem „gesunden Menschenverstand", wie wir Deutsche in unserer Neigung zu Naturkategorien sagen, die Fähigkeit zu, den Wahrheitsgehalt von Informationen zu erkennen, richtige von erlogenen (oder jedenfalls falschen) Nachrichten zu unterscheiden. Der gesunde Menschenverstand reicht aber nicht aus, um die Unwahrheit der Behauptung zu erkennen, Hunderte von Menschen seien von anderen Menschen in eine Kirche getrieben und dort bei lebendigem Leibe verbrannt worden. Spätestens seit Daniel Jonah Goldhagens Buch „Hitler's Willing Executioners" wissen wir, dass dieses Unvorstellbare bei den Todesmärschen mit KZ-Häftlingen am Ende des Zweiten Weltkriegs tatsächlich geschehen ist (vgl. Goldhagen 1996: 433). Als das US-Magazin „Life" im Mai 1945 Fotos von diesen Verbrechen veröffentlichte, konnten viele amerikanische Bürger das nicht glauben und hielten es für Kriegspropaganda ihrer Regierung, ähnlich wie Defoe zwei Jahrhunderte zuvor (vgl. Seubert 1996). Ob etwas richtig ist oder nicht, bemisst sich aber nicht daran, ob wir es uns vorstellen können. Es bemisst sich allein daran, was unsere Augen sehen, unsere Ohren hören und unsere Hände fühlen. Und die Sinneswahrnehmung nimmt keine Rücksicht darauf, was Logik oder Humanität uns denkbar erscheinen lassen, zumindest wenn sie die professionelle Wahrnehmung von Journalisten ist, die ihre Unvoreingenommenheit bei der Recherche trainiert haben und nicht müde werden, sie weiter zu trainieren.

## 2. Problemanalyse: Welche Gründe hat die Vernachlässigung der Recherche?

Die Unterentwicklung der Recherche ist auf Ursachen zurückzuführen, die sich unter drei Kategorien subsumieren lassen.

Zunächst *ökonomische*: Im Unterschied zu den professionellen Darstellungsformen, die dem journalistischen Produkt den Weg zum zahlenden Publikum ebnen, erscheint die Recherche besonders in kurzfristiger Perspektive und bei starker Medienkonkurrenz vor allem als vermeidbarer *Kostenfaktor*: Folgt man der Idee vom Journalismus als Vermittlerberuf (vgl. Groth 1960), dann lassen sich journalistische Qualitäten in zwei Gruppen einteilen: solche, die sich mehr auf die *Gegenstände*, und solche, die sich mehr auf das *Publikum* beziehen. Zur ersten Gruppe gehören vor allem Richtigkeit, Vollständigkeit, Unabhängigkeit und Wahrhaftigkeit, die sich zur Generalqualität Wahrheit zusammenführen lassen; zur zweiten, auf das Publikum bezogenen Gruppe gehören Aktualität, Verständlichkeit und Unterhaltsamkeit, jene Eigenschaften der journalistischen Information also, die sie bei einer größtmöglichen Zahl von Lesern, Hörern oder Zuschauern ankommen lassen (vgl. Pöttker 2000).

Betrachtet man die journalistischen Qualitäten unter dem Aspekt des ökonomischen Nutzen-Kosten-Kalküls, dann liegt auf der Hand, dass die publikumsbezogenen Qualitäten zwar Kosten verursachen mögen, daneben aber auch einen erheblichen *Nutzen* haben. Im Ziel, ein größtmögliches Publikum zu erreichen, haben publizistisches Ethos und ökonomisches Kalkül eine fundamentale Gemeinsamkeit.

Die Rivalität zwischen Ökonomie und Publizistik tritt dagegen besonders bei den gegenstandsbezogenen Qualitäten zutage. Ob ein Geschehen richtig und in seinen wichtigen Komponenten vollständig ermittelt werden kann, verursacht insofern hohe *Kosten*, als es gründliche Recherche voraussetzt, während ökonomischer Nutzen, etwa eine das Publikum zum Kauf des journalistischen Produkts animierende Attraktivität, mit diesen Qualitäten – jedenfalls auf den ersten Blick – kaum verbunden zu sein scheint. Medienunternehmer glauben daher oft, an der Recherche sparen zu können, ohne den mit ihren journalistischen Produkten erzielten Erlös zu gefährden. Das ist der erste Grund für die notorische Vernachlässigung der Recherche.

Gerade spektakuläre journalistische Fehlleistungen wie die Publikation der gefälschten Hitler-Tagebücher durch den „Stern" zeigen freilich auch, dass sich das kurzfristige Kalkül, an der Recherche Kosten zu sparen, längerfristig ökonomisch negativ auswirken kann, weil es die Glaubwürdigkeit eines Mediums oder sogar des Journalismus insgesamt unterhöhlt. Beim „Stern" ist die Auflage nach diesem dramatischen Professionalitätsversagen stark zurückgegangen, und im Grunde hat sich das Blatt bis heute nicht von diesem Einbruch erholt, der das Ende seiner Konkurrenzfähigkeit mit dem „Spiegel" bedeutete.

Eine zweite Gruppe von Ursachen bilden die *psychischen*: Aufgrund der lebensdienlichen Neigung, kognitive und emotionale Dissonanzen zu vermeiden, gibt es in der menschlichen Psyche eine tendenzielle Abwehr gegen die Aufnahme von Neuem und Fremdem. Das ist seit den psychologischen Konsistenz- bzw. Dissonanz-Theorien der 1950er Jahre (vgl. Festinger 1957) bekannt und seitdem auch nicht bestritten worden, wenngleich die Folgen dieses Phänomens für die Medienrezeption heute differenzierter eingeschätzt werden als damals.

Auch für die journalistische *Produktion* hat die basale Konsistenzneigung natürlich Folgen: Bevor man recherchiert, hält man sich lieber an (vermeintlich) Bekanntes, beispielsweise an Saddam Hussein als Idealtyp eines brutalen Diktators oder an George Bush als Idealtyp eines Ölimperialisten. Im Übrigen hat nicht erst die Medienwirkungsforschung entdeckt, dass Menschen sich aus dem Grundbedürfnis nach Konsistenz heraus am liebsten mit Themen beschäftigen, zu denen sie schon eine Meinung haben, während sie das Wagnis scheuen, sich auf Neues einzulassen. Mit anderen Worten: *Menschen recherchieren nicht gern.* Wir sind mit einem Selbstschutzmechanismus ausgestattet, der die Neugier auf das Unbekannte, die Offenheit für das Unerwartete, die als Komponenten natürlich auch zur menschlichen Psyche gehören, fortwährend zu übertrumpfen droht.

Auch Journalisten haben vorgefasste Bestände an Kenntnissen und Meinungen, über die sie sich hinwegsetzen müssen, um überhaupt erfahren zu wollen, was tatsächlich der Fall ist. Dass Unbefangenheit nur bei Kindern a priori vorausgesetzt werden kann, ist wohl das höchste Hindernis für die Recherche, die tiefste Ursache für den oft beklagten Mangel an nachforschendem Journalismus.

Drittens gibt es *erkenntnistheoretische* und *gesellschaftliche* Gründe für die Vernachlässigung der Recherche: Wenn sie unterbleibt, wird das relativ selten zum Gegenstand von Auseinandersetzungen, weil es in der Regel das *Unbemerktbleiben* von Tatsachen zur Folge hat und das Unbemerktgebliebene naturgemäß keine Aufmerksamkeit erregen kann. Während das Zuviel-Veröffentlichen unmittelbar wahrzunehmen ist und sofort Reaktionen hervorruft, z. B. bei der Verletzung von Persönlichkeitsrechten juristische Schritte der betroffenen Person, bei einer Schwemme von Sex und Gewalt im Fernsehen eine medienethische Debatte, bleibt das Zuwenig-Veröffentlichen so lange *unbemerkt*, bis die Probleme, die bekanntzumachen gewesen wären, damit sie rechtzeitig hätten bearbeitet werden können, bereits zu bedrohlichen Folgen geführt haben.

Beispiele liefern Problemfelder wie Ökologie oder Bildungsmisere. Dass über Treibhauseffekt oder überlastete Universitäten in der Regel erst öffentlich diskutiert wird, wenn das Kind bereits in den Brunnen gefallen ist, geht auch darauf zurück, dass der Journalismus für die Recherchedefizite, die zu solchen Problemen beitragen, zu wenig und zu spät zur Rechenschaft gezogen wird.

Jedenfalls weniger als beispielsweise dafür, dass einige „Paparazzi" auf Motorrädern dem Wagen der Prinzessin von Wales gefolgt sind, als dieser von ihrem alkoholisierten Fahrer in einen tödlichen Unfall gesteuert wurde. Bedenklicher als Skandale dieser Art erscheint zum Beispiel, wenn über die Risiken des Sonnenbadens erst informiert wird, seitdem Hautkrebs deutlich zugenommen hat, obwohl die gesundheitlichen Folgen des Ozonschwunds seit langem recherchierbar waren. Journalismus wird eben auch gebraucht, damit das Individuum sein Leben auf der Höhe des in der Gesamtkultur bereitstehenden Wissensvorrats bewältigen kann. Und in einer anspruchsvolleren, demokratietheoretischen Version wird er sogar gebraucht, damit mittels zeitiger Recherche und Herstellung von Öffentlichkeit beispielsweise über die Probleme der FCKW-Produktion eine Bedrohung wie der Ozonschwund erst gar nicht entsteht. Zu den für die Erfüllung dieser Aufgaben nötigen Informationen kommt es auch deshalb so selten, weil sie nicht vom Journalismus *eingefordert* werden (können), wozu die Allgemeinheit ja den Inhalt der ausbleibenden Informationen schon kennen müsste.

Neben diesem erkenntnistheoretischen Dilemma gibt es eine zweite strukturelle Ursache für das öffentliche Schweigen über das Schweigen: Mit Recherche- und entsprechenden Informationsdefiziten verstoßen Journalisten in der Regel gegen *gesellschaftliche* Interessen wie den Umweltschutz, die schwerer artikulierbar und organisierbar sind als die individuellen oder partikularen Interessen, gegen die das Zuviel-Publizieren verstößt. Das Interesse an unabhängiger, umfassender und sorgfältiger journalistischer Recherche gehört selbst zu diesen gesellschaftlichen Interessen von *strukturell schwacher Durchsetzbarkeit*.

Die Vernachlässigung der Recherche zeugt sich also über die Vernachlässigung bestimmter Themen und Probleme in der Öffentlichkeit selbst fort. Dieser Prozess wird verstärkt durch die professionellen Aufmerksamkeitskriterien von Journalisten, die auf das Publikum bezogene Qualitäten ihrer Arbeit repräsentieren, also die bekannten Nachrichtenfaktoren wie Sensation, Negativismus, Nähe usw. (vgl. etwa Galtung/Ruge 1965, Schulz 1976, Hagen 1995, Meinke 2002), die ja gleichzeitig auch Faktoren sind, die zur *Nichtbeachtung* bestimmter Kategorien von Ereignissen und Zuständen in der Öffentlichkeit führen.

## 3. Perspektiven: Wie lässt sich die journalistische Recherche trotzdem fördern?

Meine praktischen Schlüsse sind in der Reihenfolge der Gründe angeordnet, die ich für die Vernachlässigung der Recherche genannt habe.

Ansetzen bei den *ökonomischen Ursachen*: Wenn Medienunternehmen dazu neigen, für die Recherche wenig Ressourcen zur Verfügung zu stellen, weil sie kurzfristig betrachtet wenig zählbaren Nutzen zu bringen scheint, dann sind *Initiativen* notwendig, die sich das gesellschaftliche Interesse an der Recherche zu eigen machen und als *Lobby-Organisationen* auf die Bereitstellung von mehr privaten oder öffentlichen Mitteln für journalistische Nachforschungen hinwirken.

Solche Initiativen können an die Einsicht von Verantwortlichen in Wirtschaft und Politik appellieren, dass weder Medienbetriebe noch moderne Gesellschaften ohne einen selbstständig recherchierenden Journalismus und ohne eine durch ihn bewirkte wachsame Öffentlichkeit auf die Dauer lebensfähig sind.

Es liegt auf der Hand, dass es vor allem Journalisten mit professionellem Ethos sind, die sich in Initiativen zur Rechercheförderung zusammenfinden. In Deutschland haben vor einigen Jahren, nicht zufällig während einer Medienkrise mit ihren ökonomischen Engpässen, bekannte Journalisten wie Hans Leyendecker, Christoph Maria Fröhder und Thomas Leif das „Netzwerk Recherche" ins Leben gerufen, das sich der notorischen Unterausstattung investigativer Aktivitäten in den Medien entgegenstemmt.

Ansetzen bei den *psychischen* bzw. *anthropologischen Ursachen*: Rechercheausbildung sollte sich nicht auf die Vermittlung von Techniken beschränken. Sie sollte sich vor allem auf die Grundeinstellung der (angehenden) Journalist(inn)en zu ihrer beruflichen Aufgabe richten und die Einsicht vermitteln, dass der Wille zur Recherche der quasi biologischen Selbstbestätigungsneigung in einem lebenslangen Prozess der persönlichen Emanzipation, der sozialen Selbstreflexion und der beruflichen Sozialisation abgetrotzt werden muss. Wie kaum ein anderes professionelles Problem ist die mangelnde Recherche eine ständige Herausforderung für die journalistische Ethik und *Ethikausbildung*. Sie erfordert bewusste (Selbst-)Erziehung zur Offenheit auch gegenüber Themen, die einem gegen den Strich gehen. Diese Offenheit, die für die Vermittlungsleistung zwecks Herstellung von Öffentlichkeit unerlässlich ist, sollten Journalisten trainieren, bis sie zur zweiten Natur geworden ist. Dabei können sie von der Wissenschaft lernen, der traditionell die Rolle des Tabubrechers zufällt.

Die *Methodologie der empirischen Sozialforschung* stellt einen Kasten mit Kontrollwerkzeugen bereit, die ausschließlich dem Zweck dienen zu verhindern, dass der Forscher nur das feststellt, was er feststellen möchte. Viele der in der sozialwissenschaftlichen Methodologie intensiv diskutierten Probleme und gut begründeten Einsichten lassen sich auf die journalistische Recherche übertragen. Aber auch umgekehrt hat die Sozialwissenschaft von der journalistischen Recherche gelernt. Robert E. Park ist Journalist gewesen, bevor er mit 50 Jahren an die Universität von Chicago berufen wurde und dort zu einem Gründervater der modernen empirischen Sozialforschung avancierte (vgl. Lindner 1990). Die Nähe von Sozialforschung und Recherche – ich benutze gern den Begriff *Sozialrecherche* – ist ein wichtiges Argument, warum Journalistenausbildung in *Universitäten* stattfinden sollte (vgl. Klammer 2005).

Schließlich die *erkenntnistheoretischen* und *sozio-kulturellen Ursachen* für die Vernachlässigung der Recherche. Was lässt sich hier tun?

Wenn die Vernachlässigung der Recherche sich über die öffentliche Vernachlässigung von Themen quasi automatisch fortzeugt und auch selbst zu diesen in der Öffentlichkeit zu wenig beachteten Themen gehört, dann kann die Recherche durch Initiativen gefördert werden, die die Öffentlichkeit und die Medien auf solche unterbelichteten Themen hinweisen. In den Vereinigten Staaten tut das z. B. seit 1976 das „Project Censored" an der kalifornischen Sonoma State University, das jährlich ein Jahrbuch mit 25 untergegangenen Themen veröffentlicht. In Deutschland publiziert die „Initiative Nachrichtenaufklärung" seit 1997 jedes Jahr die Top-Ten-Liste der zehn am meisten vernachlässigten Nachrichten und Themen. Solche Projekte sind ihrer Natur nach auch Projekte der Rechercheförderung.

Das „Project Censored" wird von Sozialwissenschaftlern betrieben, an der Jury der „Initiative Nachrichtenaufklärung" sind zur Hälfte Journalisten und zur anderen Hälfte Wissenschaftler beteiligt. Die Kritik an der journalistischen Vernachlässigung von Themen nicht allein den Journalisten zu überlassen, erscheint konsequent, weil das Problem der öffentlichen Vernachlässigung eben teilweise auch durch professionell-journalistische Faktoren (z. B. durch die Nachrichtenfaktoren) verursacht wird.

Um gut zu funktionieren, braucht auch der Journalismus etwas, für dessen Entstehen er anderen gegenüber selbst verantwortlich ist, nämlich öffentliche Kritik. Letztlich wird er es nicht von sich aus schaffen, die Recherche von ihren Fesseln zu befreien, er braucht dazu Anstöße und Hilfen von außen, auch von der ihn begleitenden und unterstützenden Wissenschaft.

## Literatur

Festinger, Leon (1957): A Theory of Cognitive Dissonance. Evanston (IL), White Plains (NY): Row Peterson & Co.
Galtung, Johan/Ruge, Mari Holmboe (1965): The Structure of Foreign News. The Presentation of the Congo, Cuba and Cyprus Crises in Four Norwegian Newspapers. In: Journal of Peace Research 2. 1965. 64-91
Goldhagen, Daniel Jonah (1996): Hitlers willige Vollstrecker. Ganz gewöhnliche Deutsche und der Holocaust. Aus dem Amerikanischen von Klaus Kochmann. Berlin: Siedler
Groth, Otto (1960): Die unerkannte Kulturmacht. Grundlegung der Zeitungswissenschaft (Periodik). Bd. 1: Das Wesen des Werkes. Berlin: de Gruyter
Hagen, Lutz M. (1995): Relevanz von Nachrichten. Messmethoden für ein zentrales Qualitätskriterium und ihre Anwendung auf Dienste von Nachrichtenagenturen. In: Rundfunk und Fernsehen 43. 1995. 158-177
Klammer, Bernd (2005): Empirische Sozialforschung. Eine Einführung für Kommunikationswissenschaftler und Journalisten. Konstanz: UVK
Lindner, Rolf (1990): Die Entdeckung der Stadtkultur. Soziologie aus der Erfahrung der Reportage. Frankfurt am Main: Suhrkamp
Meinke, Ulf (2002): Die Nachricht nach Maß. Erfolg und Misserfolg von Agenturtexten. Wiesbaden: Westdeutscher Verlag
Payne, William L. (Hrsg.) (1951): The Best of Defoe's Review. An Anthology. New York: Columbia University Press
Pöttker, Horst (2000): Kompensation von Komplexität. Journalismustheorie als Begründung journalistischer Qualitätsmaßstäbe. In: Löffelholz, Martin (Hrsg.): Theorien des Journalismus. Ein diskursives Handbuch. Wiesbaden: Westdeutscher Verlag. 375-390
Schulz, Winfried (1976): Die Konstruktion von Realität in den Nachrichtenmedien. Analyse der aktuellen Berichterstattung. Freiburg (Breisgau), München: Karl Alber
Seubert, Rolf (1996): „A Country that Feels no Guilt or Shame". Das Ende des „Dritten Reiches" im US-Magazin LIFE. In: Diagonal. Heft 2/1996. 85-104

# Vernachlässigung als Thema
# Nachrichtenaufklärung trotz Nachrichtenfaktoren

*Christian Schicha*

## 1. Gründe für die Vernachlässigung relevanter Themen

Die Herstellung von Öffentlichkeit durch die „Grundpflicht zum Publizieren" (Pöttker 1999: 162) gehört zur Kernaufgabe des Journalismus, um Orientierung zu ermöglichen. Indem über gesellschaftlich relevante Themen berichtet wird, entsteht eine Form sozialer Integration, die für eine funktionierende Demokratie erforderlich ist, um Kontrolle und Kritik auszuüben. Die Pressefreiheit ist dabei eine notwenige Voraussetzung der freien Meinungsbildung. Gleichwohl ist die Klage über die Informationsüberflutung zu Recht weit verbreitet. Überflüssige, triviale und nichts sagende Meldungen prägen ebenfalls unsere Wahrnehmung. Die zahlreichen Fernsehkanäle und Printangebote kämpfen um die Aufmerksamkeit der Rezipienten. Daraus ergibt sich die Konsequenz: „Irgendwann sind die Kanäle der Öffentlichkeit mit Informationsmüll verstopft." (Pöttker 1999: 165)

Obwohl die Anzahl der Nachrichten ständig zunimmt und eher von einer Nachrichtenüberflutung als von einem Nachrichtenmangel ausgegangen werden kann, werden häufig nicht die Themen über die Medien transportiert, die gesellschaftlich relevant sind und im Verständnis eines investigativen Journalismus einer kritischen und reflektierten Form der Hintergrundberichterstattung bedürfen. Die Gründe dafür sind vielfältig:

Erstens sind viele Themen kompliziert und schwer zu recherchieren. Komplexe politische Gesetzesverfahren aus dem Finanz- oder Ökologiebereich etwa erfordern eine intensive Einarbeitung, um die Zusammenhänge zu begreifen. Diese dann noch in einer angemessenen und verständlichen Form zu vermitteln, ist eine hohe Kunst (vgl. Meyer/Schicha/Brosda 2001). Gleiches gilt für wissenschaftliche oder ökonomische Themen, die erhebliche journalistische Sachkenntnis und Vermittlungskompetenz erfordern und im Gegensatz zu etablierten Themenstrukturen wie der nationalen Politik seltener in der Berichterstattung berücksichtigt werden. Auch andere Kulturräume finden aufgrund der schwierigeren Zugänglichkeit nur wenig journalistische Beachtung (vgl. Ludes 1999).

Zweitens ergibt sich das Problem der medialen Vernachlässigung einzelner Themen aber auch aus den Interessen von Politik und Wirtschaft, die bestimmte Informationen nicht an die Journalisten weitergeben, um eine kritische Berichterstattung zu vermeiden. Geheimdienste und das Militär arbeiten lieber im Verborgenen, Störfälle in chemischen Anlagen werden von den Betreibern nur ungern publik gemacht, und die Nebeneinkünfte von Politikern werden auch nicht gerade mit großer Leidenschaft nach außen kommuniziert.

Drittens sorgen das Aktualitätspostulat und die Sachzwänge einer kommerziell ausgerichteten und unter Konkurrenzbedingungen agierenden Medienlandschaft dafür, dass eine fundierte Hintergrundrecherche in vielen Fällen ausbleibt. Oft stellen die Redaktionen den Journalisten auch nicht die dafür erforderlichen finanziellen und zeitlichen Ressourcen zur Verfügung.

Viertens lässt sich der Trend erkennen, dass Boulevard- und Verbraucherthemen bei den Rezipienten an Beliebtheit zunehmen, während kritischer Journalismus weniger häufig in der Öffentlichkeit wahrgenommen wird.

Fünftens werden auch Informationen von PR-Agenturen als Basis von journalistischen Berichten vermittelt, ohne als solche kenntlich gemacht zu werden. Dies hängt auch mit den schlechter werdenden Arbeitsbedingungen auf dem Medienmarkt zusammen.

Sechstens werden in erster Linie die Themen ausgewählt, die sich gut visualisieren lassen. Dies ist bei einem Gesetzesentwurf nicht so einfach. Bei Kriegen, Terroranschlägen oder Naturkatastrophen hingegen gibt es Bilder, die die Tragödie des Ereignisses in komprimierter Form deutlich werden lassen (oder auch in propagandistischer Absicht manipulativ eingesetzt werden können).

Siebtens neigen Medien dazu, komplexe Ereignisse zu personalisieren und die Geschehnisse im eigenen Land stark in den Fokus ihrer Berichterstattung zu rücken.

Achtens sorgen Nachrichtenfaktoren dafür, dass bestimmte Themen in der Berichterstattung zu Lasten anderer privilegiert werden. Dabei sind „etablierte Themenstrukturen, Ereignisregionen, Schlüsselwörter und Schlüsselbilder" (Ludes 1999: 172) ein immer wiederkehrender Gegenstand der Medienberichterstattung.

Dieser letzte Aspekt der medialen Selektionsfaktoren wird im Folgenden ausführlicher erörtert.

## 2. Nachrichtenfaktoren

Die Resonanzzuweisung und Problemdeutungskapazität durch die Medien erfolgt durch spezielle Techniken. Die Beteiligungs- und Austauschprozesse in der Medienöffentlichkeit sind von den Vermittlungsleistungen der Medien abhängig. Sie orientieren sich dabei an den „spezifischen Bedingungen der Nachrichtenproduktion, von Nachrichtenfaktoren, Medienformaten und anderen medienspezifischen Einflüssen auf die Informationsverarbeitung" (Schulz 1998: 64).

Der *Agenda-Setting-These* zufolge wird die Berichterstattung vor allem durch die allgemeine Präferenzordnung der Themenauswahl und ihrer Darstellung beeinflusst. Dabei erhalten die Sachthemen, über die in der Berichterstattung prononciert berichtet wird, eine höhere Aufmerksamkeit als die Themen, die nur am Rande erörtert werden. Die Zuwendung zu einem Thema hängt dabei von der medialen Darstellungsfähigkeit in Bezug auf den Nachrichtenwert ab. Die Medien greifen aus dem breiten Spektrum der vielfältigen Themenangebote diejenigen heraus, die in Konkurrenz zu anderen potenziellen Angeboten besonders interessant erscheinen. Davon hängen schließlich die formale Gestaltung, die Aufbereitung, der Umfang und die Qualität der Berichterstattung ab. Massenmedien verbreiten immer nur in begrenztem Maße Informationen an ein disperses Publikum mit verschiedenen Interessen und Vorkenntnissen. Dies erfolgt vor allem durch spezifische Anreize, die dazu führen sollen, eine Orientierung an dem Interesse des Publikums für eine bestimmte Meldung zu erhöhen.

Die Nachrichtenfaktoren bestimmen den Nachrichtenwert eines Ereignisses. Umso mehr Faktoren auf ein Ereignis zutreffen, umso wahrscheinlicher kann davon ausgegangen werden, dass es zu Schlagzeilen führt (*Additivitätshypothese*). Sofern einzelne Kriterien nicht oder nur gering vorhanden sind, müssen andere Nachrichtenfaktoren dieses ausgleichen, damit ein Ereignis zur Nachricht wird (*Komplementaritätshypothese*) (vgl. Zühlsdorf 2002).

Die Bestimmung von Nachrichtenfaktoren gilt seit langem als journalistisches Auswahlkriterium im Rahmen der Berichterstattung.[2] Es lässt sich festhalten, dass die Ereignisse, die sich langfristig aufgrund von hohen Nachrichten-

---

2  Darüber hinaus bildet auch die ideologische Ausrichtung der Medien einen zentralen Faktor für die Auswahl von Themen. Die *Medienbiashypothese* geht davon aus, dass Medien bestimmte Berichte nicht berücksichtigen, da sie ihrer redaktionellen bzw. politischen Linie widersprechen. Dabei müssen die Journalisten sich nicht selbst parteipolitisch äußern, sie können jedoch durch die Privilegierung bestimmter Zeugen, die eine von der Redaktion präferierte Haltung vertreten, eine entsprechende Richtung vorgeben (vgl. Gerhards/Neidhardt/Rucht 1998).

werten etabliert haben, eine hohe Chance besitzen, auch zukünftig eine starke Medienbeobachtung zu erzielen (vgl. Schulz 1976: 88f.). Insgesamt lässt sich eine Differenz zwischen folgenden Nachrichtenfaktoren aufzeigen:

- Status der Akteure (Elite-Nationen, institutioneller Einfluss, Elite-Personal)
- Zeit (Dauer und Thematisierung des Geschehens)
- Relevanz (Nähe des Ereignisses, Ethnozentrismus, Tragweite, Betroffenheit)
- Dynamik (Überraschung, Ungewissheit, Vorhersehbarkeit, Frequenz)
- Konsonanz (Stereotypie, Thematisierung, Kontinuität)
- Valenz (Aggression: Berichte über Konflikte, Kriminalität, Schäden und Erfolge)
- Identifikation (Personalisierung eines Ereignisses und Ethnozentrismus)
- Human Interest (Personalisierung und Emotionalisierung)
- Nationale Zentralität (hohe politische und wirtschaftliche Macht)
- Persönlicher Einfluss (Personalisierung und persönliche Macht)
- Kriminalität (rechtswidrige Handlungen)
- Schaden (von Personen und Sachen)
- Erfolg (vorteilhafte politische, wirtschaftliche, soziale und wissenschaftliche Ereignisse)[3]

Weitere Faktoren schließen sich an: So wird die *Aktualität* oftmals durch die Inszenierung von Pseudoereignissen bewerkstelligt, die im Rahmen eines Ereignismanagements (vgl. Kepplinger 1992, Berens 2001) u. a. durch Pressekonferenzen eingeleitet wird. Die Planung und Ausrichtung derartiger Ereignisse wird ausschließlich zu Zwecken der Berichterstattung in den Medien verfolgt und kommt den massenmedialen Produktionsbedingungen in der Regel sehr entgegen, da derartige Auftritte planvoll umgesetzt werden.

Die Nachrichtenfaktoren *Elite-Status* und *Prominenz* verleihen den Vorkommnissen einen besonderen Stellenwert, bei denen die Personalisierung politischer Persönlichkeiten eine besondere Rolle spielt.

---

3   Luhmann (1979: 39f.) setzt bei seiner Analyse der Entstehung der öffentlichen Meinung folgende Regeln voraus, die bei der Verteilung von Aufmerksamkeit und der Themenbildung zugrunde gelegt werden können: überragende Priorität bestimmter Werte (z. B. Frieden, Unabhängigkeit der Justiz), Krisen oder Krisensymptome (z. B. Hungersnöte, Gewalttaten), Status des Absenders einer Kommunikation (z. B. politische Führer, Prominenz), Symptome politischen Erfolges, die Neuheit von Ereignissen, Schmerzen oder zivilisatorische Schmerzsurrogate (z. B. Geldverluste, Haushaltskürzungen, Positionsverluste).

*Überraschung* dient als zusätzlicher Nachrichtenfaktor, da unerwartete Ereignisse ein besonderes Interesse auslösen und publikumswirksam inszeniert werden können.

*Konflikthaftigkeit* ist ein weiterer Garant dafür, dass die Medien ein Thema aufgreifen. Harmonie und Konsens gelten als weniger interessant, während Auseinandersetzungen zwischen Parteien und Personen einen hohen Nachrichtenwert aufweisen, der sich auch empirisch belegen lässt (vgl. Dombrowski 1997).

*Thematisierung* als Nachrichtenfaktor ist deshalb von Relevanz, weil bevorzugt denjenigen Ereignissen und Sachverhalten Aufmerksamkeit geschenkt wird, die sich als institutionalisierte und etablierte Themen im Kontext der Berichterstattung einordnen lassen.

Dass Themen aus der Menge der Informationen, die ein öffentliches Gut darstellen (vgl. Sunstein 2001), nach medienspezifischen Selektionskriterien und Verbreitungsmechanismen ausgewählt werden müssen, kann zu einer unzulässigen Verkürzung und Vereinfachung bei der Darstellung von Ereignissen führen.

Die Problematik bei der Orientierung an Nachrichtenfaktoren im Rahmen der Politikvermittlung liegt auch darin begründet, dass sich einige „Schieflagen" ergeben können, die eine politisch angemessene Form der Berichterstattung über komplexe politische Prozesse ggf. behindern. Gerhards (1991: 25) fasst die Kritikpunkte wie folgt zusammen:

- „Statushöhere und prominente Akteure werden überrepräsentiert sein;
- die nationalen Ereignisse werden vor internationalen Ereignissen rangieren, und diese wiederum werden je nach Status des Landes hierarchisiert sein;
- Ereignisse, die die Rezipienten unmittelbar betreffen, werden präferiert werden;
- kontinuierliche Prozesse werden weniger Aufmerksamkeit erhalten als abrupte, überraschende Prozesse;
- gleichzeitig werden Ereignisse, die stereotypen Erwartungen und Vorurteilen entsprechen, eher die Aufmerksamkeit auf sich ziehen;
- gewaltsame, kontroverse, erfolgreiche und wertverletzende Ereignisse werden überbetont werden;
- komplexe Zusammenhänge werden seltener oder in personalisierter und emotionalisierter Form Eingang in die Medien finden."

Daraus ergibt sich die Problematik, dass gesellschaftlich relevante Ereignisse, die wichtige Informationen für die Öffentlichkeit beinhalten, zu wenig Raum erhalten, da gar nicht oder nur unzureichend über sie berichtet wird. An diesem Punkt setzt die Arbeit der „Initiative Nachrichtenaufklärung" (INA) an, die darauf hinweist, dass „jedes Jahr Themen und Nachrichten von gesamtgesellschaftlicher Relevanz ausgelassen bzw. verkürzt oder einseitig dargestellt werden" (Projektseminar „Initiative Nachrichtenaufklärung" 1999: 197).

## 3. Aufbau und Aufgabe der Initiative Nachrichtenaufklärung

Die Initiative Nachrichtenaufklärung wurde im Mai 1997 gegründet, um jedes Jahr eine Rangliste der in der Bundesrepublik Deutschland am meisten vernachlässigten Themen und Nachrichten zu veröffentlichen. Sie orientiert sich an dem US-amerikanischen „Project Censored".[4] Seit Beginn des Wintersemesters 1997/98 bearbeiteten auch in Deutschland Studierende des Studiengangs „Medien-Planung, -Entwicklung und -Beratung" der Universität Siegen und Studierende im Fach „Journalistik" an der Universität Dortmund[5] die eingereichten Vorschläge für vernachlässigte Themen. Zwischenzeitlich wurde ein weiteres Recherche-Seminar an der Universität Münster angeboten. Aktuell gibt es Recherche-Seminare an den Universitäten Dortmund und Bonn sowie an der Hochschule Darmstadt. Die Kooperation der INA mit weiteren Universitäten ist geplant.

Um an möglichst viele unabhängige und breit gefächerte Themenvorschläge zu gelangen, sucht die Initiative Nachrichtenaufklärung Jahr für Jahr Kontakt zu Medienorganisationen (Redaktionen von Printmedien, Hörfunk und Fernsehen, Verlage, Pressebüros) sowie zu wissenschaftlichen Institutionen, Hoch- und Fachhochschulen oder Journalistenschulen. Per Rundschreiben werden die Einrichtungen über die Initiative informiert und um Themenvorschläge für die aktuelle Aufstellung der jährlichen Top-Themen gebeten, die trotz ihrer öffentlichen Relevanz vernachlässigt worden sind. Ebenso nimmt die INA in jedem Jahr Kontakt zu Privatpersonen auf, die ihr generelles Interesse an der INA geäußert haben. Schließlich ist es jedem Interessenten möglich, Vorschläge für vernachlässigte Nachrichten und Themen des laufenden Jahres per E-Mail an die Initiative Nachrichtenaufklärung zu schicken.

Alle Themen und Nachrichten, die der INA im Laufe eines Jahres für die Liste vorgeschlagen worden sind, werden von den Recherche-Seminaren in einem arbeitsintensiven Prozess nach wissenschaftlichen und journalistischen Kriterien sorgfältig auf *Richtigkeit, Recherchierbarkeit* und *Vernachlässigung*

---

4   Vgl. dazu den Beitrag von Carl Jensen in diesem Band.
5   Seit dem Wintersemester 2002/2003 sind die Recherche-Seminare fest als zweisemestriges Projekt in das Curriculum des Dortmunder Journalistik-Studiengangs integriert.

geprüft. Vorschläge, die den Kriterien standhalten, werden an die Jury weitergegeben, der die Prüfung des Kriteriums *Relevanz* vorbehalten ist. Die mit der Recherche betrauten Studierenden holen auch Stellungnahmen von Autoren und Experten ein. Im Plenum des Rechercheteams werden die gewonnenen Informationen diskutiert und bewertet. Liegen Quellen zu einem Vorschlag vor, werden diese präsentiert und deren Zuverlässigkeit geprüft.

Es folgt eine gemeinsame Einschätzung, in welchem Grad die eingereichten Vorschläge tatsächlich in den Medien vernachlässigt wurden. Ausschlaggebend bei dieser Bewertung sind die Nominierungskriterien anhand folgender Fragestellungen:

- Wurde das Thema in den Medien aufgegriffen – und wenn ja: in welcher Breite?
- Warum haben die Medien ggf. nicht über das Thema berichtet?
- Wer hat ggf. davon profitiert, dass nicht über das Thema berichtet worden ist?
- Warum sollte die Öffentlichkeit mehr über das Thema erfahren?
- Wer bzw. welche Gesellschaftsgruppe ist von dem Thema betroffen?

Auf der Basis aller Vorschläge entscheidet die Jury der Initiative über eine Rangliste der Top-Themen und -Nachrichten, die ihrer Meinung nach stärkerer Aufklärung bedürfen. Nominiert werden Themen, die der Bevölkerung in Deutschland (und Europa) bekannt sein sollten, zu denen sie aber nur eingeschränkten oder gar keinen Zugang hat, die für einen Großteil der Bevölkerung relevant und eindeutig konzipiert sind und auf zuverlässigen, überprüfbaren Quellen basieren sowie trotz ihrer Bedeutung noch nicht von den Medien (Tageszeitungen, Zeitschriften, Nachrichtenbriefe, Hörfunk, Fernsehen, Internet u. a.) aufgegriffen bzw. recherchiert und veröffentlicht wurden.

## 4. Fazit

Die Initiative Nachrichtenaufklärung soll einen kleinen Beitrag dazu leisten, Informationsdefizite abzubauen, indem sie wichtige Themen und Nachrichten, die in der „Mainstream-Berichterstattung" ggf. nicht genügend Beachtung finden, nach gründlicher Prüfung auf die jährlich erscheinende Top-Ten-Liste setzt. Sie will vernachlässigte Themen von allgemeinem Interesse einer breiten Öffentlichkeit zugänglich machen und damit investigativen Journalismus fördern und unterstützen. Durch die Arbeit der INA soll dafür sensibilisiert werden, dass es neben den gängigen Meldungen und Berichten, die nach den skizzierten

Nachrichtenfaktoren ausgewählt werden, auch vernachlässigte Bereiche gibt, die eine größere öffentliche Resonanz verdient hätten. Die Beispiele auf der Liste sollen dokumentieren, dass auch die Situation von Minderheiten, die über keine große Lobby verfügen, stärker in das mediale und damit öffentliche Bewusstsein rücken sollte. Ein Problem der INA besteht darin, dass einzelne Einreicher von Themenvorschlägen immer wieder versuchen, ihre Partikularinteressen zu vertreten und auf der Liste der zehn am meisten vernachlässigten Themen zu platzieren. So werden häufig Vorschläge eingereicht, die in die Rubrik „Verschwörungstheorien" gehören und keinen sachlichen Bezug zu faktischen Geschehnissen haben. Gleichwohl recherchieren die Studierenden alle gesammelten Themenvorschläge anhand professioneller Kriterien nach und werten sie aus. Es wäre wünschenswert, wenn das Konzept der Initiative Nachrichtenaufklärung zum festen Bestandteil der Journalistenausbildung würde. Neben den Hochschulen in Dortmund, Bonn und Darmstadt sollten sich weitere Standorte nicht nur in Deutschland der Idee der Initiative anschließen und dem Motto „Mehr Leidenschaft Recherche" (Leif 2003) folgen. Damit investigativer Journalismus nicht nur eine Leerformel bleibt, wäre aber auch eine gute finanzielle Ausstattung der Berichterstatter erforderlich. Nur so können Themen und Personengruppen in den Medien berücksichtigt werden, die im Rahmen der konventionellen journalistischen Arbeit nach den gängigen Nachrichtenfaktoren nur unzureichend Beachtung finden.

## Literatur

Berens, Harald (2001): Prozesse der Thematisierung in publizistischen Konflikten. Ereignismanagement, Medienresonanz und Mobilisierung der Öffentlichkeit am Beispiel von Castor und Brent Spar. Wiesbaden: Westdeutscher Verlag

Dombrowski, Ines (1997): Politisches Marketing in den Massenmedien. Wiesbaden: Deutscher Universitäts-Verlag

Gerhards, Jürgen (1991): Die Macht der Massenmedien und die Demokratie: Empirische Befunde. Berlin: WZB

Gerhards, Jürgen/Neidhardt, Friedhelm/Rucht, Dieter (1998): Zwischen Palaver und Diskurs. Strukturen öffentlicher Meinungsbildung am Beispiel der deutschen Diskussion zur Abtreibung. Opladen: Westdeutscher Verlag

Kepplinger, Hans Mathias (1992): Ereignismanagement. Wirklichkeit und Massenmedien. Osnabrück: Fromm

Leif, Thomas (Hrsg.) (2003): Mehr Leidenschaft Recherche. Skandal-Geschichten und Enthüllungs-Berichte. Ein Handbuch zur Recherche und Informationsbeschaffung. Wiesbaden: Westdeutscher Verlag

Ludes, Peter (1999): Kollektives Gedächtnis und kollektive Vernachlässigung. In: Ludes, Peter/Schanze, Helmut (Hrsg.): Medienwissenschaften und Medienwertung. Opladen, Wiesbaden: Westdeutscher Verlag. 171-196

Luhmann, Niklas (1979): Öffentliche Meinung. In: Langenbucher, Wolfgang R. (Hrsg.): Politik und Kommunikation. Über die öffentliche Meinungsbildung. München, Zürich: Piper. 29-61

Meyer, Thomas/Schicha, Christian/Brosda, Carsten (2001): Diskurs-Inszenierungen. Zur Struktur politischer Vermittlungsprozesse am Beispiel der „ökologischen" Steuerreform. Wiesbaden: Westdeutscher Verlag

Pöttker, Horst (1999): Initiative Nachrichtenaufklärung: Zwölf Thesen über das öffentliche (Ver-) Schweigen. In: Ludes, Peter/Schanze, Helmut (Hrsg.): Medienwissenschaften und Medienwertung. Opladen, Wiesbaden: Westdeutscher Verlag. 161-170

Projektseminar „Initiative Nachrichtenaufklärung" (1999): Die Initiative Nachrichtenaufklärung: Ergebnisse 1996/97. In: Ludes, Peter/Schanze, Helmut (Hrsg.): Medienwissenschaften und Medienwertung. Opladen, Wiesbaden: Westdeutscher Verlag. 197-220

Schulz, Winfried (1976): Die Konstruktion von Realität in den Nachrichtenmedien. Analyse der aktuellen Berichterstattung. Freiburg (Breisgau), München: Karl Alber

Schulz, Winfried (1998): In der expandierenden Medienöffentlichkeit verdüstert sich das Bild der Politik. Folgen der Informationsnutzung unter Vielkanalbedingungen: Zur Differenzierung von Mediennutzung. In: Jarren, Otfried/Krotz, Friedrich (Hrsg.): Öffentlichkeit unter Viel-Kanal-Bedingungen. Baden-Baden, Hamburg: Nomos. 62-92

Sunstein, Cass R. (2001): Das Fernsehen und die Öffentlichkeit. In: Wingert, Lutz/Günther, Klaus (Hrsg.): Die Öffentlichkeit der Vernunft und die Vernunft der Öffentlichkeit. Frankfurt am Main: Suhrkamp. 678-701

Zühlsdorf, Anke (2002): Gesellschaftsorientierte Public Relations. Eine strukturationstheoretische Analyse der Interaktion von Unternehmen und kritischer Öffentlichkeit. Wiesbaden: Westdeutscher Verlag

# Was gilt als wichtig?
## Über die strukturelle Vernachlässigung von Nachrichten

*Rita Vock*

Jede Auswahl einer Nachricht im journalistischen Arbeitsprozess ist gleichzeitig eine Entscheidung gegen viele andere mögliche Nachrichten. Journalisten haben in aller Regel gute Gründe, warum sie eine Nachricht auswählen und eine andere nicht. Diese Gründe können sowohl professioneller als auch pragmatischer Natur sein. In jedem Fall aber sind sie sozial bedingt. Um die soziale Konstruktion der Nachrichtenauswahl soll es im Folgenden gehen. Als Quellen dienen sowohl die kommunikationswissenschaftliche und soziologische Literatur als auch eigene Beobachtungen und Erfahrungen aus der journalistischen Praxis. Im letzten Teil des Aufsatzes kommen Pressesprecher zu Wort, die als Quellen von Nachrichten darüber Auskunft geben, welche Themen und Nachrichten ihrer Einschätzung nach vernachlässigt werden.

### 1. Was gilt als wichtig?

Mit der journalistischen Nachrichtenauswahl befassen sich mehrere Forschungszweige. Hier sollen drei herangezogen werden, die hilfreich sind, um die strukturelle Vernachlässigung von Nachrichten zu beschreiben: Die Nachrichtenwert-Theorie gibt Aufschluss über das traditionelle Nachrichtenverständnis; das Gatekeeper-Modell und die Redaktionsforschung verweisen auf die Auswirkungen redaktioneller Strukturen und Arbeitsbedingungen. Allen drei Forschungszweigen ist gemein, dass sie sich vorrangig solchen Nachrichten widmen, die als wichtig gelten und somit ausgewählt werden. Gegen den Strich gelesen lässt sich in der Literatur jedoch ebenso viel Interessantes über die Nachrichten finden, die als unwichtig gelten und die folglich aussortiert werden.

*Nachrichtenfaktoren – ursprünglich ein kritisches Konzept*

Die Nachrichtenwert-Theorie geht davon aus, dass die journalistische Nachrichtenauswahl sich bewusst oder unbewusst an bestimmten Merkmalen der Ereignisse und der darüber verfügbaren Informationen orientiert. Diese Merkmale werden Nachrichtenfaktoren genannt. Zu den klassischen zwölf Faktoren gehören etwa die Intensität und die Eindeutigkeit eines Ereignisses, der Bezug zu etwas Negativem, die kulturelle Nähe zwischen den beteiligten und den berichtenden Menschen und der Bezug zu Ländern, die eine Vormachtstellung in der Welt haben. Alle Faktoren zusammengenommen bestimmen der Theorie zufolge darüber, als wie berichtenswert die Nachricht angesehen wird.[1]

Es handelt sich dabei um ein zentrales Konzept, das jedoch vielfach falsch verstanden wird. Die Idee der Nachrichtenfaktoren wurde in den 1960er Jahren von Politologen in Skandinavien entwickelt. Die beiden grundlegenden Artikel (Østgaard 1965, Galtung/Ruge 1965) werden noch heute viel zitiert, aber möglicherweise zu wenig gelesen. Beide Texte sind kritisch angelegte Bestandsaufnahmen: Sie beschreiben, wie Nachrichtenauswahl funktioniert, keineswegs aber, wie sie funktionieren sollte oder muss. In der Folge fanden die Nachrichtenfaktoren jedoch ihren Weg in die Handbücher für angehende Journalisten und wurden dazu gleichsam normativ gewendet.

Das Konzept der Nachrichtenfaktoren war ursprünglich rein analytisch-deskriptiv; es sollte erklären, warum die Auswahl so funktioniert, wie sie funktioniert. Keinesfalls ging es um eine Anleitung für Journalisten, wie man richtig Nachrichten auswählt. Galtung und Ruge waren auch nicht der Ansicht, dass die Präsenz von Nachrichtenfaktoren gleichbedeutend wäre mit der tatsächlichen Relevanz einer Nachricht.

Nichtsdestotrotz wirken die genannten Faktoren in der Nachrichtenauswahl, eine Tatsache, die seit 1965 in vielen nachfolgenden Studien immer wieder bestätigt wurde. In Vergessenheit geraten ist darüber allerdings, dass die Nachrichtenfaktoren laut Galtung und Ruge immer nur die wahrgenommene Bedeutsamkeit eines Ereignisses aufzeigen, nicht aber die tatsächliche.[2]

Die drei zitierten Autoren beschreiben die Wirkung der von ihnen benannten Faktoren denn auch in erster Linie als eine strukturelle Verzerrung der Nachrichtenauswahl, die sie als Missstand bewerten. Als Politologen und Frie-

---

1  Der Begriff „news value" geht zurück auf Walter Lippmann (1922: 237). In seinem Werk „Public Opinion" umriss er bereits viele der heute bekannten Nachrichtenfaktoren, ohne sie jedoch systematisch darzustellen. Lippmann stellte fest, dass es für die Nachrichtenauswahl keine Regeln, wohl aber Konventionen gibt (ebd. 241, vgl. hierzu auch Wilke 1984: 13).

2  Ich gehe davon aus, dass es einen solchen Unterschied gibt. Diese Ansicht muss man nicht teilen.

densforscher weisen sie auf die gesellschaftlich problematischen Folgen der Aufmerksamkeits-Ökonomie hin, die sie mit Hilfe der Nachrichtenfaktoren als Erste systematisch beschrieben haben. Am Ende ihres Artikels fordern Galtung und Ruge deshalb auch dazu auf, der Wirkung dieser Faktoren so weit wie möglich entgegenzuarbeiten: „The policy implications of this article are rather obvious: try to counteract all twelve factors." (Galtung/Ruge 1965: 84) Wenn dieselben zwölf Faktoren unter Berufung auf Galtung und Ruge heute als praktische Anleitung für Journalisten oder gar als Definition von Relevanz eingesetzt werden, handelt es sich um ein Missverständnis.

Eine weitere Besonderheit in der Rezeption von Galtung und Ruge ist die relativ geringe Beachtung eines der zwölf von ihnen benannten Faktoren. Der Nachrichtenfaktor Konsonanz („consonance, predictability, demand") wurde in späteren Arbeiten vergleichsweise wenig untersucht, vielleicht deshalb, weil er für empirische Studien schwierig zu operationalisieren ist. Gerade dieser Faktor, also die Bevorzugung des Erwarteten und Vorhersagbaren, kann aber zur Nichtbeachtung wichtiger Ereignisse führen.

Der Faktor Konsonanz steht zudem in einem offenkundigen Widerspruch zu dem Faktor Überraschung, der sich ebenfalls in der Liste von Galtung und Ruge findet. Die Autoren lösen diesen Widerspruch so auf: „It is the unexpected within the meaningful and the consonant that is brought to one's attention." (Galtung/Ruge 1965: 67) Der Ausspruch „News is what's new" stimmt also nur begrenzt: Neuheiten, die den Rahmen des Erwarteten und Erwünschten verlassen, haben es schwer.

*Nachrichtenfaktoren sind veränderlich*

Nachrichtenfaktoren allein können die Nachrichtenauswahl nicht erklären. Ereignisse, die einen oder mehrere Nachrichtenfaktoren aufweisen, sind nicht deshalb schon berichtenswert. Nur wenn Journalisten bestimmte Nachrichtenfaktoren für bedeutsame Selektionskriterien halten, bewirken die Faktoren eine positive Auswahl. Zu den durch die Nachrichtenfaktoren beschriebenen Eigenschaften müssen also die Vorstellungen der Journalisten vom Wert dieser Eigenschaften hinzukommen. Darauf hat Kepplinger hingewiesen. Er bezeichnet diese Vorstellungen als den „Nachrichtenwert der Nachrichtenfaktoren" und betont: „Allein besitzen die Nachrichtenfaktoren überhaupt keinen Nachrichtenwert." (Kepplinger 1998: 20)

Es handelt sich hier um eine wichtige Unterscheidung: Die uns heute bekannten Nachrichtenfaktoren sind nur so lange gültig, wie die Selektionskriterien der Journalisten auf diese Faktoren ausgerichtet sind. Die Wirksamkeit einzelner Nachrichtenfaktoren wurde vielfach empirisch bestätigt. Wenn auch einige von ihnen wahrnehmungspsychologisch begründbar sind, so sind doch die geltenden Selektionskriterien, die ihnen zu Grunde liegen, nicht die einzig möglichen. Die Nachrichtenwert-Theorie kann deshalb weder eine normative Anweisung begründen, wie Journalisten Nachrichten auswählen sollen, noch kann sie für eine Definition der Nachricht an sich herangezogen werden.

Die Nachrichtenwert-Theorie hat noch eine weitere Beschränkung: Sie wird vorrangig in Inhaltsanalysen angewendet (und dabei auch immer wieder in ihrer Gültigkeit bestätigt). Diese Untersuchungen gleichen jedoch wissenschaftlichen Experimenten ohne Kontrollgruppe: Analysen von Medieninhalten haben nur die veröffentlichten Nachrichten zum Gegenstand. Es fehlt schlicht der Vergleich mit den nicht ausgewählten Nachrichten. Um diese auch zu erfassen, braucht es aufwändige Input-Output-Analysen, die nur selten eingesetzt werden.[3] Kepplinger zufolge zeigt sich in solchen Vergleichen, dass Nachrichtenfaktoren tatsächlich nur einen geringen Einfluss auf die Nachrichtenauswahl haben: „Dies deutet darauf hin, daß die Nachrichtenfaktoren zwar eine Conditio sine qua non für positive Selektionsentscheidungen sind, sie aber nicht erklären, weil es hinreichend viele Meldungen gibt, die nicht publiziert werden, obwohl sie die gleichen Eigenschaften besitzen." (ebd. 22; vgl. auch Kepplinger/Bastian 2000: 473) Das bedeutet: Nachrichtenfaktoren und die ihnen zugrunde liegenden Selektionskriterien der Journalisten sind eine Ursache für die Vernachlässigung von Nachrichten und Themen, aber nicht die einzige.

*Nachrichtenauswahl als soziales Geschehen*

Westerbarkey kritisiert zu Recht: „Die journalistische Orientierung an Nachrichtenwerten wird in der Wissenschaft gern überschätzt, während ökonomische, technische und organisatorische Determinanten oft vernachlässigt werden." (1992: 283) Die Auswahl von Nachrichten durch Journalisten geschieht nicht im luftleeren Raum, sondern innerhalb einer Gesellschaft und dort in der Regel in Medienorganisationen, konkreter gesagt in Redaktionsräumen. Dort finden sich

---

3   Input-Output-Studien vergleichen die z. B. die Meldungen und Informationen, die eine Redaktion über verschiedene Kanäle bekommt (ihren Input), mit den Nachrichten, die sie daraus auswählt und veröffentlicht (ihrem Output). Auch solche Untersuchungen können natürlich nicht die Gesamtheit der möglicherweise vernachlässigten Nachrichten erfassen. Denn dabei handelt es sich nicht nur um die von Journalisten weggeworfenen Agenturmeldungen oder Pressemitteilungen, sondern auch und gerade um solche Informationen und Themen, die es gar nicht erst auf die Ebene dieser letzten Auswahl schaffen.

spezifische organisatorische Strukturen, Arbeitsbedingungen und soziale Beziehungen.

Ausgangspunkt der Redaktionsforschung ist das Gatekeeper-Konzept von White (1950). Die Grundidee ist, dass es im Nachrichtenfluss „Schleusen" gibt, an denen ein Schleusenwärter entscheidet, welche Nachricht durchkommt und welche nicht. Um dies zu untersuchen, beobachtete und befragte White einen Nachrichtenredakteur, den er „Mr. Gates" nannte. Dieser erscheint zunächst nicht als ein besonders soziales Wesen: Allein an seinem Schreibtisch und „hochgradig subjektiv" entscheidet er, welche Nachrichten er in die Zeitung nimmt und welche nicht (ebd. 385f.). Als Einflussfaktoren erscheinen vor allem die persönlichen Vorlieben, Abneigungen und Vorurteile des Redakteurs. Er wird zum Beispiel mit den Worten zitiert: „I dislike Truman's economics, daylight saving time and warm beer." (ebd. 390)

White wühlte buchstäblich im Papierkorb des Journalisten, um herauszufinden, welche Meldungen nicht zu Zeitungsnachrichten wurden. Er bat Mr. Gates darum, seinen Korb mit den aussortierten Meldungen nach der Arbeit noch einmal durchzugehen und auf jedem Blatt einen Grund für seine Ablehnung zu notieren. Die Auswertung illustriert sehr gut das so oft beschriebene „intuitive" Vorgehen bei der journalistischen Nachrichtenauswahl: Gates konnte meist nur sehr pauschale Gründe nennen, häufig schrieb er nur „not interesting" oder „no good" (ebd. 386).

Wurden diese Aussagen des Redakteurs von White als Belege für die starke Willkür der Nachrichtenauswahl gewertet, so lassen sie sich jedoch auch anders interpretieren. Da Gates als sehr offen und kooperativ beschrieben wird, er aber trotzdem keine substantiellen Gründe für seine Entscheidungen nennt, ist zu vermuten, dass er die entscheidenden Gründe für die Nachrichtenauswahl tatsächlich nicht kennt. Sie sind ihm nicht bewusst, weil sie im Wesentlichen außerhalb seiner Person liegen. Dies mag paradox erscheinen, weil er ja allein an seinem Schreibtisch arbeitet und entscheidet, ohne irgendjemanden zu Rate zu ziehen. Dennoch wirken gesellschaftliche und professionelle Faktoren womöglich stärker als Gates' ganz persönliche Ideen über warmes Bier.

Gatekeeper, im übertragenen Sinne verstanden als Mechanismen, die Nachrichten verhindern, sitzen an vielen Stellen. Der auswählende Redakteur vom Dienst entscheidet nicht so unbeeinflusst, wie es scheinen mag. Seinen Entscheidungen sind schon viele andere vorausgegangen, die die Spielräume einschränken. Redaktionelle Routinen und professionelle Standards tragen in mindestens ebenso starkem Maße zur Auswahl bei wie die Persönlichkeit des Auswählenden.

Die Frage, welche Nachrichten ein Journalist für wichtig hält, kann also durch eine umfassendere Frage ersetzt werden: Welche Nachrichten und Themen hält eine Gesellschaft für wichtig? Auf der Grundlage von Whites Gatekeeper-Idee entwarf Shoemaker (1991: 70ff.) mehr als 40 Jahre später ein weit komplexeres, soziologisches Gatekeeping-Modell. Einflüsse auf die Nachrichtenauswahl gibt es demnach auf drei Ebenen: Grundlegend ist die Gesellschaft, darin besteht eine Medienorganisation und in ihr positioniert sich das Individuum, also etwa Mr. Gates. Der Begriff der Medienorganisation umfasst dabei sowohl die Redaktion als auch das Medienunternehmen, jeweils in ihrer Eigenschaft als soziales Gefüge. Diese mittlere, organisatorische Ebene hat Shoemaker zufolge den stärksten Einfluss auf die Auswahlentscheidungen. Zusätzlich zu den drei genannten Ebenen nach Shoemaker lässt sich noch eine vierte beschreiben: Zwischen der Medienorganisation und der Gesellschaft liegt die Ebene der journalistischen Profession, mit ihren eigenen Regeln und Standards (vgl. Berkowitz 1992). Dort kann man auch die oben beschriebenen Nachrichtenfaktoren einordnen.

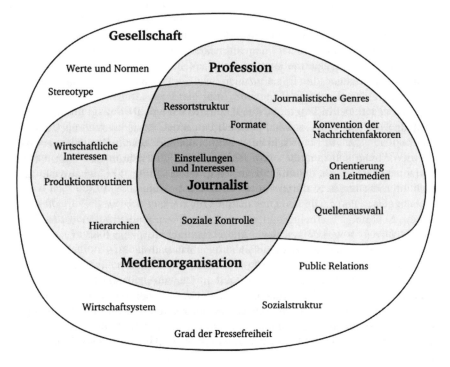

*Abb.:* Soziale Faktoren der Nachrichtenauswahl (Quellen: Shoemaker 1991: 70ff., Berkowitz 1992: 93f. und Bonfadelli 2003: 87f.)

Die Abbildung zeigt schematisch einige Einflussfaktoren, die in den vier genannten Ebenen oder auch sozialen Sphären wirken. Die Ebenen der Medienorganisation und der Profession sind nicht hierarchisch angeordnet, sondern sie überschneiden sich: Da die Medienorganisation neben Redaktionen auch aus einem unternehmerischen Teil besteht, unterliegt sie nur zum Teil den Regeln der Profession.

*Soziale Kontrolle*

Bei den beschriebenen Nachrichtenstandards und Routinen handelt es sich um erlerntes Verhalten. Sie werden während der journalistischen Ausbildung einstudiert und im späteren Berufsalltag ständig aktualisiert – etwa in Redaktionskonferenzen und bei Gesprächen mit Kollegen oder Vorgesetzten über die Nachrichten- oder Themenauswahl. Um solchen Sozialisationsprozessen und ihrer Aktualisierung im Redaktionsalltag auf die Spur zu kommen, eignet sich die Methode der teilnehmenden Beobachtung (klassisch z. B. Breed 1952 und 1955, Tuchman 1978). Breed und später Tuchman kommen nach ausführlichen Feldstudien zu dem Schluss, dass es sich bei der Themenauswahl in Redaktionen um einen Prozess mit sehr starker sozialer Kontrolle handelt.

Nicht äußerer Zwang, also etwa Angst vor Entlassung, sei entscheidend für das beobachtete angepasste Verhalten von Redakteuren, sondern ihre Wahrnehmung von Kollegen und Vorgesetzten als soziale Bezugsgruppe, resümiert Breed. Es ist natürlich fraglich, inwieweit dieser Befund aus den USA der 1950er Jahre auf heutige Verhältnisse in Europa übertragen werden kann. Einige grundlegende Überlegungen Breeds sind jedoch sicher auch heute wichtig. So beschreibt er beispielsweise eine Besonderheit der journalistischen Profession, die zunächst banal klingt: Journalisten mögen ihren Beruf und verbinden damit ein hohes Standesbewusstsein. Dies hat Konsequenzen: Das Dazugehören zur Gruppe der Journalisten (oder einer spezielleren Gemeinschaft, z. B. Fernsehjournalisten oder Kulturredakteure) prägt wesentlich das eigene Selbstbild. Viele Journalisten leben hauptsächlich in ihrer und für ihre Arbeit; die soziale Anerkennung innerhalb dieser Bezugsgruppe hat deshalb für sie eine besonders hohe Bedeutung.

*Zwischenfazit:* Nachrichtenfaktoren dienten ursprünglich der kritischen Beschreibung einer asymmetrischen Kommunikationsstruktur. Sie sind kein Naturgesetz und auch keine Handlungsanleitung für Journalisten. Ihre unkritische Anwendung kann zur Vernachlässigung relevanter Themen führen. Soziale Kontrolle und andere gesellschaftliche Faktoren beschränken den Horizont des

Denkbaren und führen so ebenfalls zum Ausschluss von Nachrichten und Themen.

## 2. Was gilt als unwichtig – und warum?

Medienkritische Initiativen wie die „Initiative Nachrichtenaufklärung" in Deutschland (vgl. Pöttker 1999, INA 2006) oder das „Project Censored" in den USA (vgl. Jensen 1989, Project Censored 2006) weisen darauf hin, dass es unterberichtete, vernachlässigte und unterdrückte Nachrichten und Themen gibt, auch in vergleichsweise freien Gesellschaften. Ihre Arbeitshypothese ist, dass solche Vernachlässigungen nicht zufällig geschehen, oder anders ausgedrückt: dass es sich nicht um einzelne Fehlentscheidungen von Journalisten handelt, sondern dass strukturelle Gründe dafür verantwortlich sind. Diese strukturellen Gründe reichen von den Besitzverhältnissen bei Medienunternehmen über die redaktionelle Arbeitsorganisation bis hin zu journalistischen Konventionen bei der Quellenauswahl und anderen professionellen Standards.

Auf welcher Grundlage kann man von einer Vernachlässigung von Nachrichten und Themen sprechen? Otto Groth forderte von der Zeitung wenn möglich Vollständigkeit, zumindest aber Universalität: „Die Universalität des Inhalts besteht darin, daß sich die Zeitung nicht selbst Schranken setzt, sondern aus ihrem Zweck heraus frei in alle Gebiete des Lebens und Geistes greifen kann." (Groth 1928: 41) Entscheidend sind also die Möglichkeit und die Bereitschaft, auf alle für das Publikum interessanten Themen einzugehen. Die Zeitung soll „aus ihrem Zweck heraus" auf Themen eingehen, d. h. im Interesse von Publizität und Allgemeinheit (vgl. auch ebd. 44f.). Verschiedene Praktiker und Theoretiker des Journalismus fordern diese Universalität auch heute ein. Sie kritisieren, dass viele relevante Themenbereiche von den Medien vernachlässigt werden, weil diese anderen Logiken folgen als der von Groth geforderten.

Zeitgenössische Autoren gebrauchen jedoch sehr verschiedene Begriffe für dieses Phänomen, die für unterschiedliche Sichtweisen und Erklärungsmuster stehen. Der politisch am meisten aufgeladene Begriff ist der der Zensur. Der neutralste Begriff, der sich in der Literatur findet, lautet „unterbliebene Nachrichten" (Pöttker 1999: 163). Pöttker und die Initiative Nachrichtenaufklärung sprechen darüber hinaus von der *Vernachlässigung* von Nachrichten. Dieser Begriff lässt zwar offen, aus welchen Gründen eine mögliche Nachricht nicht veröffentlicht wird, er beinhaltet darüber hinaus jedoch eine Kritik: Mit „Vernachlässigung" beschreibt man in der Regel eine Pflichtverletzung. Für Journalisten postuliert Pöttker denn auch eine „Grundpflicht zum Publizieren" (ebd.

162). Wird diese Pflicht ohne triftigen Grund verletzt, handelt es sich um Vernachlässigung. Strukturelle Gründe der Vernachlässigung sind solche, die regelmäßig und auf vorhersehbare Weise auf die Auswahl von Nachrichten einwirken. Sie erzeugen blinde Flecken in der Berichterstattung, d. h. Bereiche, die dem Berichterstatter auf Grund der Strukturen des Nachrichtenprozesses und auf Grund seiner Art der Wahrnehmung verborgen bleiben. Der blinde Fleck ist der Teil des Gesichtsfeldes, den man nicht sehen kann – zumindest, so lange man den Kopf nicht bewegt.

*Strukturelle Gründe der Vernachlässigung*

Will man die vielfältigen Gründe für Vernachlässigung systematisieren, so kann man zunächst zwischen internen und externen Einflussfaktoren unterscheiden. Grundlegend ist hier wiederum der Aufsatz von Østgaard, mit dem er die Nachrichtenwertforschung eröffnete. Er unterscheidet darin „factors extraneous to the news process" und „factors inherent to the news process". Unter „news process" versteht er die Entscheidungen von Journalisten bezüglich der Auswahl und der Präsentation von Nachrichten (vgl. Østgaard 1965: 40). Zu den internen Faktoren lassen sich alle Entscheidungen und Handlungen von Journalisten zählen, seien sie individuell motiviert oder durch die Arbeitsbedingungen und die sozialen Beziehungen in der Redaktion bedingt. Journalistische Standards und Routinen gehören ebenso dazu wie persönliche Einstellungen von Redakteuren, Anweisungen von Chefredakteuren oder auch fehlende Ressourcen für eine tiefere Recherche. Zu den externen Faktoren zählen alle direkten und indirekten Einflussnahmen durch verschiedene Akteure außerhalb der Redaktion. Gesellschaftliche Rahmenbedingungen, Versuche der Beeinflussung durch Politiker oder Unternehmer, aber auch Anweisungen aus Anzeigenabteilung oder Verlagsleitung sind demnach externe Faktoren.

Eine zweite Differenzierung lässt sich zwischen materiellen und ideellen Einflussfaktoren treffen. Zu den materiellen Einflussfaktoren zählen die politischen, ökonomischen und technischen Rahmenbedingungen des Mediensystems sowie ihre materiellen Auswirkungen in Redaktionen. Ideelle Faktoren umfassen individuelle und gesellschaftlich geprägte Ideen, Vorstellungen und Handlungsweisen, die den journalistischen Auswahlprozess beeinflussen. Dazu gehören auch professionelle Routinen und Standards. Ideelle Faktoren können ebenso strukturell verfestigt sein wie materielle Faktoren.

Diesen beiden Unterscheidungen folgend lassen sich Faktoren, die zur Vernachlässigung von Nachrichten führen, in vier Gruppen einteilen, wie die tabellarische Übersicht zeigt. Die einzelnen Faktoren stehen natürlich nicht unabhängig voneinander im Raum. Sowohl zwischen einzelnen Faktoren als auch zwischen den vier Feldern gibt es Wirkungsbeziehungen.

|  | externe Faktoren | interne Faktoren |
|---|---|---|
| materielle Faktoren | (Feld 1)<br>• Ökonomisierung und Kommerzialisierung des Mediensystems<br>• Besitzverhältnisse der Medien, Einflussnahme durch Eigentümer<br>• Einflussnahme durch Anzeigenkunden<br>• Einflussnahme oder Zensur(versuche) durch staatliche Stellen und andere politische Akteure<br>• PR (als informationelle Subvention)<br>• ... | (Feld 2)<br>• Fehlende Ressourcen: Stellen, Zeit, Arbeitsmittel, Reise- und Recherchekosten, Räumlichkeiten, Qualifikation, ...<br>• Hierarchien in der Redaktion, Ressortstruktur, Organisation der Arbeit<br>• Vorgegebene Sende- oder Druckformate<br>• ... |
| ideelle Faktoren | (Feld 3)<br>• Werte und Normen in der Gesellschaft<br>• Kontakte zu gesellschaftlichen Eliten<br>• PR (als Beeinflussung)<br>• (Vermutete oder erfragte) Erwartungen der Zielgruppe, Boulevardisierung<br>• ... | (Feld 4)<br>• Soziokulturelle Herkunft und persönliche Einstellungen der Journalisten<br>• Berufliche Sozialisation und journalistisches Selbstverständnis, soziale Kontrolle in der Redaktion<br>• Journalistische Routinen und Standards: Nachrichten- und Aktualitätsbegriff, Objektivitätsverständnis, Quellenauswahl<br>• Angst, Selbstzensur<br>• ... |

*Tab.:* Übersicht über Faktoren, die zur Vernachlässigung von Nachrichten führen können

Vielleicht am deutlichsten sichtbar sind die externen, materiellen Faktoren (Feld 1). Sie reichen von der Ökonomisierung und Kommerzialisierung des Mediensystems und den Besitzverhältnissen der Medien bis zu Einflussnahmen ökonomischer und politischer Akteure auf Medieninhalte. Ein besonderer Fall von Einflussnahme ist die PR. Sie wirkt sowohl auf materieller Ebene (als informationelle Subvention) als auch ideell (im Sinne einer mentalen Beeinflussung der Journalisten).

Materielle Faktoren sind auch Journalismus-intern wirksam (Feld 2). Mangelnde Ressourcen für Recherchen beispielsweise sind ein zentraler Grund für die Vernachlässigung komplexer oder langfristig angelegter Themen. Zu den internen, materiellen Faktoren gehören darüber hinaus die Organisation der Arbeit in Redaktionen, die Ressortstruktur und vorgegebene Sende- oder Druckformate.

Auf der ideellen Ebene beeinflussen zunächst zwei externe Gruppen von Akteuren die Nachrichtenauswahl: einerseits die gesellschaftlichen Eliten, mit denen Journalisten in Entscheider-Positionen in aller Regel enge Kontakte pflegen, und andererseits die Zielgruppen, an deren (vermuteten) Interessen Medienangebote ausgerichtet werden (Feld 3).

Zu den ideellen, internen Faktoren (Feld 4) schließlich zählen journalistische Standards und Routinen wie der Nachrichten- und der Aktualitätsbegriff. Eine zentrale Rolle nimmt die Quellenauswahl ein, da sie darüber bestimmt, welche gesellschaftlichen Gruppen Zugang zu den Nachrichten haben.

*Zwischenfazit:* Die Vernachlässigung relevanter Nachrichten und Themen ist strukturell bedingt. Verantwortlich dafür sind sowohl professionell-journalistische Faktoren als auch Gründe, die außerhalb des Journalismus liegen. Ansatzpunkte zur Ermöglichung oder Erhaltung einer möglichst vielfältigen Nachrichtenauswahl finden sich deshalb sowohl im Selbstverständnis der Journalisten als auch in der Medienpolitik, die die Rahmenbedingungen schafft, in denen Themen und Nachrichten entstehen.

## 3. Welche Inhalte werden vernachlässigt?

Welche Inhalte werden in der deutschen Medienöffentlichkeit vernachlässigt? Dass es sich um eine Fülle verschiedenster, durchaus relevanter Nachrichten und Themen handelt, zeigen die Top-Ten-Listen der Initiative Nachrichtenaufklärung jedes Jahr aufs Neue.[4] Die Initiative arbeitet auf der Grundlage von Themenvorschlägen aus der Bevölkerung. Unter den Vorschlagenden sind immer wieder auch Vertreter von Nichtregierungs-Organisationen, die anwaltschaftlich für Themen eintreten. Aus dieser Beobachtung entstand die Idee für eine explorative Studie, die Erkenntnisse darüber gewinnen sollte, welche Art von Themen und Nachrichten vernachlässigt werden (vgl. Vock 2004).

Ein Grundgedanke der Untersuchung war, dass Medien unter anderem die Funktion haben, verschiedenen gesellschaftlichen Interessen zu einem Dialog zu verhelfen. Da vernachlässigte Inhalte eben nicht in den Medien gefunden werden können, wandte sich die Studie möglichen *Quellen* von Nachrichten zu. Seit

---

4  Aktuelle und ältere Themen finden sich in diesem Band und auf der Homepage der Initiative Nachrichtenaufklärung (http://www.nachrichtenaufklaerung.de).

den Forschungen von Barbara Baerns aus den 1980er Jahren ist bekannt, dass Produkte von Öffentlichkeitsarbeit die Grundlage für einen großen Teil der medialen Berichterstattung sind (vgl. Baerns 1985 und 1987). Für die hier dargestellte Untersuchung wurden deshalb verantwortliche Mitarbeiter von Pressestellen befragt. Um gesellschaftlich möglichst relevante Themen zu finden, wurden solche Pressestellen ausgewählt, die für sich in Anspruch nehmen, für gesellschaftliche Gruppen und deren Interessen zu sprechen (z. B. Arbeitgeberverband, Gewerkschaft, Partei, Kirche, Universität, Verbraucherzentrale, Wohlfahrtsverband, Menschenrechtsorganisation). Zwölf Gesprächspartner gaben in ausführlichen Leitfadeninterviews darüber Auskunft, welche Themen und Nachrichten sie für vernachlässigt halten und welche Gründe sie dafür sehen.

*Vernachlässigt: Soziale Realität*

Fast alle Befragten konnten spontan einen oder mehrere Themenbereiche aus ihrem Arbeitsfeld nennen, die ihrer Einschätzung nach von den Medien vernachlässigt werden. Angesichts der Vielfalt der gesellschaftlichen Interessengruppen, die die befragten Pressesprecher repräsentieren, war nicht zu erwarten, dass sich gemeinsame Themen finden würden, die alle Befragten gleichermaßen als vernachlässigt bezeichnen. Ein überraschendes Ergebnis der Untersuchung ist es deshalb, dass der überwiegende Teil der Befragten wenn auch nicht dasselbe Thema, so doch eine bestimmte Dimension der Realität ansprachen, die sie in der Berichterstattung vermissen: Immerhin acht von zwölf Befragten nahmen im Gespräch Bezug auf etwas, was ich hier Lebenswirklichkeit oder auch soziale Realität nennen möchte.

Die Medien, so die Befragten, gingen in ihrer Berichterstattung zu wenig auf die Lebensumstände und den Alltag von Menschen ein – jenseits von außergewöhnlichen Ereignissen. Soziale Realität, das ist zunächst für den überwiegenden Teil der Bevölkerung der große Bereich der Arbeitswelt. Dieser Lebensbereich werde von den Medien stark vernachlässigt, so ver.di-Pressesprecher Günter Isemeyer. Vergleichbare Beobachtungen machen die Sprecher anderer gesellschaftlicher Gruppen, jeweils für ihre Themenbereiche: Die Pressesprecherin einer großen Partei kritisiert eine mangelnde Berichterstattung über die alltägliche politisch-inhaltliche Arbeit an der Basis und in den Gremien. Die Pressesprecherin der Deutschen Bischofskonferenz, Dr. Martina Höhns, stellt fest, dass der Alltag, das religiöse Leben und das Gemeindeleben wenig Platz in den Medien erhielten.

Die Pressereferentin der Verbraucherzentrale NRW, Gerlinde Waschke, bezeichnet die soziale Realität von Benachteiligten als unterberichtet. Im breiten

Themenspektrum, das die Verbraucherzentrale bearbeitet, seien Sozialthemen neben Umwelt- und Ernährungsthemen besonders schwer zu vermitteln: „Sozial Benachteiligte oder Kranke und Alte, solche Themen sind nicht so leicht zu platzieren."

Auch aus Sicht der Arbeiterwohlfahrt wird die klassische Sozialberichterstattung vernachlässigt, und dies mit zunehmender Tendenz. AWO-Sprecher Joachim Kendelbacher beschreibt eine Verschlechterung, die er im Verlauf der vergangenen 30 Jahre beobachtet hat. Als Mitglied einer Medienjury der Bundesarbeitsgemeinschaft der freien Wohlfahrtspflege verfolge er seit den 1970er Jahren die Berichterstattung im sozialen Bereich. Dabei habe sich besonders die Platzierung der preisgekrönten Beiträge im Rundfunk und in den Zeitungen deutlich verschlechtert, so Kendelbacher: „Im Fernsehen waren sie früher mal Bestandteil des ersten und zweiten Programms zu Sendezeiten, die noch um halb Acht, viertel nach Acht oder vielleicht mal viertel vor Zehn lagen. Es sind heute zum großen Teil 23-Uhr-Beiträge, oder sie sind in die dritten Programme gerutscht. Dann sind sie gekürzt worden. Sie waren früher mal eine Stunde, dann 45 Minuten, heute sind sie noch 30 Minuten lang. Und bei den Zeitungen sagen uns die ausgezeichneten Journalisten auch, dass sie darum kämpfen müssen, diesen Stoff in die Zeitungen reinzubringen, selbst als erfahrene Journalisten, die schon einen Ruf haben. Sie erzählen, dass ihnen die Ressortleiter oder Chefredakteure sagen, hör mir mit diesem Sozialquatsch auf. Und dabei sind da Menschenschicksale beschrieben."

Mit der Vernachlässigung des Alltags hängt auch eine weitere Beobachtung zusammen, die ebenfalls mehrere Befragte äußerten: So genannte „normale, einfache Leute", d. h. Menschen ohne Amt, Mandat oder sonstige herausgehobene gesellschaftliche Position, sind in den Medien nur wenig präsent. Hier zeigt sich die Wirkung journalistischer Konventionen bei der Auswahl von Quellen.

Mit der Vernachlässigung der sozialen Realität geht außerdem einher, dass (sozial-)politische Auseinandersetzungen vorrangig auf der abstrakten Ebene parteipolitischer Streitigkeiten behandelt werden. Der soziale und damit genuin politische Inhalt von Politik kommt demgegenüber zu kurz. Der Journalist Elias Bierdel, der zum Zeitpunkt der Befragung noch Vorsitzender von Cap Anamur war, formuliert das Problem so: „Das, was hier als politischer Diskurs jetzt läuft, über viele Jahre, bildet in keiner Weise ab, worum es eigentlich in dieser Gesellschaft geht. Das entwickelt sich auseinander." Amerikanische Forscher sprechen bei der hier kritisierten Art von Politik-Berichterstattung auch von „baseball analysis": Wie Sportreporter konzentrieren sich auch politische Journalisten zunehmend auf Aspekte der Taktik und des „Spielverlaufes" zwischen den Parteien sowie auf die dazugehörigen Personalia.

*Positives, Kompliziertes, Langfristiges*

Neben der sozialen Lebenswirklichkeit werden aus der Sicht der Befragten drei weitere Dimensionen der Realität besonders stark vernachlässigt: Positives, Kompliziertes und Langfristiges. Im Rahmen dieser kurzen Darstellung möchte ich vor allem auf den letzten Punkt näher eingehen.

Die Konzentration der Nachrichtenmedien auf tagesaktuelle Ereignisse wird von mehreren PR-Verantwortlichen als ein Problem ihrer Arbeit beschrieben: Langfristige Entwicklungen und strukturelle Probleme lassen sich nur sehr schwer in den Medien unterbringen, wenn nicht immer wieder ein „aktueller Aufhänger" geliefert wird (der dann aber fast zwangsläufig das eigentlich zu Grunde liegende Problem in den Hintergrund drängt). Die Konzentration auf Kurzfristiges wird absurd, wenn Medien lang andauernde Probleme nur punktuell betrachten und damit Geschehnisse aus ihrem Zusammenhang reißen. Journalisten berauben sich damit der Möglichkeit, den Themen auf den Grund zu gehen. Bierdel kritisiert die seiner Ansicht nach routineartige Berichterstattung über Katastrophen: „Überschwemmungen, Dürren usw. sind Klima-Effekte, die sich verstärkt einstellen, und es ist eigentlich lächerlich, immer noch auf eine einzelne Flut in Mosambik zu reagieren. (...) Medien müssen beginnen, anders umzugehen mit solchen Themen. Zu sagen, ich fahre jetzt da hin, weil da jetzt gerade AIDS ist, ist ja lächerlich, das geht eben nicht. Und in Wahrheit geht es genauso wenig, dahin zu fahren, ‚weil gerade Flut ist'." Auch der AWO-Sprecher kritisiert die Kurzfristigkeit der Medienaufmerksamkeit. Spendenaufrufe nach Katastrophen würden nur wenige Tage nach einem Ereignis veröffentlicht. Über den eigentlichen Wiederaufbau und die langfristige Unterstützung durch Hilfsorganisationen werde dann in aller Regel nicht mehr berichtet: „Da passiert nichts mehr, das kriegen Sie nicht reingedrückt. Sie kriegen keinen zweiten Spendenaufruf mehr hinterhergeschickt. Weil die sagen: Aktuell ist doch nichts, es stirbt doch hier niemand."

Wie die Befragung zeigt, beobachten und reflektieren Pressesprecher sehr genau, mit welchen Informationen sie bei den Medien Aufmerksamkeit finden und mit welchen nicht. Die Folge: Pressestellen, die ökonomisch arbeiten, orientieren sich in ihrer eigenen Themenauswahl bereits an der (erwarteten) journalistischen Auswahl in den Redaktionen. Die Folge ist ein zirkulärer, sich verstärkender Prozess.

## Mangelnde Recherche

Mehrere Befragte bestätigten die Annahme, dass Redaktionen im Zuge der Sparzwänge der letzten Jahre mehr Pressematerial ungeprüft übernehmen. Die Pressesprecher berichten davon, dass ihrer Erfahrung nach heute weniger nachgefragt und recherchiert wird als noch vor einigen Jahren. Den Grund dafür sehen sie darin, dass in Redaktionen in der jüngsten Zeit Stellen abgebaut wurden. Gewerkschaftssprecher Isemeyer: „Heutzutage ist eine Pressekonferenz, wo drei oder vier Redakteure sind, schon eine relativ gut besuchte. Da hat sich eine Menge verschlechtert, was letzten Endes negativ für die Leserinnen und Leser ist, weil die Informationen dann sehr stromlinienförmig sind."

Kürzungen in Redaktionen können auch dazu führen, dass ganze Themenbereiche weggespart werden. Bierdel: „Ich sehe das besonders bei der Auslandsberichterstattung, es ist mehr oder minder eine Liebhaberei geworden. Das ist ein ganz schlimmer Qualitätsverlust unter Kostendruck, der da jetzt zu Stande kommt." Auch im Inland machen sich Einsparungen bei der Themenauswahl bemerkbar, zum Beispiel bei der Religion: „Jahrelang gab es eigene Kirchenredakteure in den Zeitungen. Die großen Zeitungen können sich das noch leisten, wie die ‚Süddeutsche', die ‚FAZ', die ‚Welt'. Bei vielen anderen wandert das Thema: Mal gehört es zur Politik, mal zur Kultur, und im schlechtesten Falle haben Sie Redaktionen, wo sich keiner mehr richtig dafür interessiert, weil keiner das Wissen hat und weil in dem redaktionellen Alltag dieses Ressort nicht mehr vorgesehen ist", so die Sprecherin der Bischofskonferenz.

## Die Macht der PR – welcher PR?

Die große Bedeutung, die Öffentlichkeitsarbeit für die Nachrichtenauswahl im Journalismus hat, wird aus medientheoretischer Sicht meist als Problem gewertet. Man kann PR aber auch als ein effizientes Instrument der Vermittlung verschiedenster gesellschaftlicher und privater Anliegen und Meinungen sehen. PR ist dann nicht gut oder schlecht, sie ist nur ein Medium. Wesentlich ist: Welche PR setzt sich durch und welche nicht? Es ist zu vermuten, dass Machtverhältnisse, die in der Gesellschaft vorhanden sind, sich spiegeln und verstärkt werden.

Drei der zwölf Befragten erklärten, ihr Arbeitsfeld und ihre Veröffentlichungen würden grundsätzlich nicht vernachlässigt: der Geschäftsführer der Dortmunder Industrie- und Handelskammer, der Pressesprecher der Universität Bochum und der Sprecher der Landesvereinigung der Arbeitgeberverbände. Die beiden erstgenannten Institutionen unterscheiden sich vom Rest der Befragten durch den lokalen Schwerpunkt ihrer Pressearbeit. Dies könnte erklären, warum sie ihre Themen und Nachrichten als wenig bis gar nicht vernachlässigt beschreiben, denn Lokalredaktionen sind in aller Regel personell schlechter besetzt und deshalb in stärkerem Maße auf Pressemitteilungen angewiesen als überregionale Redaktionen. Zudem ist die Konkurrenz um die Aufmerksamkeit auf dem lokalen Medienmarkt im Vergleich zur überregionalen Ebene deutlich begrenzt. In beiden Fällen handelt es sich überdies um lokal stark verwurzelte Institutionen, deren Verlautbarungen aus Sicht der Lokalredaktionen offenbar per se Nachrichtencharakter haben.

Im Fall der Landesvereinigung der Arbeitgeberverbände ist nicht so leicht erklärbar, warum keine der Pressemitteilungen vernachlässigt wird. Eberhard Vietinghoff, der Sprecher des Verbandes, sieht den Grund in einer Selbstbeschränkung seiner Öffentlichkeitsarbeit: Anders als etwa Gewerkschaften äußere sich die Arbeitgeber-Vereinigung nur zu den sie unmittelbar betreffenden Themen der Tarif- und Sozialpolitik. Äußerungen zu diesen Themen würden dann in der Regel auch abgedruckt. Die Beobachtung, dass die Resonanz auf Pressemitteilungen auch davon abhängig ist, wie stark der Absender mit den angesprochenen Themen identifiziert wird, teilten auch andere Befragte. Ob dieser Faktor jedoch ausreicht, um den offenbar lückenlosen Abdruck der Veröffentlichungen des Arbeitgeberverbandes zu erklären, kann hier nicht geprüft werden.

## 4. Schlussfolgerungen

Die strukturelle Vernachlässigung relevanter Themen und Nachrichten in der Medienöffentlichkeit ist ein bisher nur wenig beschriebener und auch prinzipiell nur eingeschränkt beschreibbarer Sachverhalt. Eine Voraussetzung, um überhaupt von Vernachlässigung sprechen zu können, sind Aussagen über die Relevanz möglicher Themen und Nachrichten. Da Relevanz nicht messbar ist, sondern nur gesellschaftlich bestimmt werden kann, wird sie immer Gegenstand von Diskussionen sein. Dies erschwert die Definition und auch die Untersuchung von Vernachlässigung, es kann jedoch kein Grund dafür sein, diese Debatte nicht zu führen.

Die Befragung von Pressesprechern gibt konkrete Anhaltspunkte: Aus ihrer Sicht werden nicht nur Nachrichten, Themen und ganze Themenfelder vernachlässigt, sondern darüber hinaus bestimmte Dimensionen der Wirklichkeit: soziale Realität, Positives, Langfristiges und Kompliziertes. Das bedeutet: Viele Aspekte der Lebenswirklichkeit von Menschen werden von der aktuellen Berichterstattung vernachlässigt.

Die Erkenntnis, dass die vernachlässigten Themen und Sichtweisen in weiten Teilen identisch sind mit dem Kehrwert der Nachrichtenfaktoren, ist zwar nicht überraschend, sie ist aber auch keineswegs banal. Sie verdeutlicht vielmehr, dass der gängige Nachrichtenbegriff selbst eine Ursache für die blinden Flecken in der Berichterstattung ist. Der Nachrichtenbegriff ist ein zentraler Grund für Vernachlässigungen, er ist jedoch nicht der einzige. Für die strukturelle Vernachlässigung relevanter Themen und Nachrichten sind interne und externe, materielle und ideelle Faktoren verantwortlich.

Das hier skizzierte Konzept der strukturellen Vernachlässigung lässt sich begreifen als eine Synthese und Erweiterung zweier zunächst gegensätzlicher Modelle von Öffentlichkeit. Das erste Modell geht aus von einem ständigen Machtkampf der gesellschaftlichen Akteure um die knappe Ressource Aufmerksamkeit. Aus den Machtverhältnissen in einem gegebenen Gesellschaftssystem ergeben sich in diesem Modell ungleich verteilte Zugänge zu den Medien und ungleiche Einflussmöglichkeiten auf die Auswahl von Themen und Nachrichten. Auf dieser Perspektive beruht beispielsweise das Propaganda-Modell von Herman und Chomsky (1988), in dem vor allem die externen, materiellen Einflüsse auf die Nachrichtenauswahl hervorgehoben werden (vgl. Feld 1 in der Übersicht). Das zweite Modell von Öffentlichkeit steht dem eben beschriebenen diametral gegenüber. Es handelt sich um das Konzept einer demokratischen, aufgeklärten Öffentlichkeit, die als Resultat eines unabhängig und professionell arbeitenden Journalismus betrachtet wird. Aus diesem Blickwinkel fallen vor allem die internen, ideellen Faktoren ins Auge, die die Nachrichtenauswahl beeinflussen (vgl. Feld 4).

Aus beiden Modellen lassen sich demnach bestimmte strukturelle Einflussfaktoren auf die Nachrichtenauswahl ableiten, deren Wirksamkeit in unserer Gesellschaft sich auch in vielen Einzelfällen belegen lässt. Beide Modelle sind jedoch auf ihre Art begrenzt. Um ein komplettes Bild der strukturellen Vernachlässigung von Nachrichten und Themen zu erhalten, lohnt es sich, eine übergeordnete Perspektive einzunehmen, in der beide Sichtweisen sich ergänzen und durch zusätzliche Faktoren erweitert werden. Erst die Analyse aller vier in der Übersicht dargestellten Felder ist geeignet, die Wirklichkeit der strukturellen Vernachlässigung zu beschreiben. Die einzelnen Faktoren konnten hier nur angerissen werden, sie bieten eine Fülle von Forschungsansätzen.

*Welche Spielräume bleiben?*

Die Vielfalt der beschriebenen Faktoren, die zur Vernachlässigung von Nachrichten und Themen führen, birgt auch eine Vielfalt von Möglichkeiten, etwas daran zu ändern. Die Handlungsspielräume in den vier beschriebenen Feldern sind allerdings verschieden groß: Während externe, materielle Faktoren weitgehend außerhalb des Einflussbereiches von Journalisten liegen, spielen sich die internen, ideellen Faktoren in ihren eigenen Köpfen ab.

Wie die Analyse im ersten Abschnitt gezeigt hat, sind Nachrichtenfaktoren (wie auch andere professionelle Standards und Routinen) keine naturgegebenen Konstanten. Vernachlässigte Meldungen werden nicht allein deshalb aussortiert, weil sie beispielsweise Positives, Langfristiges oder Kompliziertes beschreiben, sondern deshalb, weil Journalisten mit einem Nachrichtenverständnis arbeiten, das Positives, Langfristiges und Kompliziertes tendenziell ausschließt.

*Mehr und andere Fragen stellen:* Harry Pross hat es auf einen treffenden Begriff gebracht: Wir brauchen „interrogativen Journalismus" (Pross 1980: 17, zit. n. Baerns 1985: 100f.). Gerade im Hinblick auf die Themenauswahl ist es wichtig, immer wieder zu fragen: Warum ist dieses Thema wichtig? Was daran ist wichtig? Welche Alternativen könnte es geben? Um solche Fragen im journalistischen Alltag unterzubringen, braucht es neben einem kritischen Geist auch Arbeitsbedingungen, die Zeit und Raum dafür lassen, sowie redaktionelle Strukturen, die den Austausch und Debatten fördern.

Dem großen Einfluss von PR auf die Nachrichtenauswahl kann auf zwei Arten begegnet werden: einerseits durch eine Stärkung des journalistischen Selbstverständnisses[5] und andererseits durch eine solidere personelle Ausstattung von Redaktionen. Viele Recherchen unterbleiben aus Mangel an Ressourcen. In dieser Frage muss sich die Gesellschaft entscheiden, wie viel unabhängigen Journalismus sie sich leisten will (z. B. bei den regelmäßigen und sich offenbar verschärfenden Diskussionen über die Rechtmäßigkeit von Rundfunkgebühren).

*Journalistenausbildung verbessern:* Die Ausbildung zukünftiger Journalisten kann im Hinblick auf die Vermeidung von Vernachlässigung vieles leisten. Mindestens vier Ansatzpunkte bieten sich an: Erstens sollte die Ausbildung großen Wert auf die Vermittlung politischen, wirtschaftlichen und sozialen Sachwissens legen, denn wer nicht begreift, kann nicht hinterfragen. Zweitens sollte sie zur Reflexion über das eigene journalistische Handeln und seine Bedingungen anregen und anleiten. Ein reines „training on the job" reicht dazu

---

5   Eine Verwässerung des Journalismusbegriffs durch die Vermischung journalistischer und werblicher Berufsbilder, wie sie derzeit gängig ist, ist in diesem Zusammenhang kontraproduktiv. Journalistische Berufsverbände könnten dem entgegenwirken, etwa indem sie sich für einen Schutz der Berufsbezeichnung Journalist einsetzen, wie es ihn beispielsweise in Frankreich gibt.

nicht aus. Drittens sollte die Recherche als Kernstück des journalistischen Handwerks systematischer gelehrt werden, als dies bislang häufig der Fall ist. Viertens schließlich sollten die Ausbildungswege für Journalisten so gestaltet werden, dass sich die soziale und kulturelle Vielfalt der Gesellschaft in künftigen Journalistengenerationen angemessen wiederfindet.

*Korrektive nutzen:* Projekte wie die Initiative Nachrichtenaufklärung haben es sich zur Aufgabe gemacht, vernachlässigte Nachrichten und Themen zu sammeln, zu recherchieren und zu veröffentlichen. Sie unterscheiden sich von zahlreichen anderen medienkritischen Organisationen durch ihren konstruktiven Ansatz: Ihnen geht es nicht in erster Linie darum, die bestehende Berichterstattung zu kritisieren, sondern darum, auch den aus ihrer Sicht vernachlässigten Themen Öffentlichkeit zu verschaffen – zusätzlich zu all den anderen Themen, die schon in der Öffentlichkeit sind. Davon können sowohl Journalisten als auch Mediennutzer profitieren.

## Literatur

Baerns, Barbara (1985): Öffentlichkeitsarbeit oder Journalismus? Zum Einfluß im Mediensystem. Köln: Verlag Wissenschaft und Politik

Baerns, Barbara (1987): Macht der Öffentlichkeitsarbeit und Macht der Medien. In: Sarcinelli, Ulrich (Hrsg.): Politikvermittlung. Beiträge zur politischen Kommunikationskultur. Bonn: Bundeszentrale für Politische Bildung. 147-160

Berkowitz, Dan (1992): Who Sets the Media Agenda? The Ability of Policymakers to Determine News Decisions. In: Kennamer, J. David (Hrsg.): Public Opinion, The Press, and Public Policy. Westport (CT), London: Praeger. 81-102

Bonfadelli, Heinz (2003): Medieninhalte. In: Bentele, Günter/Brosius, Hans-Bernd/Jarren, Otfried (Hrsg.): Öffentliche Kommunikation. Handbuch Kommunikations- und Medienwissenschaft. Wiesbaden: Westdeutscher Verlag. 79-100

Breed, Warren (1952): The Newspaperman, News and Society. New York, Columbia Univ., Diss. Faksimile-Nachdruck von Mikrofilm: Ann Arbor (MI): University Microfilms International 1983

Breed, Warren (1955): Social Control in the Newsroom. A Functional Analysis. In: Social Forces 33. 1955. 326-355. Nachgedruckt in: Berkowitz, Dan (Hrsg.) (1997): Social Meanings of News. A Text-Reader. London, Thousand Oaks (CA), New Delhi: Sage Publications

Galtung, Johan/Ruge, Mari Holmboe (1965): The Structure of Foreign News. The Presentation of the Congo, Cuba and Cyprus Crises in Four Norwegian Newspapers. In: Journal of Peace Research 2. 1965. 64-91

Groth, Otto (1928): Die Zeitung. Ein System der Zeitungskunde (Journalistik). Erster Band. Mannheim, Berlin, Leipzig: Bensheimer

Herman, Edward S./Chomsky, Noam (1988): Manufacturing Consent. The Political Economy of the Mass Media. New York: Pantheon Books

INA (2006): Über die Initiative Nachrichtenaufklärung (Selbstdarstellung). http://www.nachrichtenaufklaerung.de/ (zuletzt abgerufen am 30.11.2006)

Jensen, Carl (1989): Project Censored. Giving unreported news the attention it deserves. In: In Context. A Quarterly of Humane Sustainable Culture, H. 23. 1989. 32-35. Auch online unter http://www.context.org/ICLIB/IC23/Jensen.htm (zuletzt abgerufen am 30.11.2006)

Kepplinger, Hans Mathias (1998): Der Nachrichtenwert der Nachrichtenfaktoren. In: Holtz-Bacha, Christina/Scherer, Helmut/Waldmann, Norbert (Hrsg.): Wie die Medien die Welt erschaffen und wie die Menschen darin leben. Opladen, Wiesbaden: Westdeutscher Verlag. 19-37

Kepplinger, Hans Mathias/Bastian, Rouwen (2000): Der prognostische Gehalt der Nachrichtenwert-Theorie. In: Publizistik 45. 2000. 462-475

Lippmann, Walter (1922): Public Opinion. New York: Harcourt. Zitiert nach: Lippmann, Walter (1990): Die öffentliche Meinung. Reprint des Publizistik-Klassikers. Bochum: Brockmeyer

Østgaard, Einar (1965): Factors influencing the flow of news. In: Journal of Peace Research 2. 1965. 39-63

Pöttker, Horst (1999): Initiative Nachrichtenaufklärung. Zwölf Thesen über das öffentliche (Ver-)Schweigen. In: Ludes, Peter/Schanze, Helmut (Hrsg.): Medienwissenschaften und Medienwertung. Opladen, Wiesbaden: Westdeutscher Verlag. 161-170

Project Censored (2006): About Us (Selbstdarstellung). http://www.projectcensored.org/about/ (zuletzt abgerufen am 30.11.2006)

Shoemaker, Pamela J. (1991): Gatekeeping. Newbury Park (CA) u. a.: Sage Publications

Tuchman, Gaye (1978): Making News. A Study in the Construction of Reality. New York: Free Press

Vock, Rita (2004): Was ist wichtig? Über die Auswahl von Nachrichten im Journalismus. Diplomarbeit Univ. Dortmund

Westerbarkey, Joachim (1992): Grundlagen und Aspekte der Nachrichtentheorie. In: Communications 17. 1992. 283-295

White, David Manning (1950): The Gate Keeper. A case study in the selection of news. In: Journalism Quarterly 27. 1950. 383-390

Wilke, Jürgen (1984): Nachrichtenauswahl und Medienrealität in vier Jahrhunderten. Berlin, New York: de Gruyter

# Auf der Suche nach dem Vernachlässigten
## Recherchieren für die Initiative Nachrichtenaufklärung

*Christiane Schulzki-Haddouti*

Demokratie kann nur auf Basis eines ausgewogenen Spiels der Kräfte funktionieren. Öffentlichkeit ist hierbei ein ausgezeichnetes Mittel, um dieses Spiel am Laufen zu halten. Medien, die Öffentlichkeit herstellen, werden deshalb sogar als „Vierte Macht" bezeichnet. Sie werden dann zur Macht, wenn sie nicht nur als Vermittler der öffentlichen Meinung auftreten, sondern durch ihr Agieren selbst Gesellschaft gestalten. Hauptaufgabe der Medien ist es, Öffentlichkeit durch Transparenz herzustellen. Je mehr relevante Informationen Bürger erhalten, desto eher sind sie in der Lage, sich eine Meinung zu bilden und mündig Entscheidungen zu treffen. Die Medien stehen damit im Dienste des öffentlichen Interesses an Wissen und Bildung.

Was passiert jedoch, wenn Medien ihrem Informationsauftrag nicht oder nur teilweise nachkommen? Wenn sie Themen nicht bearbeiten, weil der aktuelle Aufhänger oder das Personal vor Ort fehlt? Weil ein Anzeigenkunde sich an einem bestimmten Thema stören könnte oder weil ein Thema ein kulturelles Tabu brechen würde? Oder gar, weil schlicht und einfach der Platz fehlt? Wichtiger Platz, der aber für Themen genutzt wird, über die bereits im Überfluss berichtet wird. Immer wieder gibt es auch Themen, deren Recherche schwierig ist, ja teilweise von Interessengruppen absichtlich erschwert, wenn nicht gar behindert wird.

## Recherchieren an mehreren Hochschulen

Die „Initiative Nachrichtenaufklärung" (INA) versucht, vernachlässigten Themen und Nachrichten auf die Spur zu kommen. Zu diesem Zwecke veröffentlicht sie jährlich eine Top-Ten-Liste, die diese Themen einer breiten Öffentlichkeit kenntlich und zugänglich macht. An der Themenauswahl des Jahres 2006 haben rund 90 Studierende mitgewirkt – im Rahmen von Recherche-Seminaren am Institut für Journalistik der Universität Dortmund, am Institut für Kommunikationswissenschaft der Universität Bonn sowie am Fachbereich Informations-

und Wissensmanagement der Hochschule Darmstadt. In den Jahren zuvor waren außerdem Studierende des Studiengangs „Medien-Planung, -Entwicklung und -Beratung" der Universität Siegen sowie des Instituts für Kommunikationswissenschaft der Universität Münster an der Recherche-Arbeit der INA beteiligt.

Die hochschulübergreifende Recherche wird seit 2006 über das „Blackboard", eine netzbasierte integrierte Lern- und Lehrumgebung der Hochschule Darmstadt, organisiert. Dabei besteht die besondere Herausforderung darin, das in den Recherchen erworbene Spezialwissen semester- und kursübergreifend zugänglich zu machen. Von zentraler Bedeutung ist das über Jahre gesammelte Fachwissen der Dozenten, das in einem kontinuierlich auf den neuesten Stand gebrachten Leitfaden Niederschlag findet. Ebenso wichtig ist die Sammlung von Rechercheprotokollen und Juryberichten an der Universität Dortmund, aber auch die fortlaufende Aktualisierung einer Liste mit hilfreichen Experten. Studierende, die gleiche oder ähnliche Themen wie ihre Vorgänger behandeln, können so schnell auf deren Rechercheergebnisse zugreifen und von dem über die Jahre angewachsenen Expertennetz profitieren.

**Chronische Lücken**

Bis heute gibt es nur wenige wissenschaftliche Arbeiten, die versuchen, eine konsequente Aussparung bestimmter Bereiche aufzuspüren. 1997 stellte etwa eine Studie ostdeutscher Medienwissenschaftler über die MDR-Programmstruktur fest, „dass im Vergleich zu den Belangen der Politiker, Unternehmer und Manager, der im Kulturleben oder im Bereich des Sports Aktiven die Belange von Ausländern, Arbeitslosen, sozial Schwachen, von Frauen und Jugendlichen und von Arbeitnehmern wenig bis sehr wenig berücksichtigt werden" (Pöttker 1999: 168).

Auch die Initiative Nachrichtenaufklärung stellt regelmäßig Defizite in der sozialen Berichterstattung fest: So berichten Medien zu wenig über die Situation von Asylbewerbern. Die Lage sozial schwacher, alter oder chronisch kranker Menschen ist ebenfalls ein Thema, das regelmäßig auf der Top-Ten-Liste der vernachlässigten Themen landet. Im Jahr 2004 waren gleich zwei Asylthemen prominent vertreten.[1]

Obgleich die Medienberichterstattung sich vornehmlich mit Politik beschäftigt, gibt es auch hier immer wieder Defizite – so werden Bürger nur selten gründlich über die Bedeutung und Funktionsweisen europäischer und internationaler Einrichtungen aufgeklärt. Militärische und geheimdienstliche Angele-

---

1   Vgl. dazu die Übersicht über die Top-Themen des Jahres 2004 in diesem Band.

genheiten werden – gemessen an ihrer gesellschaftlichen Relevanz – ebenfalls wenig behandelt. 2005 schaffte es ein Thema in die Top-Ten-Liste, das sowohl die Europäische Union als auch das Militär betrifft: Unter dem Titel „Auf dem Weg in die Europäische Militärunion" wies die Initiative Nachrichtenaufklärung auf die in den Medien kaum thematisierte Selbstverpflichtung der EU-Mitgliedsstaaten hin, ihre militärischen Kapazitäten zu steigern. Ein weiteres europäisches Thema, das die Sicherheit von Atomkraftwerken betrifft, wurde ebenfalls in die Liste aufgenommen.[2]

Auch Verbraucherthemen und komplizierte technische Sachverhalte mit gesellschaftlicher Relevanz gehören zu den Dauergästen auf der Liste – 2005 waren sie besonders prominent auf den Plätzen 2 bis 4 vertreten. Obgleich in diesem Jahr gleich mehrere interessante Korruptionsthemen auf der Auswahlliste der Jury standen, schaffte es keines in die Top Ten. Zum einen war die Korruption in diesem Jahr kein wirklich vernachlässigtes Thema in den Medien. Zum anderen kann die Initiative nur schwer Fälle aufgreifen, deren Hintergrund nicht eindeutig feststeht. Interessierten Journalisten stellt die INA jedoch zur weiteren Recherche nähere Informationen zu den Fällen zur Verfügung.

### Die Recherche des Vernachlässigten

Wie aber kann man das Vernachlässigte ausfindig und öffentlich machen? Die Initiative Nachrichtenaufklärung versucht, vernachlässigte Themen auf zweierlei Weise aufzuspüren. Zum einen setzt sie darauf, dass Bürger, Experten und Organisationen Themen einreichen, die sie für relevant und vernachlässigt halten. Aufmerksam auf die Initiative werden viele Einreicher durch die Veröffentlichung der Top-Ten-Liste in den Medien. Die INA pflegt aber zum anderen auch zahlreiche Kontakte zu Journalisten, Experten und Nicht-Regierungsorganisationen und baut diese kontinuierlich aus. Unter anderem können den Gesprächen mit Experten und Organisationen, die im Zuge der Recherchen kontaktiert werden, neue Themenvorschläge entspringen. Auch diese werden wiederum überprüft. Auf diese Weise erreichen die INA jährlich im Durchschnitt rund 150 Themenvorschläge. Über 100 davon werden nicht an die Jury weitergeleitet, weil sie entweder sachlich nicht richtig oder nicht vernachlässigt sind.

Die Vorschläge werden in den Recherche-Seminaren auf die drei Kriterien Sachverhalt, Relevanz und Vernachlässigung hin untersucht. In einem ersten Schritt nehmen die Studierenden Kontakt zu den Verfassern der eingereichten

---

2 Vgl. dazu die Übersicht über die Top-Themen des Jahres 2005 in diesem Band.

Empfehlungen auf. Sie versuchen das Motiv des Einreichers festzustellen und weitere Quellenhinweise zu erhalten. In einem zweiten Schritt prüfen sie die Vernachlässigung des Themas. Dafür erschließen sie das thematische Umfeld über Pressedatenbanken und Informationsangebote im Internet. Der Zugang zu den kostenpflichtigen Pressedatenbanken erfolgt an allen drei Hochschulen online über das Netz der Hochschulbibliotheken. Um den dargestellten Sachverhalt zu prüfen, sehen die Studierenden nicht nur das bereits veröffentlichte Material durch, sondern sprechen auch mit Vertretern von Firmen und Behörden sowie mit mehreren unabhängigen Experten.

In einem Rechercheprotokoll halten die Studierenden jeden Arbeitsschritt fest. Vor jeder Seminarsitzung müssen sie ihre Ergebnisse den Dozenten vorlegen, damit anschließend möglichst gezielt weitere Rechercheschritte geplant werden können. Im Laufe der Überprüfung stellen die Studierenden oftmals fest, dass die eingereichten Themen zwar dem Einreicher sehr wichtig sind, keineswegs aber vernachlässigt. Auch gibt es hin und wieder Vorschläge, deren Sachverhalt sich nicht überprüfen und bestätigen lässt.

Die Themen, die sachlich richtig und vernachlässigt sind, werden der Jury in einem Jurybericht vorgestellt. Für diesen Bericht werden ausführlichere Kommentare von zwei voneinander unabhängigen Experten eingeholt. Auch soll ein Autor, der bereits maßgeblich über das Thema berichtet hat, die Gründe für die Vernachlässigung in den Massenmedien einschätzen. Die Jury trifft jeweils zu Jahresbeginn eine Auswahl aus den von den Studierenden überprüften Vorschlägen. Dabei sind die Juryberichte der Studierenden die Vorlage für die später veröffentlichte Top-Ten-Liste.

Nicht immer ist es leicht, Experten für die eingereichten Themenvorschläge aufzuspüren. Insbesondere sicherheitsrelevante Themen lassen sich nicht ohne weiteres von Studierenden erschließen, da diese sich in das Thema erst einarbeiten müssen und in der Regel über keine gewachsenen Kontakte zu möglichen Informanten verfügen. So dauerte es beispielsweise mehrere Wochen, als geklärt werden sollte, ob es tatsächlich ein Problem ist, dass die für einen Virus erforderlichen Gensequenzen bei Biotechnologie-Firmen bestellt werden können, ohne dass dies ernsthaft kontrolliert wird. Vertreter von Behörden teilten mit, dass dies rein theoretisch möglich sei, wollten sich aber nicht im Detail zu entsprechenden Sicherheitsmaßnahmen äußern. Biologen verwiesen auf die Diskussion in Fachkreisen, vermieden aber eine persönliche Stellungnahme. Erst eine Konferenz in den USA, die dieses Thema aus professioneller Sicht aufgriff, zeigte, dass es sich dabei um ein ernsthaftes Problem handelte. In Interviews mit einem US-Fernsehsender sprachen führende Biowaffen-Experten über Missbrauchsmöglichkeiten. Da das Thema nur von einem deutschsprachigen Fachmagazin aufgegriffen wurde, konnte es der Jury als vernachlässigt präsentiert werden und landete schließlich auf Platz 4 der Themen des Jahres 2006.[3]

Expertengespräche können mitunter auch zu neuen Hinweisen auf vernachlässigte Themen führen. So machte ein Experte das Seminar Bonn darauf aufmerksam, dass es bei der Vergabe des Entwicklungsauftrags für das Raketenabwehrsystem MEADS Ungereimtheiten gegeben habe. Der studentische Rechercheur konnte dafür zunächst keine Hinweise finden. Die Pressedatenbanken zeigten zwar, dass die Entscheidung für MEADS politisch kontrovers in vielen überregionalen Tageszeitungen diskutiert wurde und dass große Zweifel an dem Sinn des Projekts bestanden. Die Auftragsvergabe selbst beleuchteten die gefundenen Artikel jedoch nicht. Erst der nächste Schritt, das Gespräch mit einem weiteren Experten, brachte Aufklärung. Er benannte inhaltliche und formale Mängel von Expertengutachten, die die Kaufentscheidung gestützt hatten. Zudem verwies er den Rechercheur auf einen Bericht des WDR-Magazins „Monitor". Dieser zeigte Verbindungen der Experten, die die Gutachten erstellt hatten, mit dem Rüstungskonzern EADS auf, der von dem Entwicklungsauftrag profitierte. Damit schien die Geschichte rund genug, um sie der Jury zur Abstimmung vorlegen zu können. In der Jury wurde darauf aufmerksam gemacht, dass der „Monitor"-Bericht bereits Gegenstand einer gerichtlichen Auseinandersetzung gewesen war, in der sich der WDR durchsetzen konnte. Das Thema landete schließlich auf Platz 7 der Liste des Jahres 2006.

Mitunter stellt sich bei der Recherche des eingereichten Themas heraus, dass es in den Medien keineswegs vernachlässigt war, dass aber im Zuge der Entwicklung wichtige Aspekte unberücksichtigt blieben. So wurde im Jahr 2006 ausgiebig darüber berichtet, dass EU-Agrarsubventionen nicht offen gelegt werden. Mehrere Organisationen hatten sich zusammengeschlossen, um in einer Kampagne darauf aufmerksam zu machen. Im Ergebnis erklärte sich die EU-Kommission zu einem Kompromiss bereit. Auch darüber wurde berichtet. Allerdings handelte es sich um einen faulen Kompromiss: Die Subventionen sollten erst ein Jahr nach den Neuverhandlungen des EU-Agrarhaushalts im Jahr 2008 transparent gemacht werden, damit die Gespräche ohne eine informierte Öffentlichkeit stattfinden würden. Da die Medien diesen Umstand nicht maßgeblich thematisiert hatten, wurde das Thema als vernachlässigt eingestuft – und landete auf der Liste des Jahres 2006 auf Platz 8.

---

3   Vgl. dazu die ausführliche Übersicht über die Top-Themen des Jahres 2006 in diesem Band.

## Wirkung und Nachhall

Seit der Begründung der Initiative Nachrichtenaufklärung im Jahr 1997 wurden mehrere 100 Studierende auf fast 1000 schwierige Themen angesetzt, die sie erfolgreich erfassten, bewerteten und aufarbeiteten. Die INA wurde so zu einem wichtigen Baustein in der Ausbildung von Journalisten und Kommunikationswissenschaftlern. Sie zeigt ihnen nicht nur anhand der Nachrichtenwerttheorie, sondern an konkreten Beispielen, wie und aus welchen Gründen Nachrichten und Themen in den Medien aufgegriffen oder vernachlässigt werden. Auf diese Weise sensibilisiert sie die Studierenden für die Notwendigkeit einer gründlichen Recherche und zeigt ihnen mögliche Schwierigkeiten bei der Erarbeitung bestimmter Themenkomplexe. So ermöglicht sie ihnen ein Hineinschnuppern in den investigativen Journalismus und das Herausbilden eines eigenen journalistischen Selbstverständnisses.

Ein weiteres erklärtes Ziel der Initiative Nachrichtenaufklärung ist es, Journalisten zur Reflexion ihrer Arbeit und zur Recherche von komplexen Themen anzuregen. Die Wirkung der Top-Ten-Liste auf die Medienberichterstattung lässt sich allerdings nur schwer abschätzen. Am direktesten wird der Einfluss dann deutlich, wenn eine Redaktion die Arbeit der INA vorstellt und ein nominiertes Thema für die weitere Berichterstattung selbst aufgreift. So ließ das „Greenpeace Magazin" im Jahr 2006 den Journalisten Toralf Staud das Thema „Strategie der Abhängigkeit – Irakische Bauern müssen Lizenzgebühren für Saatgut zahlen" vor Ort im Irak nachrecherchieren. Es präsentierte seine Reportage unter dem Titel „Der vierte Golfkrieg" in der Mai/Juni-Ausgabe 2006. Leider ist dies ein Einzelfall – die meisten Medien begnügen sich mit einer Meldung über die neueste Top-Ten-Liste.

Einige Themen der vergangenen Jahre haben mit der Nominierung eine Art Belebung erfahren – so etwa 2001 die Themen „Monopolisierung der Trinkwasserversorgung" und „Innenminister Schily behindert Informationsfreiheitsgesetz". Das Netzwerk Recherche setzte sich später für die Verabschiedung eines für die Bundesbehörden geltenden Informationsfreiheitsgesetzes ein und erarbeitete dafür sogar eine eigene Vorlage. Die rot-grüne Regierungskoalition verabschiedete das Gesetz im Sommer 2005, seit Anfang 2006 ist es in Kraft.

Auch das Thema „Vom Petro-Dollar zum Petro-Euro: Iran plant neue Ölbörse", das auf der Top-Ten-Liste von 2005 vorgestellt wurde, erhielt einige Beachtung. „Spiegel Online" diskutierte es in dem Artikel „Die Legende vom Petro-Euro-Krieg" am 11. März 2006. Am 16. März schafften es die Pläne der iranischen Regierung zu den geplanten Veränderungen im Ölhandel unter dem Titel „Öl – nur noch gegen Euro" auf die Seite 1 der „Süddeutschen Zeitung". Anlass für die prominente Platzierung auf der Titelseite waren allerdings weniger die Bemühungen der Initiative Nachrichtenaufklärung als vielmehr warnende Äußerungen des iranischen Führungspersonals. Ähnlich ist auch die Presseresonanz auf das Thema „Stromfresser Internet" zu bewerten, das in der Liste für 2006 auf den dritten Platz kam. Einen Tag nach der Bekanntgabe der Top-Ten-Liste stellte ein renommiertes US-Forschungsinstitut eine weit zitierte Studie vor, die zeigte, dass im Jahr 2005 Internet-Server weltweit ganze 14 Kraftwerke komplett auslasteten.

Mit der Manipulierbarkeit von Wahlmaschinen griff die Initiative Nachrichtenaufklärung im Februar 2006 ebenfalls ein Thema auf, das erst später bundesweit Schlagzeilen machte. Im Herbst 2006 führten Hacker im niederländischen Fernsehen vor, wie sich Wahlergebnisse in elektronischen Geräten mit einfachen Mitteln fälschen lassen. Der Petitionsausschuss im Bundestag nahm sich des Themas Ende 2006 an – und lehnte die Eingabe als „offensichtlich unbegründet" ab. Grund: Manipulationen der Bundestagswahlen konnten nicht nachgewiesen werden. Der Vorsitzende des Ausschusses kündigte aber an, dafür zu sorgen, dass das Thema in anderen Gremien des Bundestags weiterbehandelt wird.

## Ausblick

Immer wieder wird die Initiative Nachrichtenaufklärung angeregt, derart wichtige Themen nicht nur einmal im Jahr zu präsentieren. Um diesen Vorschlägen entgegenzukommen, könnte die INA alle Themen, die es aus verschiedenen Gründen nicht auf die publizierte Top-Ten-Liste schaffen, aber dennoch mehr Aufmerksamkeit verdient hätten, auf ihrer Homepage als Recherchetipps veröffentlichen. Eine bessere Einbindung der Website in die Blogosphäre würde außerdem eine noch stärkere Resonanz der nominierten Themen im Internet ermöglichen. Dies wiederum könnte zu einer erhöhten Aufmerksamkeit der etablierten Medien führen – und damit auch zu einer gründlicheren Reflexion des alltäglichen Nachrichtengeschäfts. Qualität im Journalismus ist schließlich vor allem eine Frage des genauen Hinsehens und Begreifens.

## Literatur

Pöttker, Horst (1999): Initiative Nachrichtenaufklärung. Zwölf Thesen über das öffentliche (Ver-)Schweigen. In: Ludes, Peter/Schanze, Helmut (Hrsg.): Medienwissenschaften und Medienwertung. Opladen, Wiesbaden: Westdeutscher Verlag. 161-170

# Verdunkelungsgefahren oder Medienzivilisierung?[1]

*Peter Ludes*

## 1. Humane Wissensgesellschaften?

Zu den gefälligen Halbwahrheiten in politischen Statements, journalistischen Beiträgen, Talk- und Show-Shows gehört es, von „Informations- und Wissensgesellschaften" zu sprechen. In der Europäischen Union soll dieser neue Typ Gesellschaft, implizit eine „Höherentwicklung des Kapitalismus nach dessen globaler Verbreitung", 2010 einen ökonomischen (und kulturellen?) Vorsprung vor den USA erwirtschaften. Ein 2005 erschienener Bericht der UNESCO schlägt einen entsprechenden Index vor, der drei Hauptkomponenten berücksichtigt (vgl. United Nations 2005): (1) „Assets" oder Grundvoraussetzungen wie der Anteil derjenigen unter 15 Jahren mit Schulerziehung und der technischen Infrastruktur zur Informationsverbreitung, gemessen durch die Verteilung von Zeitungen, Internet, Festnetz- und Mobiltelefonen; (2) „Advancement" oder Fortschritte, gemessen an den Ausgaben für Gesundheit, Forschung und Entwicklung, Lehrer/Schüler-Relationen in der Grundschule, durch „Freiheit von Korruption" und niedrige Militärausgaben; (3) „Foresightedness" oder Vorausschau bzw. Nachhaltigkeit, gemessen durch niedrige Raten an Kindersterblichkeit, Gleichheit in der Einkommensverteilung, Anteil an Naturschutzgebieten und $CO_2$-Emissionen pro Kopf.

Hieraus ergeben sich die folgenden Top-Ten-Länder:

1. Schweden
2. Dänemark
3. Norwegen
4. Schweiz
5. Finnland
6. Japan
7. Deutschland

---

[1] Abschnitt 2 und 3 dieses Beitrags gründen weitgehend in Ludes 2001, Kap. 7.3 und 7.4.

8. Österreich
9. Neuseeland
10. United Kingdom

Es fällt auf, dass zum Beispiel die USA hier nicht vertreten sind (sie kommen erst auf Platz 12), aber auch kein einziges Land aus den ehemaligen Ostblockstaaten oder der so genannten „Dritten Welt".

Hierbei zeigen sich aber auch einige Unterschiede zum Human Development Index der UNESCO von 2005, dessen Top Ten die folgenden Länder sind:

1. Norwegen
2. Island
3. Australien
4. Luxemburg
5. Kanada
6. Schweden
7. Schweiz
8. Irland
9. Belgien
10. USA

Diese Top Ten der Länder mit der höchsten Lebenserwartung, den besten Schulqualifikationen und den besten sozio-ökonomischen Lebensbedingungen befinden sich ausschließlich im westlichen Kulturkreis. Es ergibt sich eine teilweise Übereinstimmung der zwei Listen – und eine eklatante Ausgrenzung der überwiegenden Mehrheit der Menschheit aus derart konkretisierten „humanen Wissensgesellschaften". Aber selbst, wenn wir uns hier nur auf zwei der Spitzenländer, die USA und Deutschland, konzentrieren, erscheint die Vorstellung eines unaufhaltsamen Fortschritts zu mehr Information und Wissen fragwürdig: Es lässt sich zwar über Jahrzehnte hinweg eine beschleunigte Archivierung und technische Zurverfügungstellung von immer mehr Daten beobachten, aber ob diese zu überprüfbaren und professionell überprüften, immer wieder kontrollierten Informationen führen, die durch kompetente Nutzer mit hinreichend Hintergrundwissen in wissenschaftlich begründetes Wissen eingeordnet werden, wird kaum untersucht. Zudem werden Fragen wie: „Wissen, geschaffen von wem, mit welcher Halbwertszeit, für wen und wozu?" kaum gestellt. Auch in Relation zu welchen Problemen wir von Wissen und einem eventuellen Wissensanstieg oder -verfall sprechen können, bleibt umstritten.

Nehmen wir hier an, ökonomische, ökologische, militärische, politische, kulturelle, terroristische Globalisierungen seien unausweichliche Merkmale aller gesellschaftlichen Veränderungen des 21. Jahrhunderts, so bleibt fragwürdig, ob schulisches, berufliches, hier insbesondere journalistisches Wissen sich gleich schnell verbesserte wie die komplexen Herausforderungen der Globalisierungsvernetzungen. Wenn dies nicht der Fall ist (und weder die Lehrpläne an Schulen, noch die journalistischer Studiengänge oder die Ausstattung der Redaktionen lassen dies annehmen), besteht Verdunkelungsgefahr: Wir interpretieren neuartige Entwicklungen mit Konzepten und Inkompetenzen der Vergangenheit. Damit tragen massenmedial verbreitete Botschaften zu Desorientierungen bei, denen nur professionell organisierte Gruppen entgegenwirken können. In den USA ist das zum Beispiel das „Project Censored", das seit mehr als 30 Jahren Nachrichtenaufklärung betreibt, in Deutschland das „Netzwerk Recherche", das seit fast zehn Jahren investigativen Journalismus fördert und regelmäßig kompetente Studien vorlegt (im Juni 2006 zum Beispiel zu Korruption, der Vermischung von PR und Journalismus oder der Un-/Zuverlässigkeit von Blogs). Die Verdienste dieser Aktivitäten sollen hier nicht weiter vertieft werden; sie lassen sich je aktuell auf den Websites www.projectcensored.org und www.netzwerkrecherche.de verfolgen.

Technologische Innovationen allein treiben ökonomische oder kulturelle Entwicklungen nicht an. Sie gründen vielmehr selbst in (vorrangig wissenschaftlichen) Erkenntnissen, je besonderen institutionellen und industriellen Umgebungen, der Verfügbarkeit besonderer Fähigkeiten, Probleme als technische zu definieren und zu lösen. Sie bleiben angewiesen auf Menschen, die kosteneffizient denken und handeln, sie erfordern eine Vernetzung von Produzenten und Konsumenten bzw. Nutzern, die ihre jeweiligen Erfahrungen untereinander kommunizieren und wechselseitig daraus lernen.

Am Anfang des 21. Jahrhunderts dürfen räumliche Milieus hierbei keineswegs vernachlässigt werden. Die Orte der Innovation, Produktion und Nutzung neuer Technologien werden vielmehr durch geographische und soziale Zentren gefördert. Im Silicon Valley zeigte sich zum Beispiel, dass dieses besondere Innovationsmilieu nur durch das Zusammenwirken mehrerer Faktoren entstand: wissenschaftliche Erfindungen (v. a. an der Stanford University) mit staatlich geförderten, extrem hoch finanzierten Militärprojekten, ökonomische Organisationen mit Gewinnerwartungen (mit Hilfe von Venture-Kapital und Beteiligungen) und multikulturell geprägte Offenheit für Neues und Gier nach Neuem (vgl. Castells 1996: 37-56).

Aber es wäre irreführend anzunehmen, Innovationen der Informations- und Kommunikationstechnologien und die zunehmende Nutzung multimedialer Netze in Militär, Wirtschaft, Politik, Ausbildung und Freizeit führten unausweichlich zu gesamtgesellschaftlichen Umbrüchen. Die Nutzung von Medientechniken und über sie gespeicherter, verbreiteter und transformierter Informationen erfolgt vielmehr sehr unterschiedlich. So haben moderne Gesellschaften ein hohes Maß an speziellen Beobachtungen ökonomischer Entwicklungen institutionalisiert – über die zunehmende Monetarisierung und Marktorientierung von immer mehr Produktionsabläufen, Dienstleistungen und Gütern. Diese für zahlreiche Interaktionen unausweichliche und fast unablässige Rückkoppelung in Geld messbarer Beobachtungen wird offensichtlich transnational verstärkt, angeglichen, standardisiert und detailliert vergleichbar gemacht. Konkrete Verhaltensweisen – nicht nur Kaufakte, sondern auch Konsum- und allgemeine Lebensqualitätsziele – werden so reguliert und koordiniert.

Die Bereiche, in denen Geld nicht dominiert, werden immer mehr zurückgedrängt und in der Europäischen Währungsunion oder allgemein auf internationalen Finanzmärkten vorrangig einheitlich behandelt. Die bereits seit mehr als einem Jahrhundert allgemeiner verbreitete Lebensweisheit „Zeit ist Geld" veranschaulicht diese Ökonomisierung auch grundlegender Orientierungsmittel. Elektronische Überwachungsmittel in Unternehmen – von Stechuhren zu Videokameras und Webcams – beschleunigten ökonomisch induzierte Kontrollen. Die in Arbeitsverhältnissen und politischen Über- und Unterordnungsbeziehungen ko-konstituierten Machtbeziehungen werden alltäglich von einer Vielzahl von Menschen als selbstverständlich aufgenommen. Massenmedial verbreitete und nicht direkt aufgezwungene Wissensbestände fördern „häufig wiederholte Handlungen, oft benutzte Argumentationen, immer wieder beobachtete Gefühlsausdrücke" und „verfestigen sich zu Denk-, Gefühls- und Verhaltensmustern, die als Modelle für eigenes Handeln aufgefasst werden. Da jedes Mitglied der Gesellschaft eine Vorstellung davon hat, was die anderen Mitglieder wissen könnten, braucht ein Teil der Wissensbasis nicht explizit gemacht zu werden, und es bilden sich Selbstverständlichkeiten heraus, die nur in Ausnahmefällen hinterfragt werden." (Werner 1999: 103)

## 2. Verdunkelungsgefahren und Aufklärungsversuche

Massenmediale Selbstbeobachtungen sind von gesamtgesellschaftlicher Bedeutung, weil über die Beobachtung hinaus eine Beachtung (und Achtung) erfolgt. Die zunehmende elektronische Audiovisualisierung moderner Gesellschaften strukturiert Ereignisse nach medienspezifischen Sichtbarkeitskriterien. Hierfür entwickelten sich transkulturell über Jahrzehnte hinweg gemeinsame Darstellungsformate und Typifizierungen von Sachgebieten und Haupthandelnden. Diese Steuerung der Wahrnehmung und Beachtung erwirkte umfassende

Selbstverständlichkeiten, die teilweise wieder umgebrochen werden müssen. Denn die Ausweitung der Selbstbeobachtungsfähigkeiten moderner Gesellschaften mit Hilfe der professionellen journalistischen Beobachtung zum Beispiel in Fernsehnachrichtensendungen und Informationsangeboten des World Wide Web gründet in Unterstellungen der (unmittelbaren) „Anschaulichkeit" nonverbaler Kommunikation, die irreführend sein können.

Nur wenn Journalisten die Traditionen ihrer audiovisuellen Berichterstattung bewusster als bisher reflektieren, Kontinuitäten der Stereotypisierung voraussetzen und transparent gestalten, kann Einblick hinter die Inszenierungsrituale gewährt werden. In zivilisationstheoretischer Perspektive geht es aber nicht darum, immer mehr von dem, was hinter den Kulissen geschieht, auf die Vorderbühnen zu ziehen – es geht vielmehr darum, die unterschiedlichen Perspektivierungen von Vorder- und Hinterbühne, Inszenierung und Routine, Ereignissen und Entwicklungen zu verdeutlichen. So präsentiert Ludes (2001, CD-ROM) zum Beispiel langfristige Selbstdarstellungsmuster von Politikern hinter einem Pult und vor dem Publikum, Händeschütteln und Vertragsunterzeichnungen, Regierungsgebäude und Parlamente. Seit den 1960er Jahren (das heißt: seit der Verfügbarkeit leichter zu transportierender Handkameras, später gar mit Zoom-Objektiven) wurden Politiker immer näher gezeigt, klassisch mit Kindern oder unter Journalisten. Einfache Leute demgegenüber werden fast ausschließlich (über Jahrzehnte hinweg) als Opfer von Unfällen und Naturkatastrophen und – weniger – als Demonstranten dargestellt. Hierdurch werden also transkulturell und historisch langfristig Machtunterschiede verdeutlicht und verstärkt, die wie selbstverständlich präsentiert werden. Auch die Arbeitsverhältnisse werden, wenn überhaupt, nur in Ausschnitten (geschönt) präsentiert: Büros und Hausbau, Autoproduktion und Stewardessen bei der Arbeit, Restaurantküchen; Telefonistinnen, Bau-, Schlacht- und Viehhöfe, Schneeräumarbeiten, Lokführer und Fußballer; Kleiderfabriken und Bergleute.

Auch in den Informationsangeboten des World Wide Web dominieren Politiker als Redner, beim Händeschütteln, ergänzt aber durch den Einsatz von Grafikmontagen, mit denen weniger offensichtliche Informationen zum Verständnis einer Nachricht präsentiert werden, z. B. bei der Darstellung des Weißen Hauses und des Kongressgebäudes mit einer Ein-Dollar-Note. Aber auch im World Wide Web werden einfache Leute vorwiegend als Opfer von Naturkatastrophen oder als anonyme Teilnehmer bei Demonstrationen gezeigt. Bei der Darstellung von Themen aus der Wirtschaft werden jedoch zunehmend Montageverfahren eingesetzt, die über die Grafiken in Fernsehnachrichtensendungen hinausführen. Im Rahmen von Bewegtbildsequenzen werden komplexe ökonomische Zusammenhänge oder wichtige Rahmendaten durch die Präsentation von Diagrammen und Grafiken dargestellt, wobei dann aus dem Off die gezeigten grafischen

Elemente erläutert werden. Auch in der Präsentationsweise eines gemischten Zeichensystems und im verstärkten Einsatz von Montageelementen entwickelt sich im World Wide Web also eine Kombination von aktueller Berichterstattung mit Kontextinformationen, die über traditionelle Fernsehnachrichtensendungen hinausführt.

So hat Jan van Dijk bereits 1999 (177-241; siehe auch van Dijk 2006, Kap. 8 und 9) gesellschaftliche, sozialpsychologische und psychologische Aspekte der zunehmenden Beschleunigung und Visualisierung von Bildschirmmedieninformationen analysiert. Er erwartet eine beachtliche Größenzunahme von Monitoren; diese werden mehrere „Fenster" gleichzeitig öffnen können und zudem als Touchscreens dienen. Dadurch werden sie zu mehr als nur einem Fenster zur Welt, eher zu einer zweiten Haustür. Die Nutzung derart vergrößerter und körperfreundlicherer Großbildschirme wird erheblich zunehmen, für einige Bevölkerungsgruppierungen auf bis zu zehn Stunden am Tag. Dadurch werden immer mehr Menschen abhängig von der Art und Qualität der Medienbilder. Deren Anzahl und Attraktivität verdrängt Chancen zur Rücksprache über Gesehenes und verändert damit die noch Ende des 20. Jahrhunderts dominierenden Kommunikationsverhältnisse.

Dieser Umbruch muss nicht unbedingt negativ oder als historisch in allen Dimensionen einzigartig interpretiert werden. Vielmehr gibt es einen sehr langfristigen Trend der Visualisierung und Bedeutungszunahme des Augensinns. Dieser wird durch neue Bildschirmmedien weit über seine natürlichen Fähigkeiten ausgeweitet: Nicht nur das Sichtbarwerden entfernter Ereignisse, sondern mikro- und makroskopische Wahrnehmungen, Zeitlupe und schneller Suchdurchlauf ebenso wie besondere bildgesteuerte Suchtechniken erlauben Einblicke in Welten, die menschlichen Augen bisher verborgen waren. Allerdings werden die audiovisuellen Präsentationen einerseits auch Menschen verständlich erscheinen, die keine besonderen entsprechenden Medienkompetenzen erworben haben, andererseits zeigen bisherige Forschungen, dass audiovisuelle Medienkompetenzen auf Kompetenzen der schriftlichen und mündlichen Kommunikation angewiesen bleiben. Die Persönlichkeitsveränderungen, die mit einer zunehmenden und intensiveren Nutzung von Bildschirmmedieninformationen und -unterhaltung einhergehen, werden sicherlich nicht einheitlich für alle Bevölkerungsgruppierungen erfolgen.

Investoren und Entscheidungsträger versuchen, ihre Profite und Kontrolle zu stärken, auch wenn dies persönliche Autonomie und Wahlmöglichkeiten der Netzbürgerinnen und -bürger gefährdet. In diesem Sinne findet kontinuierlich ein „Kampf um die Augäpfel" und „Welt-Anschauungen" als Konsumenten definierter Marktteilnehmer und Nutzergruppierungen statt. Telekommunikationsmedien bieten nicht nur eine „weitere Wirklichkeit", die nur andere Blickwinkel oder mediatisierte Interaktionen erlaubt, sondern sie transformieren mit ihrer zunehmenden Verbreitung, Intensivierung und generationenübergreifenden Selbstverständlichkeit allgemein verbreitete ältere Wirklichkeitserfahrungen. Denn auch die alltägliche Berufswelt wird in ihren Realitätsbeurteilungen durch den immer selbstverständlicheren und weiter verbreiteten Einsatz medialer Kommunikation in Tiefendimensionen umgestellt auf neue Wirklichkeitsakzente: Ein Maus-Klick kann wirtschaftliche Transaktionen ganz unterschiedlicher Größenordnungen in Bewegung setzen, eine E-Mail persönliche und berufliche Kontakte fördern oder gefährden. Die bisherigen E-Mails als schriftliche Texte werden, mithilfe von Webcams, zunehmend in digitale (zeitversetzte) Videotelefonie transformiert werden. Politische Wahlen und Ausbildungsprüfungen werden auch über Multimedianetze koordiniert werden.

Das Project Censored in den USA setzte 2005 „distorted election coverage" auf Platz 3 ihrer Liste der am meisten zensierten Nachrichten, darin insbesondere die Nichtüberprüfbarkeit elektronischer Stimmabgaben: „No Paper Trail Left Behind: The Theft of the 2004 Election" (Loo 2005). Auch die deutsche „Initiative Nachrichtenaufklärung" setzte 2006 ein vergleichbares Thema (("Bedenklicher Einsatz von Wahlmaschinen") auf die Liste ihrer Top Ten der vernachlässigten Nachrichten, sogar auf Platz 2. Die Begründung sei hier (beispielhaft für die Ergebnisse der Initiative) zitiert:

> „Namen der Kandidaten können überklebt, gefälschte Wahlzettel eingefügt oder Speicherkarten ausgetauscht werden, Belege für die Stimmabgabe fehlen. Nach einer Untersuchung der Dubliner Universität aus dem Jahr 2004 weisen Wahlmaschinen der Firma Nedap erhebliche Sicherheitslücken auf. Dennoch setzen deutsche Kommunen zunehmend auf die elektronische Stimmabgabe mit Hilfe bauähnlicher Geräte. So kamen bei der Bundestagswahl 2005 allein in Köln 600 Nedap-Wahlmaschinen zum Einsatz. Kritisch betrachtet wird die Technologie nicht.
> ... Seit 1999 setzen Kommunen in der Bundesrepublik bei der Durchführung von Wahlen zunehmend auf Wahlmaschinen der niederländischen Firma Nedap. Zwei Typen, die von der Physikalisch-Technischen Bundesanstalt zugelassen wurden, sind derzeit im Einsatz: ESD I und ESD II.
> Es handelt sich hierbei um Wahlmaschinen mit einer druckempfindlichen Folie, unter die ein Wahlzettel mit der Liste der einzelnen Kandidaten vom Wahlvorstand eingefügt wird. Nach Freischaltung durch den Wahlvorstand kann der Wähler durch Berührung der Folie an der entsprechenden Stelle seine Stimme einem Kandidaten bzw. einer Partei zuordnen und abschließend die Auswahl durch Druck auf ein weiteres Feld bestätigen. Will der Bürger absichtlich eine ungültige Stimme abgeben, so ist auch dieses mittels einer separaten Taste möglich. Versehentliche ungültige Stimmabgaben sollen so vermieden werden. Einen Beleg auf Papier, anhand dessen die Richtigkeit der Stimmzählung nachvollzogen werden kann, gibt es nicht.
> Die Kritik der nach der Bundestagswahl 2005 eingereichten Wahlbeschwerden WP 108/05 und WP 145/05 knüpft an diesem Punkt an. Der Wähler kann nicht sicher sein, ob seine Stimme akkurat gezählt wird. Das von der Maschine ausgegebene Ergebnis ist in keiner Weise nachprüfbar. Das Prinzip der Öffentlichkeit des Wahlaktes und der Stimmauszählung ist demnach verletzt.
> Auch das Prinzip der geheimen Wahl ist unter Umständen nicht realisiert. So hat die Erfahrung in Deutschland gezeigt, dass gelegentlich Wähler die Bestätigungstaste nicht betätigten.

Das Votum ist dann einzusehen, eindeutig zuzuordnen und letzten Endes manipulierbar. ... Die gewichtigsten Einwände gegen den Einsatz von Wahlmaschinen beziehen sich auf deren Fähigkeit, die Stimmen akkurat und sicher auszuzählen. Eine Untersuchung der Dublin City University (DCU) kam 2004 zu dem Schluss, dass es Gründe gebe, die Sicherheit bauähnlicher Geräte, deren Technologie aus den achtziger Jahren stamme, in Zweifel zu ziehen. Daraufhin empfahl man der Regierung, diese bei den anstehenden Wahlen noch nicht einzusetzen. Neben einfachen Manipulationen, wie dem Überkleben einzelner Kandidaten mit Klebeband, dem Einfügen eines gefälschten Wahlzettels oder der schlichten Gewaltanwendung gibt es auch technische Manipulationsmöglichkeiten. Eine Speicherkarte etwa ließe sich in ca. zwei Minuten austauschen. Auch die Software ließe sich unbemerkt ändern, da es an adäquaten Sicherungen mangelt. Ein Software-Fingerabdruck zum Beispiel, der sich bei Eingriffen ändert und diese dadurch erkennbar macht, fehlt.

Einen großen Schwachpunkt stellt der Zählcomputer dar. Missbräuchlicher Zugriff auf diesen kann das Wahlergebnis nachhaltig beeinflussen. Seine Sicherheitsvorkehrungen sind durchaus zu umgehen. Diese bislang nur theoretisch festgestellte Möglichkeit zur Manipulation wirft die Frage auf, inwieweit ein elektronisches Wahlsystem die Gleichheit der Wahl garantieren kann, insbesondere wenn es keine Belege für den korrekten Ablauf der Stimmzählung gibt.

Die Physikalisch-Technische Bundesanstalt hat die Nedap-Geräte für Deutschland zugelassen, da die zur Verfügung gestellten Geräte für Hard- und Softwaretests den vom Gesetzgeber vorgegebenen Kriterien entsprechen. In der Praxis allerdings ist es aufgrund des von Nedap praktizierten Security-by-Obscurity-Konzeptes unmöglich nachzuprüfen, ob das verwendete Gerät mit dem zugelassenen Prototypen übereinstimmt, zumal der PTB-Bericht vom Bundesministerium des Inneren unter Verschluss gehalten wird. Es existiert lediglich eine Baugleichheitserklärung des Herstellers. ...

Die Vorfälle mit Wahlmaschinen bei den Wahlen in den USA, wo Stimmen falsch gezählt wurden oder bedingt durch Systemausfälle verloren gingen, zeigen, welcher Vertrauensverlust ausgelöst wird, wenn die Geräte nicht einwandfrei funktionieren. Im Sinne einer lebendigen Demokratie muss gewährleistet sein, dass die Mehrheitsverhältnisse aus allgemeinen, freien, gleichen, geheimen und direkten Wahlen hervorgehen. ... Die deutsche Presse berichtet über das Thema Wahlmaschinen meist nur anlässlich deren Einführung. Vorteile, wie schnelleres Wählen und niedrigere Kosten für die Gemeinden stehen dabei meist im Vordergrund. Obwohl ausführlich über die Fehlfunktionen der amerikanischen Geräte berichtet wird, bleibt eine weitere kritische Berichterstattung trotz immer großflächigerer Einführung von Wahlmaschinen weitgehend aus. Allein bei der letzten Bundestagswahl kamen etwa in Köln 600 Nedap-Wahlgeräte zum Einsatz. Nur im Internet unter heise.de und unter Wahlrecht.de gibt es Hinweise auf diese Aspekte des Themas." (http://www.nachrichtenaufklaerung.de, Top Ten 2005, Nr. 2)

Diese Beispiele der Aufklärungsarbeiten der US-amerikanischen und der deutschen Initiative zeigen, dass diese Frühwarnsysteme immer wieder mit sehr begrenzten Mitteln Themen herausstellen, die von herausragender Bedeutung für die Entwicklung demokratischer Meinungsbildung und Entscheidungsfindung sind – und selbst nach der Veröffentlichung unter den Top Ten extrem vernachlässigt bleiben.

Deshalb ist die gesamtgesellschaftliche Bedeutung von Medienentwicklungen nicht nur beobachtend zu beschreiben. Im Folgenden sollen nun vielmehr auch Chancen für die „Zivilisierung" massenmedialer audiovisueller Selbstbeobachtungen moderner Gesellschaften skizziert werden.

## 3. Zivilisierung der Medien

Die zunehmende Visualisierung massenmedialer journalistischer Selbstbeobachtungen moderner Gesellschaften impliziert eine Balanceverschiebung von bewusster zu unbewusster Informationsverarbeitung, wobei eine Korrektur von Vor-Urteilen durch Nach-Denken immer seltener wird. Gegen die zunehmende „Inszenierung des Scheins" im 20. Jahrhundert muss im 21. Jahrhundert eine bewusste Reflexion visueller Prozesse institutionalisiert werden. Nicht der elektronischen audiovisuellen Berichterstattung Zugängliches wurde bisher von massenhaften öffentlichen Diskussionen ausgeschlossen – ein Prozess, der bewusst und professionell Tag für Tag in Redaktionsstuben entschieden wird. Die massenmedial audiovisuell vermittelte Ko-Orientierung je individueller Eindrücke und Absichten ergibt neue Formen der visuellen Kommunikation, die keineswegs allein als medientechnisch anders interpretiert werden dürfen, vielmehr mit Rezeptions- und Nutzungsmodi einhergehen, die Balanceverschiebungen von wert- und zweckrationalen Handlungsorientierungen hin zu affektuellen vermuten lassen. Nur wenn diese Prozesse von verschiedenen beteiligten Gruppierungen (vor allem Journalisten, Medien- und Kommunikationswissenschaftlern, Rezipienten und Nutzern) reflektiert werden, können diese bisher mittel- und längerfristig ungeplanten Prozesse der Multimediatisierung und Visualisierung öffentlicher und zielgruppenspezifischer Kommunikation absichtsvoller Steuerung, bewusster Hinterfragung und Verständigung stärker zugänglich gemacht werden. Erst damit ergeben sich auch aus durchschauten Bildern und ihren reflektierten Nutzungen neue Steuerungsoptionen, die über institutionelle Regulierungen hinaus führen, ja diese oft erst ermöglichen.

Denkt man an die Jahrhunderte während Durchsetzung allgemeiner Lese- und Schreibkompetenzen in modernen Gesellschaften, wird deutlich, dass entsprechende audiovisuelle multimediale Kompetenzen kaum innerhalb einer Generation eingeübt werden können. Wir müssen uns also in den ersten Jahrzehnten des 21. Jahrhunderts auf neuartige Missverständnisse vorbereiten, die gerade durch die „Offensichtlichkeiten" von Bildern nahe gelegt werden. Je nach der generationentypischen, milieuspezifischen und professionellen Einbindung in unterschiedliche massenmediale und zielgruppenspezifische visuelle Koordinationen werden je spezifische Kompetenzen auf- und abgebaut, Wissens- und BILDungsunterschiede etabliert. In allgemeinen Erziehungs- und

Berufsinstitutionen muss deshalb die Distanzierung von kurzfristigen, oberflächlichen Eindrücken bewusst eingeübt werden.

Diese allmähliche Ausweitung neuartiger Medienkompetenzen steht deshalb in stärkerem Zusammenhang mit Denationalisierungsprozessen, weil gemischte Zeichensysteme stärker in international orientierten World Wide Web-Angeboten auftauchen und nationale Wörter-Sprachen zumindest teilweise überwinden. Da die Ungleichzeitigkeit und Ungleichmäßigkeit der hier im Vordergrund stehenden Prozesse der Multimediatisierung und Multimodernisierung sich wechselseitig nicht beliebig, sondern sehr vielfältig beeinflussen kann, ist nicht anzunehmen, dass sich diese Prozesse im Sinne einer Expansion und Verdichtung gleichsam unilinear weiterentwickeln. Vielmehr müssen gerade die neuartigen Identitätsentwicklungen mit Hilfe audiovisueller Symbole in Massenmedien neu reflektiert werden. Allerdings zeigen die Entwicklungen des 20. Jahrhunderts, vor allem in der politischen Kommunikation, dass diejenigen, die Darstellungseffekte (nicht nur Inszenierungen) schneller und besser durchschauen und bewusst einsetzen können, Machtvorteile gegenüber denjenigen haben, die ihnen fast hilflos ausgeliefert sind.

Die bewusste Selbstkontrolle gegenüber spontanen Eindrücken dürfte die Selbstbeobachtung der Bürger multimoderner Gesellschaften komplizieren und verstärken. Nur wenn diese relativ früh eingeübt wird, kann sie zu selbstverständlichen und vermutlich auch weniger belastenden Persönlichkeitsdimensionen der Selbstkontrolle beitragen. Damit würde ihre emotionale Attraktivität aber ebenfalls nachlassen. Ob dies zu einer Neuaufwertung innerer Bilder, von Vorstellungen oder aber von multisensuellen Erlebnissen führt, ist eine der Leitfragen multimedialer und multisensueller Kommunikation im 21. Jahrhundert.

Ob zum Beispiel bestimmte Bildtypen wegen ihrer Undurchschaubarkeit oder „gefährlichen, irreführenden Attraktion" besonders gekennzeichnet oder für bestimmte soziale Gruppierungen nur eingeschränkt zugänglich sind, ist eine der Regulierungsfragen der nächsten Jahrzehnte, die weit über „offensichtliche" Zensuren pornografischen oder Gewalt verherrlichenden Bildmaterials hinausführt. Auch die in der Elias'schen Zivilisationstheorie herausgearbeitete „Ausbreitung des Zwangs zur Langsicht und des Selbstzwangs" wird durch multimediale Vernetzungen und visuelle Koordinationen umgebrochen: Kommunikation über verschiedene Zeitgrenzen hinweg, Informationsaustausch in kurzen Zeitabständen, aber nicht in Echtzeit, audiovisuelle Dateien, die Nähe und Gleichzeitigkeit simulieren, lösen generationenlang als vertrauenswürdig unterstellte lineare Zeithorizonte in teilweise konkurrierenden Zeitfenstern und Arbeitskoordinationen auf. Die hierbei erfolgende Expansion und Beschleunigung kommunikativer Akte führt oft zu deren Abschwächung und zeitlichen Reduzierung, was im Bereich der Kommunikation und von Arbeitsabläufen zu einer stärkeren Differenzierung kürzestfristiger Interaktionen (im Minuten-, ja Sekundenbereich) führt, in Konkurrenz zu langfristig orientierten Überlegungen und Entscheidungen, die auch eine längere Zeit des Nachdenkens und Vorfühlens erfordern. Die eigene Zeit kann nicht mehr selbstverständlich als verbindlich in Kommunikationsprozessen in Multimedianetzen unterstellt werden, sie wird vielmehr bewusst reflektiert als eine von mehreren Koordinaten dieser Interaktivität.

Weltweite Internetzeit und individuelle automatische Anrufbeantworter und E-Mail-Beantworter werden sich zunehmend als Steuerungstechniken verbreiten. Zwar wird nur ein Teil der Bevölkerungen multimoderner Gesellschaften in diese Vernetzungen fast kontinuierlich eingebunden werden, aber er wird sowohl technisch als auch organisatorisch Standards für andere Gruppierungen und Bereiche setzen. Damit erreicht die wechselseitige Orientierung an unterschiedlichen Grundmustern räumlicher, zeitlicher, sozialer, sachlicher und medialer Horizonte ein neues Komplexitätsniveau, das wiederum eigene mediale Kompetenzen als allgemein verbreitete kulturelle Techniken voraussetzt. Diese Vernetzungen in Grunddimensionen der Persönlichkeitsstrukturen der multimedial vernetzten Interaktivitäts-Partner und Konkurrenten hängen teilweise von der technischen Verbreitung und kontinuierlichen Verbesserung entsprechender Peripheriegeräte und Netze ab; die USA, die Europäische Währungsunion, Japan und einige wenige weitere Wirtschaftsräume werden hier zunächst Funktionen von Leitmärkten übernehmen, aber ähnlich wie bei der transkulturellen Verbreitung von Spielfilmen oder Fernsehprogrammen werden auch hier lokale, regionale, nationale Kulturen beachtliche Interpretationsspielräume und Transformationskompetenzen bei der Benutzung entsprechend „globaler Kommunikationstechnologien" einsetzen.

Trotz aller technischen Standardisierungen wird die multimediale Vernetzung zu einer Vielfalt von Präsentationsformaten und Nutzungssituationen, ebenso wie Graden der Interaktivität führen, die über die Addition mehrerer traditioneller Einzelmedien hinausführt. Die transnationale Vernetzung, die Kombination und Durchmischung von laienhafter, halbprofessioneller und professioneller Informations- und Unterhaltungsvermittlung, die Interaktivität unterschiedlicher Medieninhaltsproduzenten, Präsentationsformate und Mediennutzer verdichtet, expandiert und differenziert Themenstrukturen und Formate.

In dieser Vielzahl insgesamt unübersichtlich erscheinender Angebote setzen bekannte Produkt- und Organisationsnamen, ökonomisch orientierte Suchmaschinen und technische Standards Prioritäten, die den individuellen Nutzern teilweise undurchschaubar bleiben. Ob hierbei auch eigenständige Verhaltensmodellierungen im Sinne einer wesentlich erweiterten Netiquette entstehen, die

Vermarktungszwänge und technische Standardisierungen unterlaufen und denen dies auch transkulturell für größere Menschengruppierungen derart gelingt, dass dominierende ökonomische Zielsetzungen und massenmedial in Großunternehmen verankerte inhaltliche Schwerpunkte transformiert werden, ist angesichts der bisherigen Bildschirmmedienentwicklung in Frage zu stellen.

Die Denationalisierung und Multimodernisierung moderner Gesellschaften, die kaum zentrale Steuerungsinstitutionen erlaubt, vielmehr die Vernetzung unterschiedlicher Organisationsformen, Kommunikationssituationen und sozialer Kompetenzen organisiert, lässt vermuten, dass unter den Elementarfunktionen gesellschaftlicher Entwicklungen die Etablierung, Verbreitung und Nutzung von Orientierungsmitteln für umfassendere Gruppierungen an Bedeutung gewinnt. Da immer mehr ökonomische Prozesse, politische Entscheidungen und Ausbildungsformen von multimedialen Präsentationsformaten, Themenstrukturierungen und Vernetzungen abhängen, werden sich deren Schlüsselprinzipien auf Kosten der in anderen gesellschaftlichen Bereichen (wie politischen Parteien, unmittelbaren sozialen Bewegungen, klassischen Erziehungsinstitutionen) verbreiteten durchsetzen. Die in den USA im Vergleich zu europäischen Entwicklungen beachtlich schwächere staatliche Zentralinstanz ging einher mit einer Koexistenz flexiblerer, unterschiedlicher Verhaltensstandards, die stärker situationsbezogen prägten und flexiblere Persönlichkeiten forderten und fordern. Derartige Verhaltensmodellierungen gewinnen mit den Denationalisierungsprozessen in der Europäischen Union an Bedeutung. Die von Elias hervorgehobene Verhaltensstandardisierung durch Ängste, Fremdkontrolle und Selbstkontrolle wird vor allem auch dadurch transformiert, dass sich Mehrheiten moderner Gesellschaften – obwohl (technisch kontrolliert) stärker beobachtet als je zuvor – nicht unbedingt in erster Linie als beobachtet und fremdkontrolliert, sondern selbst als Beobachter (mit einer Fernbedienung) erleben. Die Umbrüche des Beobachtungsmodus von der Beschreibung (und der phantasievollen Vorstellung) zur massenmedialen, alltäglichen, audiovisuell berichtenden oder fiktionalen Beobachtung oder expliziten Verhaltensmodellierung in der Werbung beschleunigten und intensivierten die von Elias interpretierten Zusammenhänge medialer Menschenschilderung, Selbstbeobachtung und Verhaltens- ebenso wie Persönlichkeitsentwicklungen.

Mit der Schwergewichtsverlagerung (auch in den jeweiligen Staatsbudgets ablesbar) militärischer Kontrolle nach außen und polizeilicher Kontrolle nach innen hin zu sozialstaatlich kontrollierter Sicherheit der Ausbildungsansprüche, der Anrechte auf Kranken-, Arbeitslosen- und Rentenversicherung transformierten sich in den (vergangenen) Zeiten von Wohlfahrtsstaaten existenzielle Ängste vor unmittelbarer physischer Bedrohung, vor Krankheit ohne ärztliche Versorgung, sich wiederholenden alltäglichen körperlichen Gewaltangriffen, Rechtlosigkeit als Folge von Arbeitslosigkeit hin zum Konsum medial inszenierter Game- und Talk-Shows, Soap Operas und Telenovelas. Viele dieser Ängste kehrten in den letzten Jahren zurück und gründen in konkreten Erfahrungen persönlicher Unsicherheiten und existenzieller Bedrohungen.

Ängste, Sehnsüchte, Fremdkontrollen wurden für einige Jahre des gesicherten Wohlfahrtsstaats von vielen Bürgern nicht tief erlebt, sondern massenmedial alltäglich (v)erspielt. Die zunehmende Installation von Video-Überwachungskameras auf Straßen und öffentlichen Plätzen führt zudem zu einer neuen Verknüpfung von Beobachtung und Kontrolle, Ähnliches gilt für die Überwachung an Arbeitsplätzen. Eine neue Form der Abhängigkeit von automatischer Video-Überwachung verstärkt sich bei der Materialkontrolle, z. B. in Kernreaktoren. Simulationsräume bzw. CAVES gewinnen für immer mehr Berufe (beim Militär, in der Pilotenausbildung und in der Medizin) an Bedeutung.

Die Transformation von (Selbst-)Beobachtungsstandards, ihre Ausdehnung, Beschleunigung, Verdichtung, elektronische Audiovisualisierung und journalistische Professionalisierung verstärken insgesamt langfristig Denationalisierungsprozesse. Der Bedeutungsverlust traditioneller Staatsaufgaben und -kompetenzen (wie die Sicherung wohlfahrtsstaatlicher Regelungen und hierdurch geforderte Loyalitäten) und die Ausweitung von Märkten erfordern entsprechend vielfältigere Verhaltensmodellierungen, die zugleich flexibler eingeübt werden. Diese Prozesse der Selbstbeobachtung und Verhaltensstandardisierung, der Denationalisierung und verstärkten Marktorientierung verlaufen nicht gleichmäßig und nicht „naturwüchsig" in wechselseitiger Ergänzung.

Vielmehr sollten die journalistischen Entscheidungen der Auf- und Abklärung, des Zeigens und Nicht-Zeigens selbst stärker thematisiert werden. Nur wenn Kommunikatoren die perspektivischen Begrenzungen und je besonderen Einsichten ihrer Präsentationsformate und Themenselektionen stärker als bisher reflektieren, werden Nachrichten besser aufklären können. Auch zehn Jahre nach ihrer Gründung ist die Initiative Nachrichtenaufklärung deshalb weiterhin notwendig. Mit ihrer Auswahl der am meisten vernachlässigten Nachrichten bietet sie jedes Jahr Aufgaben für investigativen Journalismus. Allerdings kündigen sich in den USA schon neue Herausforderungen an, denen die Initiative bisher nicht gerecht werden kann und die Grunddimensionen des Zivilisationsprozesses transformieren.

## 4. Military Entertainment als Zivilisationsbruch

Eines der Grundmerkmale des Zivilisationsprozesses ist die Pazifizierung aggressiver Impulse durch die Internalisierung von Zwängen als differenzierte

Selbstkontrolle. Langfristig verbanden sich Staatenbildungsprozesse mit ihrer Monopolisierung physischer Gewalt und der Steuereintreibung mit Verhaltensstandardisierungen hin zu friedlicheren Selbstkontrollen und Persönlichkeitsstrukturen, die dies als selbstverständlicher erlebten. Bereits Ende der 1980er Jahre ließen sich wichtige Transformationen der Eigendynamik der Interdependenzen dieser sozialen Prozesse verdeutlichen (Ludes 1989, 2. Buch). 2005 kritisierte Imbusch die Elias'sche Zivilisationstheorie als zu optimistisch in Bezug auf die tatsächlich beobachtbaren Gewalttaten des 20. Jahrhunderts.

Anfang des 21. Jahrhunderts lässt sich aber eine weitere, einschneidende Transformation erkennen: die zunehmende Verbindung von militärischen Entwicklungen nicht nur mit Medien (hierzu bereits früh Virilio, Kittler oder Hörisch), sondern auch mit der Unterhaltungsindustrie. Computer Games sind ein wesentliches Trainingsfeld für militärische Einsätze, die dann wiederum wie Video Games präsentiert werden. „As part of a military/entertainment complex, the corporate media can no longer be considered a legitimate source for objective information capable of nurturing a knowledgeable or humanitarian polity." (Andersen 2005: 363) „Factual information that undermines the patterns of wartime deception doesn't get much ink or airtime." (Solomon 2005: 364) Vielmehr wird das Management der Berichterstattung durch die Programmierung des Kriegsprogramms kontrolliert, „a sequence of reports that blends imagery and language of the current conflict with previous wars, and incorporates critiques of war policy within the news frame about movement toward war. War Programming refers to the organization and structure of the discourse of recent reportage about wars, and not mere content. War Programming encompasses content as well as thematic emphases and dominant frames." (Altheide/Grime 2005: 367; s. auch Knieper/Müller 2005) Wir können immer weniger von Medienbeobachtungen und Medienausblendungen sprechen; stattdessen beobachten wir systematisch verzerrtes Infotainment im Dienste strategischer Interessen (vgl. z. B. auch Bouhs 2006). Die Beobachtung dieser Fiktionen, getarnt als „Bilder des Geschehens", verwickelt immer mehr Menschen in diesen Netzen der Desorientierung.

Wie weit dieser Prozess in den USA bereits „gediehen" ist, zeigt der „Abschuss" des berühmtesten Mainstream-Anchorman bei CBS, Dan Rather. Im Kontext der zahlreichen Informationen zur Verquickung von Corporate- mit Corporate-Media-Interessen (Thornton/Walters/Rouse 2005; grundlegend Herman/Chomsky 2002) wird deutlich, wie CBS-Eigentümer Viacom konsequent die Republikanische Partei unterstützt und mit Dan Rather eine Ikone des zuverlässigen Mainstream-Journalismus wegen angeblicher falscher Berichterstattung über Präsident Bush vom Bildschirm verbannte. Hier werden neue Formen der Zensur und Selbst-Zensur (Palast 2005) durchgesetzt, die verständlich machen, warum es in den USA „Project Censored", in Deutschland aber (noch) „Initiative Nachrichtenaufklärung" heißt. Wesentlich gefährdeter ist freie journalistische Berichterstattung oder wissenschaftliche Analyse in anderen Ländern, zum Beispiel der Türkei: So heißt es in der „New York Times" vom 5. Juli 2006:

> „Chomsky Publisher Charged in Turkey: Fatih Tas, the Turkish publisher of a book by the American intellectual Noam Chomsky, said yesterday that he and two of his colleagues were facing prison sentences as long as six years on charges of 'denigrating national identity' and 'inciting hatred', Agence France-Presse reported. Mr. Tas, owner of the Aram Publishing House, said that he and his colleagues Omer Faruk Kurhan and Taylan Tosun had been charged over the book 'Manufacturing Consent: The Political Economy of the Mass Media', written by Mr. Chomsky and Edward S. Herman, which argues that corporate and government pressures distort news coverage. Mr. Tas said that Ender Abadoglu, the translator of the book, published in Turkey in March, was also likely to be indicted. Mr. Tas was tried and acquitted in 2002 for publishing 'American Interventionism', a collection of essays by Mr. Chomsky that included criticism of the Turkish government's treatment of its Kurdish minority and of American arms sales to Turkey. The European Union has warned Turkey that prosecution of intellectuals and writers is harmful to its bid for membership."

Über die hier skizzierten Einzelfälle hinaus lassen sich im Kontext sozialwissenschaftlicher Studien zu „Staatlichkeit im Wandel" (http://www.sfb597.uni-bremen.de) drei „Umbrüche" bisher langfristiger Trends konstatieren. Erstens resultiert die höhere Mobilität von (Finanz-)Kapital gegenüber Arbeitskraft in einer Verringerung der Monopolisierung der Steuereintreibung durch staatliche Zentralinstanzen; damit stehen weniger Mittel für wohlfahrtsstaatliche Aufgaben zur Verfügung. Zweitens trägt die Vermischung/Verwischung von Unterschieden zwischen Spielen und Kriegen in professionellen Ausbildungen und Einsätzen von Soldaten zur Herabsetzung von Hemmschwellen bei Tötungen und Folter bei, die in demokratischen Gesellschaften seit dem Zweiten Weltkrieg zunehmend gesichert erschienen – und der weltweite Terrorismus führte zu „Republiken der Furcht" vor überall möglichen Gewalttaten. Drittens wirkt (vor allem bei älteren Generationen) die Vorstellung einer „wahrheitsgemäßen Berichterstattung" nach, die aber mit einem generellen Vertrauensverlust in Fernsehen und Zeitungen einhergeht. Die Beschleunigung der Berichterstattung, zusammen mit einer Verschlechterung der Arbeitsbedingungen der meisten Journalisten und der zunehmenden Dominanz von Unterhaltungsorientierung im Interesse von „Massenattraktivität bei geringen Produktionskosten und mehrfachen Verwertungen", reduziert die Chancen kontinuierlich zuverlässiger Informationen. Letztere sind aber für unser Überleben ebenso wichtig und kostbar wie sauberes Wasser oder schadstoffarme Luft.

## Dank

Ich danke den Mitgliedern der Jury der Initiative Nachrichtenaufklärung herzlich für ihre Mitwirkung und ihre Aufklärungsarbeit in zahlreichen Gesprächen, auch außerhalb der Jury-Sitzungen, besonders Ingrid Kolb, Leiterin der Henri-Nannen-Journalistenschule in Hamburg, die seit 1997 an unseren Jury-Sitzungen teilnahm, Horst Pöttker, der 2002 die arbeitsintensive Geschäftsführung übernahm und investigativen Journalismus als Studienmodul in der Dortmunder Journalistenausbildung verankerte, ebenso wie Frau Kollegin Caja Thimm, Universität Bonn. Christiane Schulzki-Haddouti leitete die meisten der Recherche-Seminare und gab unersetzliche Hintergrundinformationen in unseren Jury-Sitzungen. Ich danke auch den Kollegen des Netzwerks Recherche, Thomas Leif, Hans Leyendecker und Christoph Maria Fröhder, für die leider nur kurze Zeit unserer fruchtbaren Zusammenarbeit.

## Literatur

Altheide, David L./Grime, Jennifer N. (2005): News Management and the Iraq War. In: Phillips, Peter/Project Censored (Hrsg.): Censored 2006: The Top 25 Censored Stories. New York etc.: Seven Stories Press. 366-372

Andersen, Robin (2005): The Military Entertainment News Complex: War as Video Game. In: Phillips, Peter/Project Censored (Hrsg.): Censored 2006: The Top 25 Censored Stories. New York etc.: Seven Stories Press. 355-363

Bouhs, Daniel (2006): Kollegenspionage in der Grauzone. In: Fachjournalist, H. 4/2006. 3-6

Castells, Manuel (1996): The Information Age. Economy, Society and Culture. Vol. I: The Rise of the Network Society. Malden (MA), Oxford: Blackwell Publishing

Herman, Edward S./Chomsky, Noam (2002): Manufacturing Consent: The Political Economy of the Mass Media. New York: Pantheon Books

Human Development Report 2005. International cooperation at a Crossroads: Aid, trade and security in an unequal world. Publ. for the United Nations Development Programme (UNDP). New York etc.: Oxford University Press

Imbusch, Peter (2005): Moderne und Gewalt: Zivilisationstheoretische Perspektiven auf das 20. Jahrhundert. Wiesbaden: VS Verlag für Sozialwissenschaften

Knieper, Thomas/Müller, Marion G. (Hrsg.) (2005): War Visions. Bildkommunikation und Krieg. Köln: Herbert von Halem Verlag

Loo, Dennis (2005): No Paper Trail Left Behind: The Theft of the 2004 Presidential Election. In: Phillips, Peter/Project Censored (Hrsg.): Censored 2006: The Top 25 Censored Stories. New York etc.: Seven Stories Press. 185-202

Ludes, Peter (1989): Drei moderne soziologische Theorien. Zur Entwicklung des Orientierungsmittels Alternativen. Göttingen: Schwartz

Ludes, Peter (2001): Multimedia und Multi-Moderne: Schlüsselbilder, Fernsehnachrichten und World Wide Web – Medienzivilisierung in der Europäischen Währungsunion. Wiesbaden: Westdeutscher Verlag. CD-ROM-Beilage unter dem Titel: Schlüsselbilder: Wissenschaft, Politiker und einfache Leute, Wirtschaft, Militär und Medien. Pressefotos, Spielfilme, Fernsehnachrichtensendungen und Informationsangebote im World Wide Web.

Palast, Greg (2005): Cowardice and Conflicts: The Lynching of Dan Rather. In: Phillips, Peter/Project Censored (Hrsg.): Censored 2006: The Top 25 Censored Stories. New York etc.: Seven Stories Press. 397-402

Solomon, Norman (2005): News Media and "the Madness of Militarism". In: Phillips, Peter/Project Censored (Hrsg.): Censored 2006: The Top 25 Censored Stories. New York etc.: Seven Stories Press. 364-365

Thornton, Bridget/Walters, Britt/Rouse, Lori (2005): Corporate Media is Corporate America. In: Phillips, Peter/Project Censored (Hrsg.): Censored 2006: The Top 25 Censored Stories. New York etc.: Seven Stories Press. 245-263

United Nations (2005): Understanding Knowledge Societies: In twenty questions and answers with the Index of Knowledge Societies. Publ. for the United Nations Department of Economic and Social Affairs. New York: United Nations

Van Dijk, Jan (1999): The Network Society. Social Aspects of New Media. London etc.: Sage Publications

Van Dijk, Jan (2006): The Network Society. Social Aspects of New Media. Second Edition. London etc.: Sage Publications

Werner, Ute (1999): Konsum im multikulturellen Umfeld. Eine semiotisch orientierte Analyse der Voraussetzung kulturübergreifenden Marketings. Frankfurt am Main etc.: Lang

# Mehr Öffentlichkeit für unterdrückte Themen? Chancen und Grenzen von Weblogs

*Caja Thimm/Sandra Berlinecke*

Die rasche Entwicklung im Bereich der neuen Medien hat auch für die oft gestellte Frage nach einer anderen oder neuen Öffentlichkeit einige neue Ansätze gebracht. So haben viele, die die immer stärker werdenden Restriktionen im Bereich des investigativen Journalismus beklagen, durch die aktive Blogger-Szene neue Hoffnungen auf eine „elektronische Demokratie" geschöpft.

Das Weblog, oder kurz Blog, stellt eine Weiterentwicklung der persönlichen Homepages dar und verändert die Möglichkeiten, im Internet zu publizieren und zu kommunizieren, grundlegend. Dieses neue Format ist auch für die Frage relevant, inwieweit sich dadurch Themen in die Öffentlichkeit befördern lassen, die in der traditionellen Sichtweise der herausgeberkontrollierten Medien unterdrückt werden (Neuberger 2005b). Anders gefragt: Besteht durch Weblogs die Möglichkeit, auch solche Themen international zu thematisieren, die sonst in den Redaktionen der etablierten Medien keine Beachtung finden?

Einige Autoren sehen dies optimistisch. Andrew Sullivan, ein bekannter amerikanischer Blogger, erkennt in Weblogs eine „publishing revolution more profound than anything since the printing press" (Sullivan 2002). Erik Möller sieht in der Weblog-Bewegung ebenfalls eine „Medienrevolution", die sich „heimlich und in kleinen Schritten" vollzieht (Möller 2006: 158). Auch Zerfaß/Boelter diskutieren Weblogs als „neue Meinungsmacher" (Zerfaß/Boelter 2005) – und Gillmor bezeichnet sie in seinem Werk „We the media" als „grassroot journalism", eine neue Form des partizipativen Journalismus (Gillmor 2004: XVII).

Zentral für unsere Fragestellung im Zusammenhang mit der „Initiative Nachrichtenaufklärung" ist die Nachrichtenfunktion der Weblogs. Hier ist zu klären, ob und in welcher Form sich Weblogs als eine neue, kritische und unzensierte bzw. unzensierbare Form von medialer Öffentlichkeit darstellen lassen, die ihrerseits zur Generierung von Themen in den traditionellen Medien führt. Die These, dass Blogs in Form einer Blogosphäre eine Nachrichten- und Kontrollfunktion in einem ausfüllen, steht dabei im Fokus unserer Betrachtungen. Vorangestellt haben wir eine Übersicht über Geschichte und Funktionen der Blogs, denn die Chancen des Bloggens lassen sich nur abwägen, wenn die damit zusammenhängenden Kommunikationsstrukturen bekannt sind.

## 1. Entwicklung, Struktur und Vielfalt der Weblogs

Ein Weblog ist eine Webseite, die regelmäßig aktualisierte Einträge in Journal- bzw. Tagebuch-Form enthält. Die Inhalte werden in chronologisch umgekehrter Reihenfolge dargestellt – und in der Regel besteht für die Leser die Möglichkeit, einen Kommentar zu einem Eintrag zu hinterlassen. Oft enthalten die Beiträge entsprechend der Eigenschaften des Internets Texte, Bilder, Audio- oder Videodateien. Sie können mit Hilfe eines Content-Management-Systems erstellt werden. Inzwischen sind die Einträge auch vom Mobiltelefon des Autors aus aktualisierbar, diese Form des Bloggens nennt sich „Mobile Blogging". Weblogs werden häufig von einem einzelnen Autor geführt, je nach Größe kann aber auch eine Autorengruppe die Einträge verfassen. Die Inhalte reichen von persönlichen Erlebnis- und Erfahrungsberichten über Kommentare zu Fundstücken aus dem Internet oder zur Medienberichterstattung bis hin zu politischen Äußerungen. Weblogs gehören zur Generation der „Social Software". Dieser Begriff bezeichnet weitgehend selbstorganisierte Software-Systeme, welche die menschliche Kommunikation, Interaktion und Zusammenarbeit in sozialen Netzwerken sowie deren Aufbau und Pflege unterstützen (vgl. Röll 2005; Schmidt 2006).

## 2. Praktiken des Bloggens

Nicht die Technik allein bestimmt den kommunikativen Gebrauch der Weblogs: Erst in der sozialen Aneignung prägen sich bestimmte Gebrauchsweisen heraus. Schmidt hat in seiner kommunikationssoziologischen Studie über Weblogs ein Modell entwickelt, das die „Praktiken des Bloggens" erfasst (Schmidt 2006: 31). Diese Praktiken stellen Handlungssequenzen dar, in denen sich Blogger bestimmter Techniken bedienen, um kommunikative Ziele wie Publikation oder Rezeption von Inhalten zu realisieren. Schmidt benennt in diesem Zusammenhang unter anderem „prozedurale Regeln", die den Gebrauch eines Mediums rahmen und Normen für die Kommunikation vorgeben. So entstehen informelle Konventionen, die in der Weblog-Kommunikation beispielsweise die Publikation der Inhalte regeln und vorgeben, welche Themen wie veröffentlicht werden. Diese Publikationsregeln prägen nicht nur die thematische Ausrichtung der

Blog-Einträge, sondern geben auch vor, in welcher Form andere multimediale Inhalte wie Bild-, Video- oder Audio-Dateien integriert werden. Die einzelnen Beiträge sind nicht mehr fixier- oder abgrenzbar. Erst durch den Link erschließt sich der Sinn, wird der Text inhaltlich und formal fortgeschrieben. Die Texte in Weblogs öffnen und schließen sich demnach permanent, sie „oszillieren" zwischen diesen beiden Polen (Eigner 2003: 122ff.). Die zentralen Aktivitäten der Blogger beziehen sich auf das Sichten und Zusammentragen von Informationen und Links. Es kristallisiert sich eine neue „Kulturtechnik" heraus, die abgesehen von der Lese-Schreib-Lese-Bewegung noch Fähigkeiten wie Sammeln, Filtern, Ordnen und Gliedern beansprucht (Schönberger 2005: 288). Damit sind Weblogs durch ihre Grundstruktur für die Informationssammlung und den Informationsabgleich prädestiniert.

Weiterhin spricht die schiere Verbreitung der Blogs für diese Funktion. Exakte Daten zur Anzahl der Weblogs in Deutschland bzw. weltweit sind kaum ausfindig zu machen, da verschiedene Abgrenzungs- und Messprobleme bestehen. Technorati.com, eine der größten Internet-Suchmaschinen für Weblogs, gab im April 2006 an, dass sie etwa 35,3 Millionen Blogs indexiert habe, wobei pro Tag rund 75.000 neue hinzukämen. Das Volumen der Blogosphäre verdoppelt sich demgemäß alle sechs Monate. 19,4 Millionen Blogs gelten als aktiv, da sie in den letzten drei Monaten mindestens einen Eintrag veröffentlicht haben (Sifry 2006).

Beim deutschsprachigen Pendant blogstats.de waren Mitte Juli 2005 rund 62.000 deutsche Weblogs gelistet (Lumma 2005). Ähnliche Zahlen ergab die Befragung „Wie ich blogge?!", die 2005 von der Forschungsstelle „Neue Kommunikationsmedien" der Universität Bamberg durchgeführt wurde (Schmidt/Wilbers 2006). 84 Prozent der 5.246 überwiegend deutschen Umfrageteilnehmer sind aktive Blogger und weisen ein vergleichsweise ausgeglichenes Geschlechterverhältnis auf: 54,4 Prozent von ihnen sind männlich und 45,6 Prozent weiblich. Unter den Bloggern im Teenager-Alter sind hingegen wesentlich mehr weibliche als männliche Autoren (nämlich 66,1 zu 33,9 Prozent). Im Hinblick auf Bildung und Alter entsprechen Blogger in etwa den klassischen Internetnutzern: hohe formale Bildung, oft noch in einer schulischen oder studentischen Ausbildung, in der Mehrzahl unter 30 Jahre alt. Ein Großteil der Blogger ist bereits seit fünf oder mehr Jahren online (73,4 Prozent).

Die Erhebung zeigte zudem, dass viele Blogger überwiegend themenzentrierte Weblogs mit Bezug zu konkreten Interessengebieten lesen. Weiterhin werden journalistische Weblogs und private Online-Tagebücher rezipiert. Damit lässt sich zusammenfassend vermuten, dass in der Blogosphäre eine kritische und z. T. politisch besonders interessierte Leserschaft präsent ist.

## 3. Funktionen des Bloggens

Die ersten als Weblogs bekannt gewordenen Internetseiten stellten kommentierte Linksammlungen dar, die auf Fundstücke im Web hinwiesen. Indem sie das Internet nach interessanten Links durchsuchten, erfüllten die Weblog-Autoren eine Art Filter- bzw. Orientierungsfunktion (vgl. Blood 2000, 2002; Bauhoff 2004). Vermutlich ergab sich daraus die Wortschöpfung „Weblog", die eine Wortkreuzung aus dem englischen „Web" und „Log" für Logbuch darstellt.

Diese Funktionen spielen heute noch eine wichtige Rolle, wie Ergebnisse der Umfrage „Wie ich blogge?!" zeigen. 58,2 Prozent der Blogger veröffentlichen demnach in ihrem Weblog Links zu Fundstücken im Netz. Weitaus wichtiger schätzen jedoch drei Viertel der befragten Autoren die Veröffentlichung von Berichten und Episoden aus dem Privatleben ein. Das Festhalten eigener Ideen und Erlebnisse spielt als Motiv zum Führen eines Weblogs mit knapp 62 Prozent ebenso eine wichtige Rolle (Schmidt/Wilbers 2006: 12f.).

Dieses Ergebnis stellt exemplarisch die Wandlung der Weblogs vom ursprünglichen Filter-Blog zum persönlichen Online-Journal dar, in dem die Darstellung bzw. das Festhalten privater Erlebnisse, Gedanken und Gefühle eine sehr viel größere Rolle einnimmt. Diese Art der Veröffentlichung hat dazu geführt, dass Weblogs häufig mit Online-Tagebüchern synonym gesetzt werden, da sie ähnliche Funktionen übernehmen wie die klassischen Tagebücher. Dieser persönliche Stil trägt dazu bei, dass den Autoren eine besondere Authentizität zugeschrieben wird.

Hier zeigt sich bereits eines der grundlegenden Probleme der Blogs als Element einer kritischen Öffentlichkeit und als Mittel zur Recherche: Die Erwartung an Authentizität ist gekoppelt mit der Toleranz für Subjektivität der Informationen. Es geht um die Weltsicht des Bloggers, weniger um die journalistisch fundierte und solide recherchierte Information.

### 3.1 Blog-Typologie

Blogs unterscheiden sich nicht nur in Stil und Intensität, sondern auch nach Themen und Zielsetzungen. Die persönliche Prägung des Blogs durch die Darstellung von subjektiven Erfahrungen und Meinungen und die zumeist „lockeren Formulierungen" in der Ich-Form werden zum Ausdruck einer neuen Art von „authentischer Kommunikation" (Zerfaß/Boelter 2005: 35).

Ferner können die Einträge in privaten Blogs von Berichten aus dem alltäglichen Leben abweichen und sich gesellschaftlich relevanten Themen widmen. Diese Art von Blogs, die sich kritisch mit Unternehmen, Institutionen oder anderen Themen auseinandersetzen bzw. diese laufend beobachten, werden *Watchblogs* genannt (vgl. Pleil 2004). Ein bekanntes Beispiel für ein Watchblog ist das „Bildblog", welches die Offline- und Online-Berichterstattung der deutschen Boulevardzeitung „Bild" beobachtet und über Fehler und Ungereimtheiten in den Artikeln berichtet. Ein weiteres bekanntes Beispiel ist das „Schwarzbuch Lidl", das die Gewerkschaft Verdi installierte, um die Arbeitszustände des Discounters Lidl zu beobachten und zu diskutieren. Hier kommt den Blogs zwar nicht unbedingt eine Recherchefunktion zu, sie können aber je nach Thematik durchaus in einer aufdeckenden Funktion als Element des „whistleblowings" angesehen werden (vgl. a. Leisinger 2003).

Weitere Weblog-Formate sind *J-Blogs* bzw. *Media-Blogs*, die von Journalisten unterhalten und häufig in die Webseiten der zugehörigen Verlage bzw. Medienbetriebe eingebunden werden. Beispielhaft angeführt seien hier die Blogs des „Handelsblattes" (etwa „Indiskretion Ehrensache" oder „Die Dezentrale"), die Weblogs der „Zeit" oder das Blog der „Frankfurter Rundschau".

Als *Blawgs* oder *Weblawgs* werden Weblogs mit ausschließlich juristischen Inhalten bezeichnet (z. B. das „Law Blog" oder die „Jura-Blogs"). Weiterhin existieren *Vlogs* oder *Video-Blogs*, die überwiegend Video-Einträge enthalten, und *Audio-Blogs*, die hauptsächlich Audio-Dateien wie Podcasts aufweisen.

*Warblogs* traten erstmals nach den Terroranschlägen vom 11. September 2001 auf und berichten allgemein aus oder über Krisen- und Kriegsgebiete(n). Die dezentrale Kommunikationsstruktur der Blogs ermöglichte es den Autoren, zumeist Augenzeugen, im Internet über die Geschehnisse zu berichten. Im Irakkrieg spielte das Blog von Salam Pax („Where is Raed?") eine Vorreiterrolle. Hier berichtete der Autor in den ersten Tagen des Krieges von den Ereignissen vor Ort (vgl. Picot/Fischer 2005). Warblogs verhalfen Weblogs erstmals zu größerer Aufmerksamkeit in der massenmedialen Öffentlichkeit.

Außerdem existieren *Personality Blogs*, die eine prominente Person oder einzelne Politiker in den Mittelpunkt des Geschehens stellen und häufig gezielt im Rahmen einer Kommunikationsstrategie eingesetzt werden (vgl. Pleil 2004). Abschließend sind noch *Corporate Blogs* zu nennen, die von Unternehmen geführt werden und ebenso in Kommunikationsstrategien eingebunden sind. Sie existieren in zahlreichen verschiedenen Variationen.

Grundsätzlich haben Weblogs nicht den einen festgelegten Kommunikationszweck. Es gibt viele verschiedene Varianten, die durch ihren Autor einen individuellen Charakter erhalten. Häufig ist eine klare Trennung zwischen den unterschiedlichen Formaten nicht möglich, da ein Blog verschiedene Formen in sich vereinen kann. Daher werden Weblogs mal als „demokratiestärkende[s] Instrument" und mal als Forum zur Darstellung von „Banalitäten des Alltags" bezeichnet (Schmidt/Schönberger/Stegbauer 2005: 2).

## 3.2 Vernetzung in der Blogosphäre

Um ihre Themen und Meinungen sichtbar zu machen, nutzen Weblogs vor allem die Hypertextualität des Internets. Die Blogosphäre erweitert die Vernetzungslogik des Internets, indem die einzelnen Blogs in einem globalen Netzwerk miteinander verknüpft sind. Permalinks ermöglichen eine gezielte Verlinkung der einzelnen Einträge. RSS-Feeds und Trackbacks erhöhen das Verbreitungstempo und die Rückkoppelungseffekte zwischen den verschiedenen Blogs (vgl. Lohmöller 2005). Die Blogroll weist die Leser auf die Blogs hin, die die Weblog-Autoren selbst lesen.

Erst die Vernetzung der Blogs untereinander ermöglicht ein globales Netzwerk, in dem Informationen und Meinungen ausgetauscht werden können. Hier liegt mit Blick auf die Unterdrückung von Nachrichten eines der Hauptpotenziale für eine andere Öffentlichkeit. Erst die Netzwerkstruktur der Blogosphäre ermöglicht einen Ablauf der Informationsvermittlung, der dem der Nachrichtenagenturen ähnelt: Einzelereignis/Meldung – Bestätigung – Wertung – breitere Öffentlichkeit. Erst im „sozialen Phänomen" der Blogosphäre entfaltet sich die Besonderheit dieser neuen Vernetzungslogik, indem Themen und Wissen verknüpft und Argumente ausgetauscht werden (Lohmöller 2005: 223).

Die Texte in den Einträgen ranken sich um einen oder mehrere Hyperlinks, ohne die der Inhalt nicht wirklich verständlich wäre. Um ein Weblog herum entsteht auf diese Weise ein „Ökosystem von Lesern, Kommentatoren und anderen Weblog-Autoren" (Röll 2005: 91). Deshalb dürfen Weblogs nicht isoliert betrachtet werden. Hypertextualität wird in Weblogs neu definiert. Es geht hier nicht um bloße Verweise auf eine weiterführende Quelle, die nicht essenziell für den dargestellten Text ist. In Blogs ist der Link ein integraler Bestandteil des Textes. Die Weblog-Autoren schreiben mit dem Link einen Teil vom Text (vgl. Eigner 2003). Blood geht sogar soweit zu sagen, dass Weblogs, die keine Links setzen, nicht als diese definiert werden dürfen (vgl. Blood 2002). Links ermöglichen erst die Entstehung von Gesamtzusammenhängen, indem sie Nachrichten, Texte und Kommentare miteinander verbinden. Im Zuge des „Durchklickens" im Blog entstehen vielfältige Möglichkeiten der Anschlusskommunikation, etwa das Kommentieren eines Eintrages oder eine Anregung für einen Eintrag im eigenen Blog (Perschke/Lübcke 2005: 9).

Links im Weblog stellen eine Art unsichtbare Verbindung zwischen den Blogs her. Die einzelnen Blogger kommunizieren über sie miteinander. Sie sind „Beiprodukte" der fortlaufenden Kommunikation, die maßgeblich sind für die kommunikative Anschlussfähigkeit der Blog-Einträge (Marlow 2004). Mit der Veröffentlichung eines Beitrages beginnt die dynamische, weblogbasierte Kommunikation also erst und führt sich fort in Kommentaren, die auf die Einträge folgen, und in anderen Blog-Einträgen, die den ursprünglichen Eintrag ergänzen und mit Hilfe von Trackbacks sichtbar machen. Durch die wechselseitige kommunikative Bezugnahme über verschiedene Weblogs hinweg entstehen „verteilte Konversationen" (Efimova/de Moor 2005). Der Informationsfluss fasert aus und entspricht damit nicht mehr den idealtypischen Vorstellungen von chronologisch ablaufender Kommunikation. Efimova/de Moor haben diese Art der netzwerkartigen Konversation näher untersucht und gezeigt, dass Weblogs durchaus ein sinnvolles Werkzeug darstellen, um Konversationen zu stützen. Sie ermöglichen schnelle und aussagekräftige Reaktionen, den Austausch verschiedener Perspektiven und eine gemeinsame Entwicklung von Ideen. Links stellen den „Leim" dar, der die Konversation zusammenhält. Ohne Hyperlinks und insbesondere Trackbacks würde die Kommunikation ihre „physikalische Verbindung" verlieren. Das unterscheidet Weblog-Kommunikation von anderen Online-Kommunikationsmodi wie Diskussionsforen. In einem Forum wird ein Raum für die Diskussion zur Verfügung gestellt, der die Kommunikation an einem virtuellen Ort zusammenhält. In der Blog-Kommunikation sind es die einzelnen Blogger, die die Verbindungen untereinander setzen und die Konversation zusammenhalten.

Efimova/de Moor haben in ihrer Analyse außerdem dargelegt, dass sich die Kommunikation zwischen den Blogs, abweichend vom ursprünglichen Eintrag, in eine andere Richtung entwickeln kann. Sie nennen diese Form der Kommunikation „berührende Konversation". Demnach können verschiedene Kommunikationspfade gleichzeitig eingeschlagen oder Subthemen diskutiert werden. Dennoch ist die verteilte Konversation der Weblogs im Vergleich zur E-Mail-Kommunikation oder zu Diskussionen in Foren schwieriger zu verfolgen, da die einzelnen Kommunikationsbeiträge über verschiedene virtuelle Orte verteilt sind. Erst die Trackbacks machen die Anschlusskommunikation an einen Beitrag überhaupt sichtbar. Demzufolge werden Weblogs genauso mit dem Veröffentlichungsproblem des Internets konfrontiert wie alle anderen Webseiten. Wie sollen sie in der dynamischen Masse an Informationen sichtbar werden und Aufmerksamkeit für ihre Themen generieren?

Im Falle der bloggestützten Kommunikation ist entscheidend, welches Blog in den Einträgen oder über Blogrolls auf welche anderen Blogs verlinkt und wo Trackbacks gesetzt werden, die die Kommunikationszusammenhänge und die sozialen Verbindungen zwischen den Blogs kenntlich machen. Je häufiger ein Blog verlinkt wird, desto höher wird seine Popularität und Relevanz, denn die Verlinkungsstruktur der Blogs steht in einem Zusammenhang mit der Funktionsweise von Suchmaschinen wie Google, die Einfluss nehmen auf die Aufmerksamkeitslenkung im Internet.

Das Ranking von Google verläuft nach einem so genannten PageRank-System, das die Linkstruktur einer Webseite als Qualitätsindikator bewertet. Ein Link von Seite A zu Seite B wird als Votum von Seite A für Seite B interpretiert. Je mehr Seiten auf eine andere verlinken, desto höher wird die Seite eingestuft. Ein Link von einer als wichtig eingestuften Seite „zählt mehr und hilft, andere Seiten ‚wichtig' zu machen" (Google 2007). Kombiniert mit den eingegebenen Suchwörtern werden auf diese Weise die ohnehin schon bekannten Seiten hoch platziert. Die Seiten, die weniger bekannt sind, werden in der Ergebnisliste weiter hinten angezeigt. Untersuchungen zeigen, dass im Schnitt nur 1,3 Seiten der Trefferlisten registriert werden. Suchmaschinennutzer verfolgen also Treffer über die erste Ergebnisliste hinaus häufig nicht weiter (Machill/Neuberger/Schweiger/Wirth 2003: 255). Das Ranking kann über Zugriffszahlen und damit über publizistischen Erfolg entscheiden, wenn die Internetnutzer Informationen ausschließlich über diese Orientierungshilfen suchen. Da Weblogs über die Permalinks aus einer Vielzahl an einzeln adressierbaren Seiten bestehen und untereinander sehr stark verlinkt sind, ist der PageRank relativ hoch – und somit auch die Sichtbarkeit im Netz über die Suchhilfen. Allerdings sind hier auch die Google-Adwords zu beachten, denn das Ranking verläuft häufig nach Keywords, für die man zur Kasse gebeten wird.

## 4. Weblogs im Prozess der öffentlichen Meinungsbildung

### *4.1 Wandelprozesse durch das Internet*

Öffentliche Kommunikation wandelte sich im Verlauf ihrer Geschichte von der bürgerlichen Öffentlichkeit im Sinne von Habermas bis hin zur massenmedialen Öffentlichkeit. Während die bürgerliche Öffentlichkeit im Diskurs von Angesicht zu Angesicht gesellschaftlich relevante Themen erörterte und die öffentliche Gewalt des Staates kritisch prüfte, verlor sich diese Funktion in der „Ein-Weg-Kommunikation" der Massenmedien (Krippendorff 1993: 43).

Das Internet führt den Wandel der öffentlichen Kommunikation fort und erschließt über die verschiedenen Kommunikationsmodi neue Publizitäts- und Distributionsformen. Daten, Informationen und Nachrichten werden im WWW einem unabgeschlossenen Publikum zugänglich gemacht. In öffentlichen Foren können die Nutzer aktiv an Diskussionen teilnehmen. Interpersonale Kommunikation findet via E-Mail und in virtuellen Gemeinschaften statt. Das Publikum der Massenmedien ist nicht mehr nur passiver Abnehmer der Inhalte, sondern kann selbst als „Laien-Kommunikator" auftreten. Es „emanzipiert" sich über einen direkten Zugang zur Öffentlichkeit (Neuberger 2003). Dadurch wird zwar teilweise die Einseitigkeit der massenmedialen Kommunikation aufgehoben, es wird jedoch verhindert, dass alle dasselbe lesen oder sehen und sich die Teilnehmer als eine Öffentlichkeit begreifen (vgl. Hasse/Wehner 1997). Deshalb scheinen Begriffe wie „Öffentlichkeit" und „Publikum" aus der Perspektive der Online-Kommunikation überholt. Maresch schlägt in diesem Zusammenhang die Verwendung von „Öffentlichkeiten" und „Publika" vor, da es im Internet keine „von allen geteilte Wirklichkeit" gibt (Maresch 1997: 194). Das Internet trägt daher zur Bildung von als „Teilöffentlichkeiten bezeichneten Informations- und Kommunikationsbeziehungen" bei (Hasse/Wehner 1997: 55).

*4.2 Neue Inhalte – neue Publizistik?*

Folgeprobleme der neuen publizistischen Freiheit bestehen nicht nur in der nutzerbezogenen Binnendifferenzierung, sondern äußern sich darüber hinaus im Auffinden relevanter Informationen, in der Qualitätsbewertung der Inhalte oder im Erzeugen von Aufmerksamkeit (Neuberger 2005a: 207). Die Masse an Informationen verschärft damit die normative Forderung öffentlicher Kommunikation nach erweiterter adäquater Medienkompetenz. Internetnutzer selektieren Informationen aus der angebotenen Fülle und müssen gleichzeitig die Inhalte bewerten. Die Medienkompetenz bezieht sich nicht nur auf die Fähigkeit, mit den Inhalten umzugehen, sondern auch auf den technischen Umgang mit der Ausstattung. Die Forderung nach gleicher Teilhabe am kommunikativen Geschehen zeigt eine gewisse Hilflosigkeit, da der Zugang zu Wissen und Informationen über die technische Computerausstattung und die Fähigkeit, dieses Equipment zu bedienen, geregelt wird und massive Ungleichheiten produziert. Die Gesellschaft gliedert sich laut Rogg (2003) in Teilnehmer und Nichtteilnehmer der neuen Kommunikationstechnologie. Andere sprechen auch vom „digital divide" (vgl. Scheule/Capurro/Hausmanninger 2004).

Der offene und freie Zugang zum Internet bringt dementsprechend einige Schwierigkeiten mit sich, welche die Rezeption von Mitteilungen erschweren. Deshalb sind auch im Internet vermittelnde Strukturen notwendig. Im Wesentlichen gibt es nach Neuberger im Internet drei Vermittlungsformen (Neuberger 2005a: 207ff.):

1. den professionellen Online-Journalismus, der sich nur geringfügig vom Offline-Medienbetrieb unterscheidet,
2. die technische Vorstrukturierung von Informationen über Suchmaschinen oder Informationsportale und

3. den neuen partizipativen Journalismus, in dem die Rollen von Sender und Empfänger getauscht werden und private Personen Informationen auf einer persönlichen Homepage oder im eigenen Weblog veröffentlichen können.

Insbesondere Weblogs wird ein neues Potenzial zugeschrieben, bestehende massenmediale Strukturen von öffentlicher Kommunikation zu verändern. Jeder, der über einen Rechner mit Netzzugang verfügt, hat die Chance, relativ kostengünstig und einfach zum Produzenten eigener persönlicher Nachrichten und Informationen zu werden. Weblogs erweitern den Handlungsspielraum der Internetnutzer und scheinen das Versprechen aus der Anfangszeit des Internets einzulösen, dass jeder Rezipient zugleich Sender von Mitteilungen werden kann (vgl. Schönberger 2005).

Weblogs verstärken durch ihre Vernetzungsfunktion eine Kanalisierung von Aufmerksamkeit und einen Wandel zu ausdifferenzierten Teilöffentlichkeiten. Von einem Blog-Eintrag aus wird lokal und global diskutiert. Die Kommentarfunktion bietet den Lesern die Möglichkeit, sich an den Diskussionen in und um ein Blog herum zu beteiligen. Der Austausch zwischen Autor und Leser über die Kommentarfunktion ist bei reichweitenstarken Weblogs allerdings zunehmend erschwert, da der Überblick über die Kommentare bei umfangreichen Diskussionen schwierig ist und sich die Diskussion auf mehrere Blogs verteilen kann. Ergänzungen oder Korrekturen der Einträge werden über den Kommentarbereich möglich und sind in der Blogosphäre auch ausdrücklich erwünscht. Die „Validierung" der Informationen erfolgt, im Gegensatz zu journalistischen Veröffentlichungen, häufig ex post in der Weblog-Community. Weblogs verlagern somit die Qualitätsprüfung der Inhalte in die Teilöffentlichkeiten des Internets (Neuberger 2003: 10).

Öffentlichkeit ist für Weblogs daher häufig nur „Mittel zum Zweck, um andere Menschen zeit- und ortsunabhängig" zu erreichen (Schmidt/Schönberger/Stegbauer 2005: 5). Die Mehrzahl der Autoren möchte nicht gesellschaftlich relevante Informationen veröffentlichen, sondern persönliche Inhalte und Gedanken festhalten und mit ihren Lesern diskutieren. Weblogs schaffen themenbezogene Öffentlichkeiten, die es ihren Teilnehmern ermöglichen, sich über Dinge auszutauschen, die unter anderen Umständen kaum als relevant oder interessant eingestuft würden (Perschke/Lübcke 2005). Ergebnisse der Umfrage „Wie ich blogge?!" ergaben unter anderem, dass die Leser von dem neuen Format neben der Darstellung der persönlichen Meinung des Autors auch erwarten, Inhalte zu lesen, die sie aus anderen Medien nicht erfahren (Schmidt/Wilbers 2006: 23).

## 4.3 Weblogs als „Agenda Setter"

Weblogs werden häufig mit dem professionellen Journalismus verglichen, so z. B. bei Schmidt (2006: 120ff.), der Parallelen zwischen den Praktiken von Bloggern und Journalisten nachweist. Dabei stellt er als Differenzierungsmerkmale nicht nur stilistische und adressatenbezogene Kriterien heraus, sondern vor allem die unterschiedlichen Formen der „credibility", einer der zentralen Differenzierungspunkte zwischen den Blog-Nachrichten und den im traditionellen Journalismus publizierten Inhalten.

Nicht geregelt ist zudem die Frage eines „ethischen Codes", welcher klare Qualitätsstandards bestimmt. Trotz dieser Differenzierungen werden die Weblogs vielerorts als neue „Meinungsmacher" diskutiert. Weblogs sollen demnach über die vernetzten Diskussionen Einfluss auf die öffentliche Meinung und auf das „Agenda Setting" der Massenmedien nehmen.

Betrachtet man die Grundzüge des Agenda-Setting-Ansatzes, so beeinflussen Medien nicht so sehr, „what to think, but ... what to think about" (Cohen 1963: 13). Aufgrund redaktioneller Auswahl und Aufbereitung von Informationen wird den Massenmedien ein Thematisierungseffekt unterstellt, der die Aufmerksamkeit des Publikums auf bestimmte Themen lenkt. Das „what to think about" kann man allerdings nicht gänzlich vom „what to think" trennen. Denn über die Auswahl und Priorität bestimmter Themen können die Medien direkt Einfluss auf die Meinungen und Einstellungen ihrer Rezipienten nehmen.

Im Diskurs über die Bedeutung der Weblogs in der massenmedialen Kommunikation ist häufig die Rede von einer „Transformation des Journalismus", die einen Wandel ebendieser journalistischen Thematisierungsfunktion mit sich bringt (Bucher 2005: 204). Im Auftauchen der neuartigen Angebotstypen im Internet wird ein sich anbahnender „Strukturwandel der Öffentlichkeit" vermutet, da die neuen Kommunikationsformate ebenso wie die traditionellen Massenmedien öffentliche Kommunikation vermitteln (Neuberger 2003, 2005b). Eine andere Position nimmt Machill ein, der die neue Publikationsform aufgrund der subjektiven Inhalte und fehlender redaktioneller Qualitätskontrollen als „Para- oder Pseudojournalismus" bezeichnet (Großhans 2005). Auch Eisenegger mahnt zur Vorsicht und warnt vor einer „Überschätzung" einer möglichen Thematisierungsfunktion der Weblogs (Eisenegger 2005).

Diverse Diskussionen in der Blogosphäre beschäftigen sich ebenfalls mit diesem Thema. Die Blog-Autoren sagen selbst über sich, dass sie nicht die „Konkurrenz zu etablierten Medien sein wollen" und es nicht darum geht, „Journalisten zu ersetzen", sondern eine neue Form der persönlichen und direkten „Informationsweitergabe" zu praktizieren (Schwarzmann 2005).

Warum wird Weblogs dennoch ein meinungsbildender Einfluss, ähnlich der massenmedialen Agenda-Setting-Funktion, zugesprochen? Wie bereits erläutert, stellt die Blogosphäre aufgrund verschiedener Begebenheiten eher eine Teilöffentlichkeit als eine massenmediale Öffentlichkeit dar. In Form von Warblogs beispielsweise stellen Weblogs eine Öffentlichkeit her, die die Massenmedien nicht bzw. nur in anderer Form bedienen. In Krisensituationen sind sie die ersten „Stimmen" aus den betroffenen Regionen und informieren ihre Leser aus erster Hand über aktuelle Ereignisse – so geschehen z. B. beim Tsunami im Dezember 2005 („Tsunami Survivor"), beim Hurrikan Katrina („Metroblogging New Orleans") und bei den Bombenanschlägen in London („Londonleben"). Warblogs ergänzen bestehende Öffentlichkeiten und fungieren als Korrespondenten, deren Informationen auch Massenmedien aufgreifen (vgl. Spiegel Online 2005). Watchblogs wie das „Schwarzbuch Lidl" reflektieren die Arbeitsweisen des Discounters Lidl auf eine kritische Art und Weise und veröffentlichen so durchaus gesellschaftlich relevante Themen, die eine größere Öffentlichkeit suchen. Es ist jedoch schwierig, die Öffentlichkeit der Massenmedien gänzlich von der im Internet zu trennen. Vielfach ergänzen sich die beiden Öffentlichkeitsarenen, denn die Online-Kommunikation ergibt sich oft erst als Anschlusskommunikation aus der Massenkommunikation und setzt sich mit neuen Kommunikations- und Verbreitungsmöglichkeiten fort. Die Massenmedien verleihen Themen Öffentlichkeit, die im Internet interaktiv innerhalb virtueller Gemeinschaften diskutiert und reflektiert werden können. Insbesondere die Interaktivität verändert die Gestalt des öffentlichen Diskurses, der teilweise komplett ins Internet verlagert wird. Die Massenmedien werden durch diese Verlagerung nicht wirkungslos. Allerdings wird ihre Thematisierungsfunktion eingeschränkt, indem die persönliche Agenda von zusätzlichen Online-Angeboten und einer stärkeren interpersonalen Anschlusskommunikation bestimmt wird (vgl. Rössler 1997).

Aber auch heute noch behalten die Massenmedien ihre themensetzende Funktion bzw. werden noch darin bestärkt, wenn Weblogs auf ihre Online-Angebote verweisen. Die Weblog-Kommunikation ergibt sich nämlich häufig erst als Anschluss aus der Massenkommunikation. So zeigte sich in einer Untersuchung von 125 persönlichen Blogs, dass die „top stories" der Massenmedien im gleichen Untersuchungszeitraum auch die am häufigsten diskutierten Themen in den analysierten Blogs repräsentieren (Halavais 2002).

Weblogs erweitern die Möglichkeiten der interpersonalen Kommunikation in sozialen Netzwerken. Eine wesentliche Bedeutung der Weblogs liegt daher nicht in einer massenmedialen Agenda-Setting-Wirkung, sondern in der Unterstützung der meinungsbildenden Funktion interpersonaler Kommunikation, indem sie einen virtuellen Raum bieten, in dem Anschlusskommunikationen stattfinden und Themen und Meinungen veröffentlicht und diskutiert werden können.

## 4.4 Weblogs als Nachrichtenquelle

Obwohl das Internet mittlerweile für viele Journalisten zur wichtigsten Informationsquelle avanciert ist, zeigen Forschungsergebnisse, dass Weblogs als Recherchequelle nur einen sehr geringen Stellenwert einnehmen. Lediglich einige Redakteure von IT-Zeitschriften nutzen sie explizit bei ihren Recherchen (Maisberger Whiteoaks 2005; PR-COM 2002).

Dennoch existieren bereits einige nationale und internationale Beispiele dafür, wie Meinungen einzelner Blogs eine umfangreiche Diskussion in der Öffentlichkeit auslösen können. Ein Potenzial der Weblogs liegt in der hohen Verbreitungsgeschwindigkeit von Informationen durch die Netzwerkstruktur der Blogosphäre. Diskussionen entwickeln sich wie eine Art „Schneeball", der zu einer „Lawine" werden kann, wenn sich die Inhalte im Resonanzraum der Blogosphäre aufschaukeln und von vielen Blogs verlinkt werden (Wolff 2006: 4). Über diese Vernetzung erreichen Blogs ein hohes Ranking in Suchmaschinen wie Google und verstärken ihre Sichtbarkeit im Internet. Damit erhöht sich die Wahrscheinlichkeit, dass sie von recherchierenden Journalisten entdeckt werden.

Schmidt sieht vor allem in der Thematisierungsfunktion von Weblogs ein wichtiges Korrektiv zum klassischen publizistischen Angebot: „Weblogs unterstützen eine demokratisch-interaktive Öffentlichkeit, in der Ereignisse und Meinungen thematisiert werden können, die nicht in den klassischen publizistischen Angeboten aufgegriffen werden können." (Schmidt 2006: 119) Das haben auch die Ereignisse um die Kampagne „Du bist Deutschland" gezeigt: Im November 2005 tauchte im Internet ein Foto von einer Kundgebung der Nationalsozialisten im Jahre 1935 in Ludwigshafen auf, das unterhalb eines Portraits von Adolf Hitler den Spruch „Denn Du bist Deutschland" zeigte. Einige reichweitenstarke Blogs wie Spreeblick.com und Werbeblogger.de veröffentlichten und kommentierten das Foto und brachten es in einen Zusammenhang mit dem Claim der „Du bist Deutschland"-Kampagne. Daraufhin gingen bei Spreeblick.com innerhalb weniger Tage über 100 Kommentare zu diesem Thema ein (vgl. Haeusler 2005). Das Foto und die Diskussionen um die Nähe zur „Du bist Deutschland"-Kampagne verbreiteten sich in rasanter Geschwindigkeit in der Blogosphäre. Wenige Tage später berichteten traditionelle Nachrichtenmedien in ihren Online-Angeboten darüber – wie etwa „Spiegel Online" oder die Online-Ausgabe der „Frankfurter Rundschau" (vgl. Freiburg/Haas 2005) – und bezogen sich teilweise auf die Veröffentlichungen in den Blogs. Nicht nur national, sondern auch international fand dieses Thema Einzug in die Medien – z. B. im „Telegraph Online" und im Online-Angebot der „Washington Post" (vgl. beispielhaft Telegraph Online 2005).

In den USA sind ebenfalls einige Beispiele bekannt, in denen stark frequentierte Blogs die Aufmerksamkeit von Journalisten und die Übernahme von Meinungen gefördert und somit Einfluss auf die öffentliche Agenda genommen haben. Eine Blog-Lawine erfuhr im September 2004 das amerikanische Unternehmen Kryptonite, das hochwertige Schlösser für Fahrräder, Sportgeräte und Ähnliches herstellt. Am 12. September 2004 veröffentlichte ein Internetnutzer in einem Forum für Fahrräder ein Video, das zeigte, wie ein Kryptonite-Schloss mit einem einfachen Kugelschreiber geöffnet werden kann. Bereits zwei Tage später berichtete ein stark frequentiertes Blog über dieses Thema und löste damit eine weitergehende Diskussion und binnen weniger Tage 188 Kommentare aus. Einige Tage danach wiesen die „New York Times" und „Associated Press" auf dieses Problem hin, womit auch hier der Übergang von der Blogosphäre in die Massenmedien vollzogen wurde. Für Kryptonite hatte dieses Ereignis wirtschaftliche Folgen: Eine umfassende Rückrufaktion von 100.000 Kryptonite-Schlössern kostete das Unternehmen zehn Millionen Dollar (Kirkpatrick 2005).

Dies ist nur ein Beispiel dafür, wie ein „opinion storm" (Hewitt 2005: 1) aus der Blogosphäre Einfluss nehmen kann auf die Tätigkeiten eines Unternehmens. Daher wird dieses Phänomen häufig im Zusammenhang mit dem Issues Management diskutiert, das die „organisationale Beobachtungs- und Informationsverarbeitungsfähigkeit sicherstellt und die Organisation bei der Bewältigung von Ungewissheit und Risiko unterstützt" (Röttger 2001: 11). Das Ziel dieses strategischen Managements ist es, relevante Issues möglichst schon im „vormedialen Raum" zu erkennen und entsprechende Strategien für den Umgang mit diesen Themen zu entwickeln (Eck/Pleil 2005: 82).

Weblogs sind Beispiele für diesen vormedialen Raum, in dem Meinungen entstehen können, die die traditionellen Massenmedien aufgreifen, wenn sie Nachrichtenfaktoren wie „Betroffenheit, Personalisierung, Emotionalisierung, Überraschung oder Negativismus" erfüllen (Röttger/Zielmann 2005: 35).

*4.5 Weblogs als kritische Öffentlichkeit?*

Bei der Beschäftigung mit vernachlässigten Themen stellt sich natürlich die Frage, inwieweit Blogs für die Arbeit der Initiative Nachrichtenaufklärung hilfreich sind und einbezogen werden müssen. Da, wie erläutert, die Mehrzahl der privaten Blog-Autoren nicht den Anspruch hat, gesellschaftlich relevante Informationen zu behandeln, ist die Möglichkeit der Nutzung auf bestimmte Blogs beschränkt. Deutlich wurde aber auch, dass Blogs eine Nischenöffentlichkeit darstellen, die Informationen und Themen behandelt, von denen sich die professionellen Massenmedien zurückgezogen haben. Trotzdem wird von einem sich anbahnenden „Strukturwandel der Öffentlichkeit" ausgegangen. Weblogs stellen demnach eine Art „Gegenöffentlichkeit" zum Journalismus dar, die auch denjenigen Personen und Gruppen eine Öffentlichkeit verleiht, die zuvor an den journalistischen Zutrittsbarrieren gescheitert sind.

Aber auch Journalisten und klassische Medienbetriebe haben die Blog-Kommunikation für sich entdeckt. Weblogs wie die des „Handelsblatts", der „Zeit" oder der „Frankfurter Rundschau" veröffentlichen mitunter sehr informelle und persönliche Einträge, die nicht unbedingt dem klassischen journalistischen Stil entsprechen. Auch zahlreiche unabhängige Journalisten führen bereits eigene Blogs. Diese beobachten und kommentieren durchaus kritisch die Offline- oder Online-Berichterstattung der etablierten Medien.

Die Journalistin Susanne Güsten kritisierte beispielsweise in ihrem Eintrag vom 9. November 2006 im „Reporterwelt"-Blog einen Kommentar in der Printausgabe der „Rheinischen Post", der falsche Informationen vermittelt haben soll. Der Kommentar des Chefredakteurs wurde im Zusammenhang mit der EU-Beitrittsverhandlung veröffentlicht und berichtet von einer jungen Frau im Bikini, die von aufgebrachten Islamisten an einem türkischen Strand erschlagen worden sei. Susanne Güsten, die seit 1997 als freie Korrespondentin in Istanbul arbeitet, stellt dieses Ereignis allerdings anders dar. Sie berichtet in ihrem Eintrag über eine Agenturmeldung zu einem Streit zwischen türkischen Bikini- und Kopftuch-Trägerinnen in Karaburun bei Izmir im August 2006, bei dem aber keine Frau erschlagen wurde.

Verschiedene Journalisten, die im Ausland als Korrespondenten tätig sind, kommentieren im Blog „Reporterwelt" unter der Kategorie „Medienkritik" Beispiele für kritische nationale oder internationale Medienberichterstattung oder kritisieren allgemein die Vorgehensweisen des Mediensystems als solchem.

Auch auf onlinejournalismus.de, einem Blog, das als Studentenprojekt begann und von Journalisten und Autoren ehrenamtlich fortgeführt wird, ist die Berichterstattung in deutschen Medien häufig Thema der Einträge. So kritisiert der Journalist Fabian Mohr in seinem Eintrag vom 7. Dezember 2006 einen Artikel auf Welt.de. Dieser Artikel thematisiert die Ereignisse rund um das Online-Portal „StudiVZ", das für zahlreiche Diskussionen in der Blogosphäre sorgte, weil unter anderem einer der Mitbegründer selbst gedrehte Videos ohne die Einwilligung der abgebildeten Personen bei „YouTube" veröffentlichte. Ein solches Video wurde auch im Artikel gezeigt – und das ist nach Meinung des

Autors weder von inhaltlicher noch von journalistischer Relevanz für den Beitrag. Ein weiteres interessantes Blog, das allerdings nicht von Journalisten geführt wird, sondern von Autoren, die aus sozialen Bewegungen oder der Wissenschaft kommen, ist „Lobby Control". Die Betreiber des Blogs sagen selbst über sich:

> „LobbyControl kombiniert aktuelle Recherchen, wissenschaftliche Hintergrundanalysen und Kampagnenarbeit. Wir berichten über Denkfabriken, wirtschaftsnahe Kampagnen und Verzerrungen in den Medien, über Netzwerke und koordiniertes Lobbying hinter den Kulissen. Diese Recherchen und Informationen dienen dazu, Einflussnahmen offen zu legen und BürgerInnen zu helfen, sie zu erkennen und ihren eigenen Positionen Gehör zu verschaffen." (Lobby Control 2007)

Hier finden sich also durchaus Ansätze, die für die Arbeit der Initiative Nachrichtenaufklärung relevant sind, nämlich das Aufdecken von Strukturen der klassischen Massenmedien. So wie im Blog-Eintrag vom April 2006, in dem die Autoren über eine Studie berichten, welche die Medienberichterstattung über die Arbeitgeber-Initiative „Neue Soziale Marktwirtschaft" (INSM) untersucht und dabei festgestellt hat, dass die Medien zu unkritisch und nicht transparent über die INSM berichten. Nach Ansicht der Autoren von „Lobby Control" wurde in der Berichterstattung über die INSM nicht klar herausgestellt, dass diese von Arbeitgeberverbänden finanziert wird und seit Jahren Lobbyarbeit für diese betreibt.

Auch Fabian Mohr hat in einem Eintrag vom 31. Dezember 2006 auf onlinejournalismus.de die Medienberichterstattung einiger Online-Angebote über die INSM kritisiert. Es geht dabei um den auf der Webseite der INSM veröffentlichten „Merkel-Rechner", der Mehrbelastungen durch sich ändernde Steuer- und Abgabenbelastungen ausweisen soll. Der Autor kritisiert hierbei, dass Informationen über diesen „Merkel-Rechner" von den Online-Angeboten des Südwestrundfunks, des „Merkur Online", der „Magdeburger Volksstimme", der „Augsburger Allgemeinen", der „Hessisch-Niedersächsischen Allgemeinen", „Bild Online" oder aber auch der „PC-Welt" unkritisch übernommen wurden, während weiterführende Informationen über die INSM unterblieben. Lediglich „Heise online" habe in einem Artikel erwähnt, dass die INSM eine Arbeitgeber-Lobby darstellt.

Weitere Beispiele für Blogs, die ebenfalls die Print-, TV- oder Online-Berichterstattung verfolgen und kommentieren, sind medienrauschen.de, spindoktor.de, netzpolitik.org, netzausfall.de sowie netzjournalist.twoday.net.

Diese Blogs stellen allerdings vielmehr Teilöffentlichkeiten im Internet als Gegenöffentlichkeiten zum klassischen Journalismus dar, da sie ganz ohne den

Input der Massenmedien nicht auskommen. Die Blogs bauen auf den journalistischen Berichten auf und geben ihren Lesern eine andere Sicht auf das Geschehen. Sie bilden aber in den wenigsten Fällen eine Gegenbewegung zu den Medien.

Ein anderes Phänomen zeigt sich an Blogs, die aus Ländern berichten, die aufgrund eingeschränkter Presse- und Meinungsfreiheit eine konkrete Gegenposition zu den häufig kontrollierten und zensierten Medien einnehmen. Diese sind dann oft die einzige unabhängige Informationsquelle für die Bevölkerung. Aber auch Blogs haben mit einer Zensur zu kämpfen. Politisch orientierte Blogs sind beispielsweise „Healing Iraq", das über die Ereignisse im Irak berichtet, „Radio Free Nepal", das die Wiederherstellung der Demokratie in Nepal einfordert, oder aber „Students for a free Tibet", das sich für die Autonomie Tibets einsetzt.

Weiterhin existieren Blogs, die Inhalte thematisieren, welche der klassische Journalismus nicht oder kaum bedient. Lokale Blogs wie die „Thüringer Blogzentrale" beispielsweise, die Informationen rund um das Bundesland Thüringen veröffentlicht, richten sich an regional interessierte Leser und bieten nach eigener Aussage eine „konzentrierte Alternative zu herkömmlichen Medien – ohne die fruchtbare Zusammenarbeit mit ihnen von vornherein auszuschließen".

Die Tendenz, in Blogs Themen aufzugreifen, die die traditionellen Massenmedien nicht erreichen, ist deutlich sichtbar. Damit gehören die Blogs – in bestimmten Grenzen – zu einem wichtigen Bereich der kritischen Öffentlichkeit. Für die Initiative Nachrichtenaufklärung stellt sich daher die Frage, inwieweit Blogger zum Einreichen von Themenvorschlägen aufgefordert werden sollten. Das kritische Potenzial der Blogosphäre einzubeziehen, könnte der Initiative Vorschläge genau solcher Themen einbringen, die wirklich massiv vernachlässigt sind.

## 5. Zusammenfassung und Ausblick

Gegenwärtig ist die Zahl der Beispiele für einen Einfluss der Weblog-Diskussionen auf die massenmediale Agenda zwar (noch) relativ gering. Zu unterschätzen sind die Auswirkungen jedoch nicht, wie insbesondere das Kryptonite-Beispiel zeigt. Die Leistungsfähigkeit der Blogs wird daran deutlich, dass Themen in der Blogosphäre länger diskutiert werden, keinen Nachrichtenfaktoren ausgesetzt sind und über die Archive der Blogs länger abrufbar bleiben.

Obwohl Weblogs nicht den Qualitätsstandards des traditionellen Journalismus entsprechen, schaffen sie für viele Themenpaletten eine neue Chance auf Öffentlichkeit und können dabei sowohl insistierenden als auch kontrollierenden Charakter ausüben. Aus dieser Sichtweise erscheint es gerade für die Frage nach den medial unterdrückten Themen von hoher Relevanz, der Blogosphäre mehr Aufmerksamkeit zu widmen und sie besonders in die Phase der Vorschläge für unterdrückte Themen aktiv mit einzubeziehen.

## Literatur

Bauhoff, Julia (2004): What's new? In: Onlinejournalismus.de vom 21. Juli 2004. Online unter http://goa2003.onlinejournalismus.de/forschung/history.php (zuletzt abgerufen am 1.3.2007)

Blood, Rebecca (2000): Weblogs: A History and Perspective. In: Rebecca's Pocket vom 7. September 2000. Online unter http://www.rebeccablood.net/essays/weblog_history.html (zuletzt abgerufen am 1.3.2007)

Blood, Rebecca (2002): The Weblog Handbook: Practical advice on creating and maintaining your blog. Cambridge (MA): Perseus Publishing

Bucher, Hans-Jürgen (2005): Macht das Internet uns zu Weltbürgern? Globale Online-Diskurse: Strukturwandel der Öffentlichkeit in der Netzwerk-Kommunikation. In: Fraas, Claudia/Klemm, Michael (Hrsg.): Mediendiskurse. Bestandsaufnahme und Perspektiven. Frankfurt am Main etc.: Peter Lang. 187-218

Cohen, Bernard (1963): The Press and Foreign Policy. Princeton: Princeton University Press

Eck, Klaus/Pleil, Thomas (2005): Public Relations beginnen im vormedialen Raum. Weblogs als neue Herausforderung für das Issues Management. In: Picot, Arnold/Fischer, Tim (Hrsg.): Weblogs professionell. Grundlagen, Konzepte und Praxis im unternehmerischen Umfeld. Hannover: Dpunkt Verlag. 77-94

Efimova, Lilia/de Moor, Aldo (2005): Beyond personal webpublishing: An exploratory study of conversational blogging practices. In: Proceedings of the 38th Hawaii International Conference on System Sciences. Online unter http://csdl2.computer.org/comp/proceedings/hicss/2005/2268/04/22680107a.pdf (zuletzt abgerufen am 1.3.2007)

Eigner, Christian (2003): Wenn Medien zu oszillieren beginnen: (Dann macht es) BLOG! In: Eigner, Christian/Leitner, Helmut/Nausner, Peter/Schneider, Ursula (Hrsg.): Online-Communities, Weblogs und die soziale Rückeroberung des Netzes. Graz: Nausner & Nausner. 115-125

Eisenegger, Mark (2005): Blogomanie und Blogophobie – Zur Überschätzung des Internets als Quelle organisationaler Umfeldgefährdung. (Vortrag auf der DGPuK-Fachgruppentagung „WWWdotORG" am 7.10.2005 in Bonn)

Freiburg, Friederike/Haas, Daniel (2005): „Du bist Deutschland". Echo aus der Nazi-Zeit. In: Spiegel Online vom 24. November 2005

Gillmor, Dan (2004): We the Media: Grassroot journalism by the people, for the people. Sebastopol: O'Reilly

Google (2007): Warum man Google benutzen sollte. Online unter http://www.google.de/why_use.html (zuletzt abgerufen am 1.3.2007)

Großhans, Ellen (2005): Pseudojournalismus. Interview mit Marcel Machill. In: Leipziger Volkszeitung vom 22. September 2005

Haeusler, Johnny (2005): One more time: Du bist Deutschland. In: Spreeblick.com vom 22. November 2005. Online unter http://www.spreeblick.com/2005/11/22/one-more-time-du-bist-deutschland/ (zuletzt abgerufen am 1.3.2007)

Halavais, Alexander (2002): Blogs and the „Social Weather". Vortrag auf der Konferenz „Internet Research 3.0" in Maastricht, 13.-16.10.2002. Online unter http://hochan.net/doc/Blogs_and_the_Social_Weather.pdf (zuletzt abgerufen am 1.3.2007)

Hasse, Raimund/Wehner, Josef (1997): Vernetzte Kommunikation. Zum Wandel strukturierter Öffentlichkeit. In: Becker, Barbara/Paetau, Michael (Hrsg.): Virtualisierung des Sozialen. Die

Informationsgesellschaft zwischen Fragmentierung und Globalisierung. Frankfurt am Main: Campus Verlag. 53-80

Hewitt, Hugh (2005): Blog: Understanding the information reformation that's changing your world. Nashville: Nelson Books

Kirkpatrick, David (2005): Why there's no escaping the blog. In: Fortune Magazine 151, Heft 1/2005. Auch online unter http://money.cnn.com/magazines/fortune/fortune_archive/ 2005/01/10/8230982/index.htm (zuletzt abgerufen am 1.3.2007)

Krippendorff, Klaus (1993): Schritte zu einer konstruktivistischen Erkenntnistheorie der Massenkommunikation. In: Bentele, Günter/Rühl, Manfred (Hrsg.): Theorien öffentlicher Kommunikation. München: Ölschläger Verlag. 19-51

Leisinger, Klaus M. (2003): Whistleblowing und Corporate Reputation Management. München: Hampp

Lobby Control (2007): Wir über uns. Online unter http://www.lobbycontrol.de/blog/index.php/ initiative/ (zuletzt abgerufen am 1.3.2007)

Lohmöller, Bö (2005): Blogs sind? Blogs sind! In: Schetsche, Michael/Lehmann, Kai (Hrsg.): Die Google-Gesellschaft. Vom digitalen Wandel des Wissens. Bielefeld: Transcript. 221-228

Lumma, Nico (2005): Linkzählerei. In: Lummaland vom 14. Juli 2005. Online unter http://lumma.de/eintrag.php?id=1880 (zuletzt abgerufen am 1.3.2007)

Machill, Marcel/Neuberger, Christoph/Schweiger, Wolfgang/Wirth, Werner (2003): Wegweiser im Netz: Qualität und Nutzung von Suchmaschinen. In: Machill, Marcel/Welp, Carsten (Hrsg.): Wegweiser im Netz. Gütersloh: Verlag Bertelsmann Stiftung. 13-490

Maresch, Rudolf (1997): Öffentlichkeiten im Netz. Phantasma schreibt sich fort. In: Münker, Stefan/Roesler, Alexander (Hrsg.): Mythos Internet. Frankfurt am Main: Suhrkamp. 193-212

Maisberger Whiteoaks (2005): Internetauftritte von Unternehmen bekommen schlechte Noten. Pressemitteilung vom 27. Juni 2005. Online unter http://www.maisberger.com/media/images/ download/050627Rechercheverhalten_JR.doc (zuletzt abgerufen am 1.3.2007)

Marlow, Cameron (2004): Audience, structure and authority in the weblog community. Vortrag auf der ICA-Conference im Mai 2004 in New Orleans. Online unter http://alumni.media.mit.edu/~cameron/cv/pubs/04-01.pdf (zuletzt abgerufen am 1.3.2007)

Möller, Erik (2006): Die heimliche Medienrevolution. Wie Weblogs, Wikis und freie Software die Welt verändern. 2. Auflage. Hannover: Heise

Neuberger, Christoph (2003): Google, Blogs & Newsbots. Mediatoren der Internetöffentlichkeit. Vortrag auf dem Kongress „Strukturwandel der Öffentlichkeit 2.0" am 1. und 2. Dezember 2003 in Berlin. Online unter http://www.bpb.de/files/AJGN9T.pdf (zuletzt abgerufen am 1.3.2007)

Neuberger, Christoph (2005a): Das Ende des „Gatekeeper"-Zeitalters. In: Schetsche, Michael/Lehmann, Kai (Hrsg.): Die Google-Gesellschaft. Vom digitalen Wandel des Wissens. Bielefeld: Transcript. 205-212

Neuberger, Christoph (2005b): Formate der aktuellen Internetöffentlichkeit. Über das Verhältnis von Weblogs, Peer-to-Peer-Angeboten und Portalen zum Journalismus – Ergebnisse einer explorativen Anbieterbefragung. In: Medien & Kommunikationswissenschaft 53. 2005. 73-92.

Perschke, Rasco/Lübcke, Maren (2005): Zukunft Weblog?! Lesen, Schreiben und die Materialität der Kommunikation. In: Schmidt, Jan/Schönberger, Klaus/Stegbauer, Christian (Hrsg.): Erkundungen des Bloggens. Sozialwissenschaftliche Ansätze und Perspektiven der Weblogforschung. Sonderausgabe von kommunikation@gesellschaft. Online unter http://www.soz.unifrankfurt.de/K.G./B7_2005_Perschke_Luebcke.pdf (zuletzt abgerufen am 1.3.2007)

Picot, Arnold/Fischer, Tim (2005): Einführung – Veränderte mediale Realitäten und der Einsatz von Weblogs im unternehmerischen Umfeld. In: Picot, Arnold/Fischer, Tim (Hrsg.): Weblogs professionell. Grundlagen, Konzepte und Praxis im unternehmerischen Umfeld. Hannover: Dpunkt Verlag. 3-12

Pleil, Thomas (2004): Meinung machen im Internet? Personal Web Publishing und Online-PR. Online unter http://www.pr-guide.de/index.php?id=192&tx_ttnews[tt_news]=304&tx_ttnews [author_id]=58&tx_ttnews[backPid]=218&cHash=a662c1177e (zuletzt abgerufen am 1.3.2007)

PR-COM (2002): Globale Umfrage belegt: Das Web verbessert die Qualität der journalistischen Berichterstattung. Pressemitteilung vom 29. April 2002. Online unter http://www.portalderwirtschaft.de/pm/?w=det&ID=4579 (zuletzt abgerufen am 1.3.2007)

Röll, Martin (2005): Am Anfang war das Wort. Weblogs, Google & Geschäftsbeziehungen. In: Schetsche, Michael/Lehmann, Kai (Hrsg.): Die Google-Gesellschaft. Vom digitalen Wandel des Wissens. Bielefeld: Transcript. 89-93

Rössler, Patrick (1997): Die Definitionsmacht für Themen des politischen Diskurses in einer veränderten Kommunikationswelt. In: Schatz, Heribert/Jarren, Otfried/Knaup, Bettina (Hrsg.): Machtkonzentration in der Multimediagesellschaft. Opladen: Westdeutscher Verlag. 78-97

Röttger, Ulrike (2001): Issues Management – Mode, Mythos oder Managementfunktion? Begriffsklärungen und Forschungsfragen – eine Einleitung. In: Röttger, Ulrike (Hrsg.): Issues Management. Theoretische Konzepte und Praktische Umsetzung. Eine Bestandsaufnahme. Wiesbaden: Westdeutscher Verlag. 11-40

Röttger, Ulrike/Zielmann, Sarah (2005): Weblogs – unentbehrlich oder überschätzt für das Kommunikationsmanagement von Organisationen? In: Picot, Arnold/Fischer, Tim (Hrsg.): Weblogs professionell. Grundlagen, Konzepte und Praxis im unternehmerischen Umfeld. Hannover: Dpunkt Verlag. 31-50

Rogg, Arne (2003): Demokratie und Internet. Der Einfluss von computervermittelter Kommunikation auf Macht, Repräsentation, Legitimation und Öffentlichkeit. Opladen: Leske+Budrich

Scheule, Rupert M./Capurro, Rafael/Hausmanninger, Thomas (Hrsg.) (2004): Vernetzt gespalten. Der Digital Divide in ethischer Perspektive. München: Fink

Schmidt, Jan (2006): Weblogs. Eine kommunikationssoziologische Studie. Konstanz: UVK

Schmidt, Jan/Schönberger, Klaus/Stegbauer, Christian (2005): Erkundungen von Weblog-Nutzungen. Anmerkungen zum Stand der Forschung. In: Schmidt, Jan/Schönberger, Klaus/Stegbauer, Christian (Hrsg.): Erkundungen des Bloggens. Sozialwissenschaftliche Ansätze und Perspektiven der Weblogforschung. Sonderausgabe von kommunikation@gesellschaft. Online unter http://www.soz.unifrankfurt.de/K.G./ B4_2005_Schmidt_Schoenberger_Stegbauer.pdf (zuletzt abgerufen am 1.3.2007)

Schmidt, Jan/Wilbers, Martin (2006): Wie ich blogge?! Erste Ergebnisse der Weblogbefragung 2005. Berichte der Forschungsstelle „Neue Kommunikationsmedien", Nr. 06-01. Online unter http://www.fonk-bamberg.de/pdf/fonkbericht0601.pdf (zuletzt abgerufen am 1.3.2007)

Schönberger, Klaus (2005): Persistente und rekombinative Handlungs- und Kommunikationsmuster in der Weblog-Nutzung. Mediennutzung und soziokultureller Wandel. In: Schütz, Astrid/Habscheid, Stephan/Holly, Werner/Krems, Josef/Voß, G. Günter (Hrsg.): Neue Medien im Alltag: Befunde aus den Bereichen Arbeit, Lernen und Freizeit. Lengerich: Pabst Science Publishers. 276-294

Schwarzmann, Igor (2005): Pseudojournalisten aller Länder vereinigt Euch. In: Medienrauschen vom 22. September 2005. Online unter http://www.medienrauschen.de/archiv/2005/09/22/ pseudojournalisten-aller-lander-vereinigt-euch/ (zuletzt abgerufen am 1.3.2007)

Sifry, David (2006): State of the Blogosphere, April 2006 Part 1: On Blogosphere Growth. In: Sifry's Alerts vom 17. April 2006. Online unter http://www.sifry.com/alerts/archives/ 000432.html (zuletzt abgerufen am 1.3.2007)

Spiegel Online (2005): Blogger aus London. „Ich zittere jetzt, es ist schwer zu tippen". In: Spiegel Online vom 7. Juli 2005

Sullivan, Andrew (2002): The Blogging Revolution. In: Wired Magazine 10. Heft 5/2002. Online unter http://www.wired.com/wired/archive/10.05/mustread.html?pg=2 (zuletzt abgerufen am 1.3.2007)

Telegraph Online (2005): German pride slogan shamed by its Nazi past. In: Telegraph Online vom 26. November 2005. Online unter http://www.telegraph.co.uk/news/main.jhtml?xml=/news/2005/11/26/wnazi26.xml&sSheet=/news/2005/11/26/ixworld.html (zuletzt abgerufen am 1.3.2007)

Wolff, Peter (2006): Die Macht der Blogs. Frechen: Datakontext

Zerfaß, Ansgar/Boelter, Dietrich (2005): Die neuen Meinungsmacher. Weblogs als Herausforderung für Kampagnen, Marketing, PR und Medien. Graz: Nausner & Nausner

*Zitierte Weblogs*

Bildblog: http://www.bildblog.de
Die Dezentrale: http://dezentrale.blogg.de/
Blogs der Frankfurter Rundschau: http://www.fr-online.de/frblogs/
Healing Iraq: http://www.healingiraq.com/
Indiskretion Ehrensache: http://blog.handelsblatt.de/indiskretion/
Jura-Blogs: http://www.jurablogs.com/
Law Blog: http://www.lawblog.de/
Lobby Control: http://www.lobbycontrol.de/blog
Londonleben: http://www.londonleben.co.uk/
Medienrauschen: http://www.medienrauschen.de/
Metroblogging New Orleans: http://neworleans.metblogs.com/
Netzausfall: http://www.netzausfall.de/
Netzjournalist: http://netzjournalist.twoday.net/
Netzpolitik: http://netzpolitik.org/
Onlinejournalismus: http://www.onlinejournalismus.de/
Radio Free Nepal: http://freenepal.blogspot.com/
Reporterwelt: http://www.weltreporter.net/blog/
Schwarzbuch Lidl: http://www.verdi-blog.de/lidl
Spindoktor: http://www.spindoktor.de/
Spreeblick: http://www.spreeblick.com/
Students for a free Tibet: http://blog.studentsforafreetibet.org/
Thüringer Blogzentrale: http://www.thueringerblogzentrale.de/
Tsunami Survivor: http://phukettsunami.blogspot.com/
Werbeblogger: http://www.werbeblogger.de/
Where is Raed?: http://dear_raed.blogspot.com/
Zeit-Blogs: http://www.zeit.de/blogs/

# Investigativer Journalismus: Handwerk oder „Hohe Kunst"?

*Johannes Ludwig*

Wer in der Welt der Schönen Künste die Herzen und Sinne anderer verzaubern will, dem wird dies nur gelingen, wenn er kreative Begabung und technisches Können kunstvoll kombinieren kann. Der schöpferische Esprit ist dabei meist das Wichtigste, und weil künstlerische Genialität und Außenseitertum meist dicht beieinander liegen, leben Künstler oft in einer „anderen Welt".

Journalisten, die recherchieren und darüber schreiben, sind bodenständiger, weil sie es müssen: Ihre Welt, die sie anderen rational und kognitiv vermitteln wollen, ist die reale – nicht die fiktive, die sich vorrangig über ästhetische Gestaltungselemente konstruiert. Journalisten beschreiben und rekonstruieren vor allem die Realität, wie sie existiert bzw. wie sie wahrgenommen wird. (Ver-)Zauberei oder Ähnliches spielt dabei keine Rolle.

Schreibende Beobachter, die andere nicht aus der real existierenden Wirklichkeit in künstlerische Welten „entführen", sondern ihren Job im Heranführen an nackte Tatsachen sehen und andere damit „fesseln" wollen, sind daher nicht so sehr (musische) Künstler, sondern vorrangig (nüchterne) Realitäts-Rekonstrukteure, auch Rechercheure genannt. Das dazu relevante Know-how besteht demnach in Fertigkeiten, die sich ganz pragmatisch an ebendieser Aufgabe orientieren:

- in einem (journalistisch) wachsamen Blick,
- im kritischen Denken sowie
- im kompetenten Erklären.

Aus diesem Grund ist Recherchieren auch keine „Hohe Kunst", für die man „begnadet" sein muss, sondern Handwerk. Und Handwerk ist erlernbar.

Allerdings setzt dieses Handwerk erhöhte Ansprüche voraus: Recherchieren kann im einfachsten Fall Nachfragen hinsichtlich einer korrekten Übermittlung oder Vervollständigen von erhaltenen Nachrichten sein. Im aufwändigsten Fall jedoch muss man relevante Informationen anderen aus der Nase ziehen. Denn dies ist der elementare Kern jedweden Erklärungskonzepts von „investigativem" Journalismus: dass es öffentlichkeitsrelevante Informationen gibt, die andere –

aus welchen Gründen auch immer – nicht preisgeben (wollen). Entsprechend schwierig ist es für Realitäts-Rekonstrukteure, solche zurückgehaltenen oder privat(isiert)en Informationen – bzw. ganz allgemein: „unterschlagenen Wirklichkeiten", wie es der Soziologe Roland Roth (1994: 73) nennt – ans Tageslicht zu befördern, um sie zur öffentlichen Diskussion zu stellen. Investigativer Journalismus bedeutet daher vor allem Recherchieren unter erschwerten Bedingungen.

Aber auch das Thematisieren – sprich: Veröffentlichen – der so rekonstruierten Realitäten stößt schneller als bei der sonstigen journalistischen Berichterstattung an Barrieren: Das öffentliche Interesse an bzw. das öffentliche Recht auf Information gerät schnell in Konkurrenz zu individuellen Persönlichkeitsrechten, etwa dem Recht auf informationelle Selbstbestimmung oder dem des eigenen Bildes, oder konfligiert mit anderen privat(isiert)en Informationen, beispielsweise (selbst deklarierten) Geschäfts- oder Dienstgeheimnissen. Hier geht es journalistisch – und nicht nur juristisch bzw. presserechtlich – um das Abwägen zwischen diesen privaten und öffentlichen Ansprüchen.

Der vorliegende Beitrag konzentriert sich auf die Arbeitsstufe des Recherchierens aus dem gesamten Workflow des investigativen Journalismus. Die typischen handwerklichen Arbeitsschritte seien später an einem der bekanntesten und von der Wirkung her größten Fallbeispiele demonstriert, der so genannten Watergate-Affäre. „Watergate" kann als *das* exemplarische Lehrstück gelten, um die Bedeutung des Handwerks in diesem journalistischen Metier herauszuschälen: Nicht zwei ausgefuchste Sensations- oder Starreporter hatten diese Affäre ins Rollen gebracht, sondern zwei (ganz normale) Lokalreporter.

## 1. „Investigativer Journalismus": eine journalistische Artenbestimmung

Formen journalistischer Berichterstattung können zwischen zwei Extremen liegen: auf der einen Seite Verlautbarungsjournalismus („Hofberichterstattung"), am anderen Ende der Skala die Offenlegung von „unterschlagenen Wirklichkeiten". Dazwischen liegen die unzähligen Arten publizistischer Informations- und Nachrichtenverarbeitung, die unser Mediensystem prägen.

Mit den jeweiligen journalistischen Konzepten geht parallel die Art der Informationsgewinnung bzw. deren öffentliche Präsentation einher. Verlautbarungsjournalismus übernimmt (ungeprüft) vorgegebene Informationen oder Meinungsbilder. Das Thematisieren von öffentlich nicht wahrgenommenen Realitäten („unterschlagene Wirklichkeiten") setzt das Enthüllen bisher verborgener Fakten voraus. Während die erste Form publizistischer Berichterstattung vergleichsweise wenig an eigenem Arbeitsaufwand beschert, gehört das Recher-

chieren von verborgen gehaltenen Fakten zu den schwierigsten und deshalb aufwändigsten Recherchier- und Berichterstattungsarten, weil hier teilweise mehrere (oder viele) Barrieren überwunden werden müssen.
Diese Barrieren hängen zum größten Teil mit der Motivation bzw. den Interessen der Informations-„Besitzer" zusammen: Während die so genannte Hofberichterstattung ganz im Sinne jener ist, die von der Weitergabe und Veröffentlichung profitieren (und die deshalb den publizistischen Verarbeitern den Zugang zu den Informationen möglichst einfach machen), verhält es sich im anderen Fall genau umgekehrt: Die Besitzer und/oder Hüter der Informationen profitieren davon nicht bzw. müssen bei Bekanntgabe eher mit Nachteilen denn Vorteilen rechnen und haben deswegen kein Interesse an einer (freiwilligen) Informationsgewährung. Im ersten Fall ist Veröffentlichung daher „erwünscht", im gegensätzlichen Fall sind Recherche und Publikation „unerwünscht".

| Verlautbarungsjournalismus | Thematisierung von nicht wahrgenommenen Realitäten |
|---|---|
| „Hofberichterstattung" | Enthüllung bisher verborgener Fakten |
| Erwünscht seitens der Berichterstattungsobjekte | Unerwünscht seitens der Rechercheobjekte |

*Abb. 1:* Arten journalistischer Berichterstattung: zwei gegensätzliche Konzepte

Die gängigen Formen journalistischer Berichterstattung lassen sich daher auch hinsichtlich des Rerchercheaufwands und/oder der Zugänglichkeit zu Informationen bzw. den genutzten Quellen unterscheiden. Während die Unterrichtung aus „allgemein zugänglichen Quellen" laut bundesdeutschem Grundgesetz jedermann gestattet ist, haben Medienvertreter Behörden und behördengleichen Institutionen gegenüber einen weitergehenden Auskunftsanspruch. Noch weitergehende allgemeine Informationsfreiheitsgesetze gibt es seit 2006 immerhin in acht Bundesländern und auf Bundesebene. Was sonst an Auskunftsregelungen existiert (z. B. das Umweltinformationsgesetz – UIG), verdanken wir EU-Vorgaben und nicht der typisch deutschen Geheimniskrämerei, die sich in der wenig demokratischen Bürokratiementalität festgesetzt hat.[1]
Die nachfolgende Abbildung skizziert mögliche Informationsbeschaffungsarten, sofern es um gezielte Informationsgewinnung wie im Fall von Recher-

---

1 Zum aktuellen Stand von Informationsfreiheitsgesetzregelungen in Deutschland vgl. http://www.recherchieren.org, dort unter Kapitel 4.3.

cheberichterstattung geht (und es sich nicht um die mehr zufallsgesteuerte Reportagenberichterstattung handelt): Eine Berichterstattung bzw. Nutzung von Informationen kann aus ausschließlich „allgemein zugänglichen Quellen" erfolgen, sie kann sich aber auch auf eine Nutzung von nicht nur allgemein zugänglichen Quellen stützen, und sie kann Quellen anzapfen, die sich nicht ohne weiteres, sprich nur mit Aufwand, erschließen lassen. Eine weitere Steigerung an Aufwands- bzw. Schwierigkeitsgraden liegt in der Nutzung von (eigentlich) gesperrten oder gar völlig geheim gehaltenen Quellen. Hier sind denn auch die Barrieren, die es zu überwinden gilt, am höchsten.

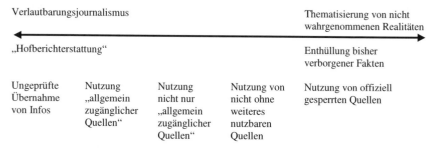

*Abb. 2:* Arten journalistischer Berichterstattung: unterschiedliche Quellennutzung

Parallel zu dieser Klassifizierung variiert auch das Veröffentlichungsinteresse der Informationsbesitzer bzw. -hüter – und analog dazu lässt sich der (Un-)Erwünschtheitsgrad solcher Recherchen und Veröffentlichungen einschätzen. In welchem Schwierigkeitssegment sich der überwiegende Anteil der täglichen allgemeinen medialen Berichterstattung abspielt, kann jeder selbst abschätzen.

„Investigativer" Journalismus bedeutet, wenn man den aus dem Angelsächsischen stammenden Begriff „investigate" („investigation") zu Grunde legt: „ermitteln", „untersuchen", „nachforschen". In jedem Fall ist die aktive Suche nach Informationen gemeint, die nicht vor jeder kleinen Hürde halt macht, sondern sich auf ein ganz bestimmtes Erkenntnisinteresse stützt: Die Untersuchung ist zu Ende, wenn der gesuchte Erkenntniszusammenhang ermittelt ist. In diesem Sinn bedeutet investigatives Recherchieren auch, Hürden und Barrieren bewusst in Kauf zu nehmen, um sie – deshalb und soweit dies möglich ist – zu überwinden. „Aufdeckungs-" bzw. „Enthüllungsjournalismus" sind synonyme deutschsprachige Begrifflichkeiten für Investigativjournalismus.

## 2. Barrieren

Barrieren der unterschiedlichsten Form sind daher das relevante Kriterium, wenn man die journalistische Recherche und Berichterstattung nach ihren Quellen, dem dabei entstehenden Aufwandsgrad und dem Veröffentlichungsinteresse der Objekte der Recherche und Berichterstattung katalogisiert. Die auftretenden Barrieren lassen sich in vier Kategorien einteilen.

Rechtliche Schranken, etwa diverse grundsätzliche Informationssperren oder „Geheimnisse", wie oben kurz angedeutet, bilden die erste Kategorie. Ebenfalls dazu zählen eingeschränkte rechtliche Handlungs- und Recherchemöglichkeiten – Journalisten sind keine Staatsanwälte oder Polizisten und repräsentieren nicht das staatliche Gewaltmonopol. Gleichwohl eröffnen sich ihnen andere Möglichkeiten, die wiederum den staatlichen Ermittlungsvertretern verschlossen sind – Kooperationen können daher eine für beide Seiten ergiebige Arbeitsteilung sein.

Eine zweite Dimension von Barrieren besteht in Maßnahmen der Gegenseite, also jener, die sich als Objekt der Recherche wähnen: Objekte einer Recherche bzw. Enthüllung können mit juristischen Schritten drohen, bewusst Nebelkerzen zwecks Irreführung auswerfen oder einfach nur eine Mauer des Schweigens errichten.

Eine dritte Kategorie kann in ökonomischen Restriktionen liegen: Recherchieren kostet Zeit und Aufwand – und ein Ergebnis ist nicht immer von vornherein absehbar. Nicht jeder Verleger, Intendant, Chefredakteur oder Verlagsmanager kalkuliert den kausalen Zusammenhang zwischen Kosten und Nutzen in der richtigen zeitlichen Reihenfolge: Vor der nutzungsmäßigen oder finanziellen Akzeptanz der Nutzer steht die Investition des Mediums. Die (wenigen) Medien, die in Recherche und kompetente Erklärungszusammenhänge investieren, sind hinreichender Beleg, dass sich nicht nur oberflächliche und massenmediale Berichterstattung auszahlt, sondern auch Qualität ausreichend große Märkte mobilisieren kann. Dass Objekte einer Recherche oft über erheblich größere finanzielle Ressourcen oder sonstige Machtpotenziale verfügen, um die journalistische Arbeit wirtschaftlich zu torpedieren oder gänzlich auszuhebeln, fällt (leider) ebenfalls in diese Sparte.

Eine letzte Barriereebene ist im Zweifel hausgemacht: Eine eingeschränkte Wahrnehmung, ein durch Routine und/oder Stress getrübter Blick kann die Sicht auf einfache Zusammenhänge verstellen. Die Redewendung „man sieht vor lauter Wald die Bäume nicht" (oder auch umgekehrt) ist ein beredtes Fallbeispiel für das, was Psychologen, aber auch Kommunikations- und Medienforscher als „selektive Wahrnehmung" oder individuelle „Wirklichkeitskonstruktion" bezeichnen.

Egal, um welche Art(en) von Barrieren es sich im Einzelfall handelt, kann die bisherige Deutung der journalistischen Berichterstattung als gegensätzliches publizistisches Konzept (Verlautbarungsjournalismus versus Aufdeckung von unterschlagenen Wirklichkeiten) in der folgenden Abbildung erweitert werden: Barrieren sind mal größer oder kleiner und beginnen mal früher oder später. In der hiesigen Darstellung liegen sie naturgemäß mehr in jenem Feld, das am äußersten Ende der Skala die Enthüllung bisher verborgener Fakten andeutet.

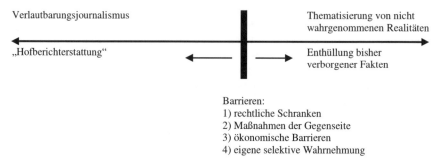

*Abb. 3:* Arten journalistischer Berichterstattung: unterschiedliche Barrieren

## 3. Die Watergate-Affäre

Die Watergate-Affäre begann mit einem Einbruch und endete – vordergründig – mit dem Rücktritt des US-Präsidenten Richard Nixon im August 1974, der damit einem bereits laufenden Amtsenthebungsverfahren (Impeachment) zuvor kam, das im Repräsentantenhaus u. a. auch seine eigene Regierungsfraktion eingeleitet hatte. Doch nicht jeder Einbruch wird entdeckt und schon gar nicht jeder aufgeklärt. Dass der Name eines größeren und vornehmeren Wohn- und Hotelkomplexes in Washington namens „Watergate" heute für eine ganze Reihe politischer Schweinereien steht, ist vor allem dem Handwerk zweier Lokalreporter der „Washington Post" zu verdanken, die sich – ganz typisch für „hungrige" (sprich: neugierige) Journalisten – zunächst nur über einige Merkwürdigkeiten und Widersprüche Gedanken machten.

Heute wissen wir, dass Watergate stellvertretend für die Obstruktionspolitik eines Präsidenten und seines Außenministers (Henry Kissinger) stand, die vor dem Hintergrund des nicht wirklich enden wollenden US-Engagements im Vietnamkrieg und der angesichts von inzwischen 58.000 toten GIs dahinschwindenden Akzeptanz der amerikanischen Bevölkerung den absehbaren Wahlkampf bzw. die Wiederwahl gewinnen wollten. Dabei waren den Machern alle Mittel recht – z. B. die illegale Geldwäsche zur Finanzierung nicht nur des Wahlkampfes, sondern vor allem der anderen illegalen Aktionen. Die fraglichen Aktionen wiederum bestanden nicht nur in dem letztlich missglückten Einbruch in das Hauptquartier der Konkurrenz, der Demokratischen Partei, sondern auch im lange vorausgegangenen illegalen Abhören von Telefonen der politischen Gegner und vor allem von missliebigen Journalisten. Den Whistleblower Daniel Ellsberg beispielsweise, der 1971 die so genannten Pentagon-Papiere an die Öffentlichkeit gebracht hatte, ließ man nicht nur bespitzeln, sondern man brach auch in die Praxis seines Psychotherapeuten ein, um mittels Informationen aus seiner Krankenakte eine gezieltere Diffamierungs- und Rufmordkampagne führen zu können. Um den Gegenkandidaten um das Präsidentenamt zu bringen, waren auch gefälschte und an die Öffentlichkeit lancierte Briefe nicht zu schade. Strategien und Taktiken zur Aufmischung gegnerischer Wahlkampfveranstaltungen gehörten ohnehin zum Standardrepertoire einer kleinen Truppe so genannter Klempner, die eingesetzt wurde, um Lecks im eigenen Apparat zu stopfen, aus denen immer wieder (unerwünschte) Informationen (z. B. über Vietnam) in die Öffentlichkeit sickerten, die dem Ansehen und der Glaubwürdigkeit des Präsidenten nicht förderlich zu sein schienen. Dass der republikanische Präsident Nixon nicht nur andere, sondern sozusagen auch sich selbst, seine Gesprächspartner und seine eigenen Mitarbeiter im Weißen Haus abhören und deren Gespräche aufzeichnen ließ, entpuppte sich schließlich als die Spitze des Eisberges, der die Affäre dann mit voller Wucht zu Ende brachte.

Am Ende hatte der amtierende Präsident, der noch zwei Jahre zuvor mit über 60 Prozent der Stimmen wiedergewählt wurde, demissioniert und wurde sofort von seinem Amtsnachfolger (Gerald Ford) amnestiert. Fast alle anderen (höheren) Mitarbeiter seines Regierungs- und Administrationsapparates – rund 25 Personen – wurden vor Gericht gestellt. Die meisten – inklusive des Ex-Justizministers (John N. Mitchell) – mussten ins Gefängnis, nur wenige kamen mir einer Geldstrafe davon. Die sanktionierten Straftatbestände: „Betrug" sowie „Behinderung der Justiz".[2]

---

2  Eine Chronologie der Affäre, eine aktualisierte Literatur- und Quellenübersicht sowie eine grafische Darstellung der angeklagten Mitarbeiter in Form eines Organigramms, die seinerzeit „Der Spiegel" publiziert hatte, finden sich unter http://www.recherchieren.org, dort unter Kapitel 1.1.

## 4. Die Recherchen – das Handwerk

*4.1 Merkwürdigkeiten und Widersprüche*

Im Lokalteil einer Zeitung gehören nächtliche Einbrüche zur Tagesordnung, und so war auch der fragliche Vorgang, fünf gestellte Einbrecher im Bundesbüro der Demokratischen Partei, zunächst nichts Besonderes – bis auf den Umstand, dass die Herren wenige Stunden später, als sie vor dem Ermittlungsrichter standen, bereits einen eigenen Rechtsanwalt an ihrer Seite hatten, obwohl sie vorher nicht hatten telefonieren können. Zudem: Der Anwalt war ausgesprochen exklusiv, d. h. teuer gekleidet – zu teuer für die eher schäbig wirkenden Ganoven. Über diese Merkwürdigkeit wurde der Polizeireporter der „Washington Post" stutzig – er hörte genauer hin, als die Einbrecher dem Richter Namen und Beruf nennen mussten. Einige erläuterten erst auf mehrfache richterliche Nachfrage, was denn ihre Tätigkeit als „Sicherheitsberater" zu bedeuten habe: „CIA".

Über diesen Hinweis machten sich die Lokalreporter, Bob Woodward und Carl Bernstein, Gedanken, die schnell konkretere Gestalt annahmen, als sie von der Polizei die Ausrüstung der Einbrecher genannt bekamen: Wanzen, Fotoapparat sowie ein Notizbuch, in dem sich der Eintrag „E. Howard Hunt" und „W. House" befand. Ein Testanruf im Weißen Haus mit der Bitte um Durchstellung zu „Mr. Hunt" bestätigte eine erste – ebenfalls sonderbare – Ahnung: Es gab offensichtlich irgendeine Verbindung zwischen den Ganoven und dem unbekannten Mr. Hunt.

Während die Reporter das Vorleben von sechs inzwischen namentlich bekannten Männern recherchierten, was zum Standardhandwerk von Journalisten gehört, ergab sich zeitgleich ein anderer Widerspruch: Ohne danach von irgendjemandem gefragt worden zu sein und ohne dass bisher überhaupt jemand über den Einbruch gesprochen oder geschrieben hätte, erklärte der Ex-Justizminister John Mitchell, der inzwischen Wahlkampfmanager von Richard Nixon und in dieser Funktion der Vorsitzende des „Komitees zur Wiederwahl des Präsidenten" geworden war, dass einer der Verhafteten zwar früher mal als Sicherheitsberater für das Komitee gearbeitet habe, von diesem Einbruch aber nichts wisse, damit nichts zu tun habe und so etwas schon gar nicht billige. Mit anderen Worten: Es erklärt sich jemand für unschuldig, ohne überhaupt von irgendjemandem mit irgendeinem Vorwurf konfrontiert worden zu sein – ein ungewöhnliches Verhalten.

Den beiden Reportern gab das erneut zu denken. Vermutlich hätten bereits die ersten Merkwürdigkeiten ausgereicht, um hier einmal nachzufassen. Die offenkundige Flucht nach vorn machte die beiden Journalisten indes erst richtig neugierig. Mit den ersten Recherchen und der Schilderung mehrerer ungewöhnlicher Fakten entstanden die ersten Berichte – auf der Lokalseite der „Washington Post".

## 4.2 Neugier, Misstrauen, Respektlosigkeit

Journalistische Neugierde, auch als „hungrig sein" bezeichnet, ist eine essenzielle Grundeinstellung für alle weiteren handwerklichen Fertigkeiten: nachzusehen, nachzufragen, nachzurecherchieren, was es mit bestimmten Dingen, insbesondere Merkwürdigkeiten und Widersprüchen, aber auch vielem anderem, auf sich hat. Ohne diesen antrainierbaren Wissensdrang veröden weitere journalistische Qualifikationen, von denen noch die Rede sein wird: Misstrauen und ein gewisses Maß an Respektlosigkeit, Phantasie und Kreativität – und vor allem Ausdauer und Hartnäckigkeit bei der Recherche.

Die beiden Reporter waren angesichts der publizierbaren Fakten, Weißes Haus auf der einen, Einbrecher auf der anderen Seite, so elektrisiert, dass sie die Art dieser Verbindung ausmachen wollten. Blinde Ehrfurcht vor den höchsten politischen Instanzen, Ehrerbietung vor (hohen) Amts-, Funktions- und Würdenträgern machen jedoch jegliches Misstrauen unmöglich. Um Dingen auch in solchen Fällen auf den Grund gehen zu können, bedarf es eines nötigen Maßes an kritischer Skepsis und eines gesunden Grades an Respektlosigkeit. Die Zeitungsreporter befragten daher zunächst jeden, der ihnen nützlich und/oder behilflich zu sein schien, nahmen vorhandene Auskunftsrechte in Anspruch und landeten schließlich bei einem Staatsanwalt in Florida, der ihnen sichergestellte Unterlagen im Zusammenhang mit Geldwäschetransaktionen überließ: Kopien von Barschecks über hohe Summen, die auch die Herkunft eines der bei den Einbrechern konfiszierten Schecks belegten: Die Watergate-Eindringlinge wurden vom „Komitee zur Wiederwahl des Präsidenten" bezahlt. Konsequente und hartnäckige Anrufe bei einem der Scheckaussteller sowie beim Ex-Justizminister spätabends in dessen trautem Heim, der auf die vorgetragenen Fakten mit „Oh, Gott!" reagierte, bestätigten die Recherchefunde. Damit war der erste Zusammenhang belegt: Nixons früherer Justizminister, jetzt Wahlkampfchef, wusste um das Geldwäschesystem und um die Honorierung der Watergate-Einbrecher. Doch der ehemalige Justizminister ist nicht das Weiße Haus. Wo und wie also liefen die Verbindungslinien im Detail?

## 4.3 Einkreisen, Eindenken in die „Betriebssysteme" von Systemen

Um sich dem Inneren eines „Systems" annähern zu können, dessen Funktionsweise und dessen Spielregeln, muss man sich von außen – langsam und immer näher kommend – nach und nach herantasten. Die Funktionsweise und (programmierten) Abläufe eines Systems kann man auch als „Betriebssystem" bezeichnen. Je mehr und je schneller man sich in die spezifische Funktionslogik eines (Betriebs-)Systems eindenken kann, umso erfolgreicher wird man bei der Suche. Das schrittweise, aber dennoch systematische Herantasten, nennt man auch Einkreisen. Beide Recherchestrategien ergänzen und befruchten sich gegenseitig.

Die neugierigen Reporter probierten alles, was ging, um möglichst rasch Informationen und handfeste Fakten zu bekommen. Es erwies sich als ausgesprochen schwierig, denn die Gegenseite, d. h. das Objekt der Recherche, das zunächst nur Komitee hieß, baute ebenso rasch eine Mauer des Schweigens auf – Hinweise auf Dienst- und Treuepflichten in den Arbeitsverträgen erschwerten es jedem Komiteeangestellten, über seine Arbeit oder gar über Interna zu sprechen. Nur sehr wenige, die systematisch angesprochen wurden, sagten überhaupt etwas, und dies war dann auch noch sehr vage oder dünn. Doch durch die Vielzahl auch noch so dünner Informationen baute sich nach und nach ein gewisses Bild auf – wie das „Komitee" funktionierte (bzw. zu funktionieren schien), wer also wem welche Anweisungen geben konnte und wer letztlich für Anordnungen (z. B. Zahlungsanweisungen an Einbrecher) verantwortlich war. Mit nun etwas mehr gesicherten Informationen über das Betriebssystem des „Komitees" konnten die Reporter wiederum andere oder vorangegangene Informanten nochmals befragen: erstens gezielter und zweitens kritischer, weil man mit Vorkenntnissen besser beurteilen kann, ob man Placebos oder klare Antworten bzw. (weitere) Hinweise erhält.

Zum Eindenken in andere Systeme zählt auch das Eindenken in die psychische Verfassung von (potenziellen) Informanten. Wer mit der Tür ins Haus fällt, sieht sich oft gleich wieder draußen, und nur wem es gelingt, sensibel und einfühlsam auf potenzielle Informationsgeber zu reagieren, erfährt sicher nicht alles, aber erheblich mehr als im umgekehrten Fall. Dabei ist auch Phantasie und Kreativität gefragt.

## 4.4 Phantasie und Kreativität

Eine der wenigen Komiteeangestellten, die überhaupt etwas herausließ, war eine junge Frau, ziemlich verschüchtert, aber innerlich schockiert, was da innerhalb des Komitees ablief. Sie stand in einem Gewissenskonflikt. Namen von Verantwortlichen kamen ihr nicht über die Lippen. Aber sie ließ sich darauf ein, auf Anfangsbuchstaben zu reagieren, konkret mit einem kaum wahrnehmbaren Kopfnicken zu bestätigen oder zu verneinen. Durch inzwischen gewonnene Erkenntnisse über das System „Komitee" konnte der Reporter gezielt fragen: „Ist es ein H?" Oder: „Kommt M in Frage?"

In einem anderen Fall griff der Reporter zu einem anderen Hilfsmittel. Auch hier wollte der Informant keine Namen nennen. Andererseits hatte der Journalist aus seinen bisherigen Recherchen eine klare Vermutung gewonnen. Er benannte dem Hinweisgeber den vermuteten Namen, erläuterte dazu, dass er diesen Namen so publizieren wolle und fragte, ob er damit richtig liege – da er keine namentliche Bestätigung oder ein Ja oder Nein erwarten konnte, bot er seinem Gegenüber am Telefon folgendes Verfahren an, auf das sich der Informant einließ: Der Reporter würde „von 1 bis 10 zählen" und wenn der Name zutreffend sei, solle er einfach nicht auflegen. Sei der Name falsch, könne er ja auflegen. Der Informant hielt bis „10" durch, hatte also nichts gesagt, aber der Reporter hatte das, was er brauchte: eine Bestätigung. Brücken zu bauen zu jenen, von denen man etwas möchte, ist im Umgang mit potenziellen Informanten unverzichtbar.

Egal, ob es um kreative, d. h. erfolgreiche Wege bei der Nutzung von Informanten oder in anderen Zusammenhängen geht: Oft lassen sich der (natur-) gegebene Informationsvorsprung der Gegenseite und/oder hohe Barrieren, hinter denen sich die gesuchten Informationen befinden, nur mittels Einfallsreichtum ausgleichen. Phantasie und Kreativität bedeuten demnach auch, regelmäßig die eigenen Wege und Möglichkeiten neu zu durchdenken und immer wieder – gegebenenfalls von ganz Neuem – zu überlegen. Recherchieren ist vor allem auch trainierbare Kopfarbeit.

## 4.5 Quellen, Informanten und Informantenschutz

Die Kenntnis potenziell nutzbarer und vor allem nützlicher Quellen gehört zum handwerklichen Standard. Potenzielle Hinweisgeber, so genannte Informanten oder Whistleblower, aufzutun und sie zum Reden zu bringen, gehört zu den elementarsten Fertigkeiten. Sie setzen ein hohes Maß an Menschenkenntnis und Kommunikationsfähigkeit in sehr unterschiedlichen Lebenslagen (der Informanten) und konkreten Situationen voraus. Recherchen und Geschichten können durch viele Informanten entstehen, bei denen jeder nur kleine Mosaiksteinchen beigibt. Seltener ist der Fall, dass Enthüllungen in sehr großem Umfang auf den

Fakten eines einzigen großen Informanten fußen. Die alltägliche Rechercherealität liegt zwischen den beiden gegensätzlichen Fällen.

Im Zusammenhang mit der Watergate-Affäre fiel vor allem der Name „Deep Throat", ein Pseudonym für den, wie man inzwischen weiß, stellvertretenden Chef des FBI, der sich 2005 selbst geoutet hatte. Seinerzeit war er aber nur vier Menschen namentlich und von seiner Funktion her bekannt: den beiden Reportern, dem Chefredakteur und der (inzwischen verstorbenen) Eigentümerin der „Washington Post". Ohne Zusicherung absoluter Diskretion und totalem Schutz wäre der Informant nie in die Bresche gesprungen.

Andererseits: „Deep Throat" war nur eine von annähernd 500 Personen, die die beiden Reporter befragt und interviewt haben bzw. mehr oder weniger erfolgreich angegangen sind. Der große Unbekannte, der seine Treffen mit Bob Woodward vorzugsweise nachts in einer abgelegenen Tiefgarage abzuhalten pflegte und dabei auf ein vergleichsweise aufwändiges, weil auf Vorsicht bedachtes Kommunikationssystem bestanden hatte (der Reporter musste, wenn er ein Treffen wünschte, ein Fähnchen auf seinem Balkon aufstellen, „Deep Throat" gab dann den Treffpunkt über eine anonymisierte Anzeige in der Zeitung bekannt, der Reporter musste auf dem Weg dorthin mehrmals sowohl Taxi als auch Fahrtrichtung wechseln), gab keine gezielten Informationen und nur sehr wenige brauchbare Hinweise – er beschränkte seine Rolle darauf, zu erfahren, was die Reporter herausgefunden hatten, und dies zu als „richtig" oder „weniger bedeutsam" zu bestätigen oder gegebenenfalls zu verneinen. Seine Hinweise waren immer nur sehr grob, z. B. „Gehen Sie dem Geld nach!". Wie man das bewerkstelligen könne oder wo konkret man suchen solle, sagte er nicht. Dennoch: Seine Rolle war für die Reporter, die sich schließlich mit immer höheren Instanzen angelegt hatten und zum Schluss den politisch mächtigsten Mann der Welt anvisierten, absolut unverzichtbar. Die Gegenleistung bestand im absoluten Schutz, dessen sich „Deep Throat" sicher sein konnte, weil er mit dem Reporter bereits Jahre zuvor schon einmal erfolgreich zusammengearbeitet hatte.

Solche Schutztechniken bestehen einerseits in journalistischen Vorsichtsmaßnahmen, zum anderen sind sie in allen Staaten der westlichen Welt in irgendeiner Form in der jeweiligen Rechtsordnung verankert. Die genaue Kenntnis um die Möglichkeiten, aber auch um eventuelle Schwachstellen gehört zum Handwerk.

## 4.6 Ausdauer und Hartnäckigkeit

Je höher vorhandene Barrieren, je weniger sprudelnde Quellen oder Informanten, je komplexer die Thematik, umso schwieriger gestalten sich alle Rekonstruktionsarbeiten. Ausdauer und Hartnäckigkeit sind die relevanten aneignungsfähigen Eigenschaften, die man beim Recherchieren ebenfalls benötigt.

Viele Quellen lassen sich erst beim x-ten Male erschließen, wenn der potenzielle Informant die Überzeugung der journalistischen Arbeit begreift, die sich z. B. im Nicht-Aufgeben dokumentieren kann. In anderen Fällen kommt man nur über mühselige Puzzlearbeiten weiter, wenn sich nach und nach ein Mosaiksteinchen zum anderen fügt. Die beiden Watergate-Reporter mussten gerade in der Anfangsphase ein hohes Maß an Ausdauer und Hartnäckigkeit praktizieren, weil es gerade zu Beginn sehr mühsam war, überhaupt irgendwelche Personen aus dem Umfeld des Rechercheobjektes – zunächst war dies das „Komitee" – zu finden, die auf Anfrage nicht sofort abgewunken haben. Der nach einer Vorlage der beiden Reporter entstandene Film „All the President's Men" (im Deutschen mit dem völlig unpassenden Titel „Die Unbestechlichen" versehen), in dem Robert Redford und Dustin Hoffmann die Hauptrollen verkörpern, setzt gerade diese schwierige und zäh verlaufene Anfangszeit der Recherchen in Szene, weshalb dieser Spielfilm ein ausgezeichnetes (historisches) Dokument journalistischer Arbeit darstellt.

Aber auch in der zeitlichen Perspektive gesehen, bedarf es häufiger eines langen Atems, wenn sich Barrieren zunächst als nicht überwindbar darstellen. Die Watergate-Affäre wurde in einem Zeitraum von rund zwei Jahren vergleichsweise schnell abgearbeitet. Andere Affären bzw. die sie auslösenden Recherchen dauern teilweise (sehr viel) länger. Die Parteispenden- bzw. Flickaffäre begann mit einem kleineren Zeitungsartikel in der NRZ vom 11.12.1981, bevor der „Spiegel" Anfang 1982 (Ausgabe Nr. 9) erstmals ausführlich berichtete. Das letzte juristische Urteil, das in diesem Zusammenhang gegen den damaligen CDU-Schatzmeister Walter Leisler-Kiep gesprochen wurde, gab es über zehn Jahre später im Jahre 1992, als der BGH den zuvor ergangenen Schuldspruch u. a. wegen Verjährung aufgehoben hatte. Da war dann – inhaltlich gesehen – bereits die nächste Parteispenden-Affäre im Entstehen, die aber erst 1999 wirklich ans Tageslicht geraten sollte, als Leisler-Kiep im Zusammenhang mit einer Bargeldübergabe in der Schweiz (1 Mio. DM) per Haftbefehl gesucht wurde. Jener, der diesen Skandal in die Öffentlichkeit brachte, Hans Leyendecker von der „Süddeutschen Zeitung", hatte aus seiner ersten Recherche-Ära beim „Spiegel" immer noch die Kontakte und Informationen, die ihn in die Lage versetzten, ganz schnell den Faden wieder aufzunehmen.

Betrachtet man die österreichische „Lucona"-Affäre, so lagen zwischen dem fraglichen Vorgang – (geplante) Explosion und Untergang eines Schiffes – und der letzten Urteilsverkündung (Beihilfe zum Mord) genau 20 Jahre (vgl. a. Ludwig 2002: 11ff.).

## 4.7 Unmögliches für möglich halten – und dennoch keinen Verschwörungstheorien erliegen

Journalistisches Recherchieren setzt, schon aus (zeit-)ökonomischen Gründen, eine Vermutung, eine Hypothese oder auch eine (relativ) konkrete Frage- oder Themenstellung voraus. Sinnvollerweise macht man sich dazu einen (Recherche-)Plan, in dem man die wesentlichen Arbeitsschritte und diese in der richtigen Reihenfolge organisiert. Da man als investigierender Journalist Barrieren und Widerstände zu überspringen versucht, ist die Verteilung der Informationen – bzw. ganz allgemein des Wissens um spezifische Zusammenhänge – zwischen dem Rechercheur und dem Objekt einer Recherche sehr ungleich. Ob das Überwinden einer Barriere gelungen ist oder ob es nur ein (oberflächliches) Anbohren war, ist für den Rechercheur sehr selten auszumachen – er wäre dazu nur im Stande, wenn er tatsächlich über sämtliche Informationen (bzw. über das komplette Wissen) verfügte. Dies ist – aus vielerlei Gründen – nur ausgesprochen selten der Fall. Was sich jemand in jahre- oder jahrzehntelanger Arbeit aufgebaut oder an sachlichen oder persönlichen Zusammenhängen eingerichtet hat, kann sich ein Journalist nicht innerhalb kurzer Zeit vollständig erschließen. Es gelingt meistens nur, einen partiellen und gleichzeitig temporären Einblick in eine Materie zu bekommen, deren Wirklichkeitskonstruktion auszuloten man sich gerade vorgenommen hat.

So kann es denn auch geschehen, dass man im Laufe einer Recherche nach und nach einen immer schlimmeren Verdacht über einen Zusammenhang bekommt, weil er sich eben so zu verdichten scheint. In der Redaktion der „Washington Post" betraf dies den Umstand, dass ein vom Präsidenten eingesetztes Komitee offenbar Geldwäsche vom Feinsten betrieb. Dies als Faktum zu begreifen, fiel vielen schon schwer genug – bis zu Anfang der 1970er Jahre hatte sich die US-amerikanische Presse vorzugsweise als eher regierungsfreundlich verstanden, weil man die eigene „öffentliche Aufgabe" insbesondere auch im Thematisieren von Dingen sah, die von nationaler Bedeutung waren, und dabei vor allem auf gute Kontakte mit dem Regierungsapparat setzte; der immer noch andauernde Vietnamkrieg hatte daran erst mit der Veröffentlichung der Pentagonpapiere durch Daniel Ellsberg etwas verändert (vgl. a. Ludwig 2002: 11ff.). Insofern schien es sowohl den beiden Reportern als auch der Chefredaktion noch weniger fassbar, dass solcherlei kriminelle Machenschaften ausgerechnet vom ehemaligen Justizminister angeordnet und kontrolliert zu sein schienen. In der oben erwähnten Verfilmung gipfelt dieser Umstand in der nachgestellten Szene, als der Chefredakteur angesichts nicht konkret zitierbarer Informanten seine beiden Reporter daran erinnert, dass sie an einer Story säßen, „die schlicht und einfach besagt, dass der ehemalige Justizminister dieses Landes ein Gauner ist!" (84. Minute). Und in der 108. Minute ist die rekonstruierte Handlung (bzw. Recherchearbeit) schon so weit vorangeschritten, dass Minister und hohe Regierungsangehörige „Mitglieder einer kriminellen Vereinigung" sein könnten.

Dass so etwas sein könnte, was eigentlich nicht sein dürfte, riss bei den Zeitungsjournalisten die Barriere Wahrnehmung ein – jetzt war klar, dass auch der sich abzeichnende Verdacht, es könnten der Präsident selbst und seine ganzen Berater in die Affäre verwickelt sein, nicht mehr ganz so abwegig war.

Ergebnisoffen zu recherchieren kann eben auch bedeuten, dass man auch eigentlich Unmögliches für möglich halten muss, andererseits aber nicht überrascht sein sollte, wenn sich die für noch unmöglicher gehaltene Variante als Realität herausstellt.

*4.8 Journalistische Arbeitsteilung*

Der weitere Hergang der Affäre sei kurz skizziert, weil er ein letztes Charakteristikum offen legt: die Bedeutung der (journalistischen) Arbeitsteilung auch bei allen Kontrollfunktionen, d. h. auch bei jenen zwischen Dritter und Vierter Gewalt.

Der fragliche Einbruch sowie die ersten und weitere Zeitungsberichte datierten vom Juni 1972. So gut wie niemand griff die Berichterstattung auf, schon gar nicht das Fernsehen – Nixon wurde, trotz mehrfacher Berichte in der nationalen Tageszeitung „Washington Post", mit 61 Prozent der Stimmen wiedergewählt. Die Öffentlichkeit bzw. das für die USA absolut tonangebende und meinungsbildende Medium, das Fernsehen, setzten das Thema Watergate-Einbruch erst auf die Agenda, als im Februar 1973, kurz nach der erneuten Amtseinführung des Präsidenten, der Gerichtsprozess gegen die Einbrecher begann: Jetzt waren die Medien, sprich: das Fernsehen, zur Stelle. Der Chef der Einbrecher, E. Howard Hunt, gab zu, als Berater des Präsidenten Einbrüche bei Daniel Ellsberg organisiert zu haben.

Nur kurze Zeit später mussten sich auch die neuen Regierungsmitglieder den Fragen der Parlamentsausschüsse stellen, darunter der FBI-Chef L. Patrick Gray. Der gab nach mehreren Befragungen zu, dass er sich von einem der Präsidentenberater Hunts geheime Unterlagen aus dessen Safe im Weißen Haus hatte aushändigen lassen und dass er diese dann – eigenhändig – vernichtet habe. Jetzt war der Eklat perfekt – Gray musste zurücktreten und die Medien hatten ein (neues) Thema: Watergate.

Jetzt hatte der Skandal einen Punkt erreicht, an dem nichts mehr aufzuhalten war. Auf mehreren Ebenen liefen die Ermittlungen: die „Washington Post" blieb am Ball, aber auch andere Medien begannen jetzt mit eigenen Recherchen. Die – vom Weißen Haus lange gesteuerten – Ermittlungen des FBI waren inzwischen in die Hände eines unabhängigen und couragierten Strafrichters übergegangen. Der Rechnungshof nahm das Finanzgebaren des Komitees unter die Lupe, und auf politischer Ebene gab es zunächst die üblichen Hearings, aber auch schnell einen Beschluss über einen Parlamentarischen Untersuchungsausschuss. Der setzte dann zusätzlich einen unabhängigen Sonderankläger ein. Die „Washington Post" berichtete regelmäßig und vergaß dabei auch nicht, immer wieder offene Fragen und ungeklärte Punkte zu thematisieren – und auch nicht, welche Zeugen noch wichtig sein könnten. In diesem Kontext wurde letztlich auch ein vergleichsweise unbedeutend erscheinender Büromitarbeiter, zuständig für das Türenabschließen und das Einsortieren von Akten, Schriftstücken und dergleichen, nach Arbeitsabläufen im Büro des Präsidenten befragt. Auf eine vergleichsweise harmlos klingende Frage, die eigentlich in eine ganz andere Richtung zielte, rückte dieser eine Information heraus, die niemand erwartet hätte: dass es intern eine geheime Abhöranlage gebe, mit der der Präsident alles überwachen und aufzeichnen könne, und dass dies auch permanent geschehe.

Damit war die Phase des Show-downs dieser Affäre eingeläutet – die zähe und teilweise mühselige Anfangsarbeit der Recherchen, die letztlich solides Handwerk war, hatte eine der größten Politaffären ins Rollen bzw. schließlich auch zu Ende gebracht.

## 5. Eine systematische Katalogisierung des Recherche-Handwerks

Die hier nur skizzierten handwerklichen Fertigkeiten des investigativen Recherchierens lassen sich in mehrere Qualifikationsdimensionen unterteilen, die abschließend nochmals systematisch aufgelistet werden sollen:

- Grundsätzliche Herangehensweisen: Hierbei geht es – zunächst – um eine Art von journalistischer Mentalität und Grundeinstellung, die man auch als journalistische Philosophie oder Konzept bezeichnen könnte. Zu diesen Herangehensweisen gehören folgende Stichworte bzw. Grundsatzprinzipien:

- Selektive Wahrnehmung bzw. eigene Wirklichkeitskonstruktionen als potenzielle Barriere ausschalten
- Unmögliches für möglich halten
- Phantasie und Kreativität generieren
- Über Merkwürdigkeiten und Widersprüche stolpern
- Neugier, Misstrauen und Respektlosigkeit pflegen
- Ausdauer und Hartnäckigkeit bewahren

• Recherchestrategien: Damit bezeichnet man ganz konkrete Vorgehensweisen, z. B.:

- Einkreisen
- Systematische Suche und „Kommissar Zufall"
- Eindenken in die „Betriebssysteme" von Systemen, gleich welcher Art

• Quellen und Informanten:

- Auskunftsrechte
- Kenntnis aller relevanter Quellenmöglichkeiten
- Informantenpsyche und Informantengewinnung
- Informantenschutz
- Umgang mit Informanten

• Was man schwarz auf weiß besitzt: Wie man mit „hot docs" umgeht

• Recherchereecht (und Presserecht)

Die wichtigste Empfehlung, die man allen Interessenten geben kann, ist ganz einfach: Anfangen. Nur wer beginnt, kann sich fortentwickeln.

## Literatur

Ludwig, Johannes (2002): Investigativer Journalismus: Recherchestrategien, Quellen, Informanten. Konstanz: UVK

Roth, Roland (1994): Demokratie von unten. Neue soziale Bewegungen auf dem Wege zur politischen Institution. Köln: Bund-Verlag

# Investigativer Journalismus im Lokalen[1]

*Hubertus Gärtner*

Ich bin ein leicht ergrauter Journalist und habe mich viele Jahre in der beschaulichen ostwestfälischen Provinz herumgetrieben, wo die Menschen etwas langsamer reden und nur selten lachen können. Wenn so jemand wie ich plötzlich zu einer Universitätsveranstaltung eingeladen wird, um vor Studenten über den investigativen Journalismus zu sprechen, dann hat er ein Problem. Es lautet: Wie sag ich's den jungen Leuten?

Ich erinnere mich noch genau an meine eigenen Schwierigkeiten und Unsicherheiten beim Start in das Berufsleben. An die Probleme im Umgang mit der Recherche, an den manchmal zu großen Respekt vor älteren Kolleginnen und Kollegen, aber auch vor lokalen Politikern und Wirtschaftsgrößen. Aber ich erinnere mich auch noch genau an meinen eigenen kaum zähmbaren Tatendrang und meinen Idealismus.

Wenn ich heute diesen Vortrag halte, dann möchte ich Ihnen gerne etwas Hoffnung machen und ein paar positive Botschaften mit auf den Weg geben. Das ist nicht ganz einfach. Denn die allgemeine Lage bietet gewiss berechtigten Anlass für ein Lamento.

Die wirtschaftliche Situation in den meisten Medienhäusern ist in den letzten Jahren schlechter geworden. Viele haben unter den Auswirkungen der Krise immer noch zu leiden. Die Arbeitsbedingungen von vielen Redakteuren haben sich meines Erachtens tendenziell verschlechtert. Aufwändiges Recherchieren ist in den meisten Lokal-Redaktionen nur noch Wunschtraum oder ein Lippenbekenntnis. In Wahrheit ist investigative Recherche dort oftmals weder opportun, noch wird sie besonders gefördert oder belobigt. Und sie wird, falls man sie im Status eines freien Journalisten versucht, in aller Regel auch nicht sonderlich gut bezahlt.

Vor allem die freien Journalisten überschwemmen inzwischen den Markt. Das gilt sowohl für den Printbereich als auch für den Hörfunk oder das Fernsehen. Die Freien müssen hart um ihre Existenz kämpfen. Entweder werden sie zu

---

1 Der Text basiert auf einem Vortrag, den der Autor am 6. Februar 2004 auf einer Tagung der „Initiative Nachrichtenaufklärung" an der Universität Dortmund gehalten hat.

hurtigen Verwurstern unserer Häppchenkultur oder sie können wirtschaftlich nicht überleben. Wenige Ausnahmen bestätigen die Regel.

Weil mein eigenes Studium nun schon etwas länger zurückliegt, bin ich es nicht gewohnt, didaktische Konzepte auszuarbeiten und sehr lange Vorträge zu halten. Deshalb möchte ich an den Anfang ein paar einfache Ratschläge und Leitsätze stellen. Sie sollen als kleine Selbsthilfe im journalistischen Alltag dienen. Der ist, wie Sie vermutlich ja auch schon erfahren haben, manchmal nicht ganz einfach zu bewältigen.

1. Ratschlag: Recherchiere ausdauernd und sorgfältig!
2. Ratschlag: Scheue niemanden!
3. Ratschlag: Warte nicht auf die große Enthüllung, die das gesamte politische System ins Wanken bringt!
4. Ratschlag: Schreite direkt vor der eigenen Haustür und im Lokaljournalismus zur Tat! Denn auch hier gibt es Korruption, Doppelmoral, Amtsmissbrauch und allerlei unterdrückte Nachrichten, die aufgeklärt werden müssen!
5. Ratschlag: Reden ist Silber, Schweigen ist Gold. Das sagt nicht nur der Ostwestfale. Soll in diesem Zusammenhang nur heißen: Schätze vor allem die Informanten!
6. Ratschlag: Arbeite hart und unermüdlich! Die Faulheit mag durchaus ihre Vorzüge haben. Manch ein Philosoph hat sie auch schon zu Recht gepriesen. Aber ein investigativer Journalist kann mit der Faulheit nicht viel anfangen.
7. Ratschlag: Lasse dich nicht ins Boxhorn jagen! Hinter dem gewaltigen Wortgeklingel der vermeintlich Mächtigen verbergen sich nicht selten Personen, die Dreck am Stecken haben.
8. Ratschlag: Übe den Schulterschluss! Gute Kolleginnen und Kollegen sind nicht nur Konkurrenten, sondern manchmal auch hilfreiche Ratgeber.

Dass sind ein paar kleine Ratschläge. Sie sind zweifellos unvollkommen und es ließen sich noch etliche addieren. Auf einige will ich später noch einmal zurückkommen.

Jeder von uns macht sich ja manchmal so seine Gedanken und fragt sich, warum er so ist, wie er ist. Warum er zum Beispiel unbedingt Journalist werden will. Oder, wie in meinem Fall, warum er Journalist geworden ist und dort eine bestimmte Vorliebe für bestimmte Themen oder Arbeitstechniken entwickelt hat.

Bei mir ist es zum Beispiel so, dass schon mein Großvater ein wilder Jäger war. Auch mein Vater ging nicht minder leidenschaftlich auf die Jagd. Er war Förster und pirschte sich nächtelang selbst im kältesten Winter ins Unterholz.

Oder er saß auf Hochsitzen am Waldrand auf der Lauer und wartete auf Wildschweine. Ich schieße nicht auf Tiere und möchte das Bild auch gar nicht überstrapazieren. Aber trotzdem glaube ich, dass auch der investigative Journalist eine Art ruheloser Jäger ist. Dass er mal hier und mal dort sucht und irgendwann zufällig oder fast zufällig eine kleine Fährte findet. Dieser Spur geht der investigative Journalist dann hartnäckig nach, lässt sich von allerlei Weichspül-Versuchen und Ablenkungsmanövern niemals mürbe machen und präsentiert eines Tages seine erste Enthüllungsstory. Dann schreibt er eine zweite, dritte und vierte. Irgendwann tritt vielleicht sogar ein Politiker oder ein Vereinsvorsitzender zurück.

Soweit die theoretischen Parallelen zum Waidwerk. Ehrlich gesagt, frage ich mich oft, ob der so genannte investigative Journalist nicht manchmal etwas hochtrabend daherkommt. Angeblich bewaffnet mit einer Büchse, trägt er in Wirklichkeit nur ein Luftgewehr. Ich persönlich möchte mich deshalb auch gar nicht als investigativen Journalisten bezeichnen. Zwei Jahrzehnte lang habe ich als Redakteur in der Provinz zwischen Bielefeld und Paderborn gearbeitet. Dann war ich Reporter der „Süddeutschen" in Düsseldorf. Auch von den Artikeln, die ich während der SZ-Zeit geschrieben habe, hatten die allermeisten mit dem investigativen Journalismus wohl eher wenig zu tun. Und ich möchte sogar behaupten, dass einiges von dem, was in den übrigen Medien manchmal als „investigativ" erscheint, in Wirklichkeit auf der Basis von zwei oder drei Telefonaten beruht.

Die so genannten investigativen Journalisten in Deutschland ermitteln ja kaum selber, sondern sie schreiben allenfalls über Ermittlungen, die meistens schon abgeschlossen sind. Diese Kritik stammt übrigens nicht von mir, sondern von Hans Leyendecker. Und der muss es ja wohl wissen.

Mit investigativen Journalisten, die dann und wann tatsächlich die Republik ein bisschen zum Wackeln gebracht haben, kann und will ich mich nicht messen. Bekanntlich gibt es in Deutschland ohnehin nicht sehr viele von dieser Sorte. Und vermutlich werden auch Sie, die Sie hier in diesem Hörsaal versammelt sind, nicht alle irgendwann beim „Spiegel" oder den wenigen Fernsehmagazinen arbeiten, die den großen Skandalen auf der Spur sind.

Wie ich schon sagte, tut das meines Erachtens aber auch nicht unbedingt Not. Die Freude an einer Enthüllung und den Spaß an der harten und ausdauernden Recherche kann man auch bei vergleichsweise kleinen Anlässen erleben. Ich möchte das an zwei Beispielen erläutern, die mich viele Wochen und Monate beschäftigt haben.

Der erste Fall begann am Heiligen Abend 2003. In der Zeitung stand eine winzige Meldung. Darin war zu lesen, dass der ehemalige SPD-Bundestagsabgeordnete Rainer Brinkmann als Bürgermeisterkandidat der Stadt Detmold zurückgetreten ist. Zur Begründung hieß es, in Brinkmanns Ortsverein Pivitsheide, den vermutlich nur wenige Menschen außerhalb des Kreises Lippe kennen, habe es Unregelmäßigkeiten im Zusammenhang mit Bildungsveranstaltungen gegeben.

Weihnachten ist ja die Zeit der Besinnung. So dachte ich nach und ließ die Erinnerungen schweifen. Mein ehemaliger Kollege Johannes Nitschmann hatte vor noch gar nicht langer Zeit in der „Süddeutschen Zeitung" über die Machenschaften von diversen SPD-Unterbezirken geschrieben, wonach im Rheinland und im Sauerland Parteisitzungen als Bildungsseminare der Sozialdemokratischen Gemeinschaft für Kommunalpolitik getarnt und in großem Stil mit Steuergeldern bezahlt worden sind. Daraus reifte unterm Tannenbaum meine erste Arbeits-Hypothese: So ähnlich könnte es ja auch in dem kleinen Ort Pivitsheide gelaufen sein.

Nachdem der Weihnachtsbraten verdaut war, bin ich dann schnell wieder aktiv geworden und habe mich für den direkten Weg entschieden. Ich habe die Staatsanwaltschaft angerufen. Es wurde ein Volltreffer. Es stellte sich nämlich heraus, dass bereits seit einigen Tagen Ermittlungen wegen Untreue und Betruges beim gewerkschaftlichen Bildungsträger „Arbeit und Leben" in Detmold im Gange waren.

Damit hatte ich meinen ersten Aufmacher. Parallel recherchierte ich noch in den Staatsanwaltschaften in Düsseldorf und Arnsberg zum Stand der dortigen Verfahren und konnte auf diese Weise nicht nur sehr zeitnah ein Hintergrundstück zu Manipulationen im Weiterbildungssektor liefern, sondern auch die ersten vorsichtigen Parallelen ziehen.

Der nächste Schritt war der Einstieg ins „Innenleben" des Weiterbildungsträgers. Dazu mussten eine Menge Informanten kontaktiert werden. Die Tatsache, dass man einigen Personen fristlos gekündigt hatte, erleichterte die Arbeit. Denn diese Menschen fühlten sich ungerecht behandelt und in diesem Fall als bloße Bauernopfer. So fügte sich allmählich eine Diagnose zusammen. Es gab bei dem Weiterbildungsträger „Arbeit und Leben" interne Auseinandersetzungen und schwere Konflikte mit der örtlichen Gewerkschaft.

Nach der Veröffentlichung dieser lokalen Zusammenhänge meldeten sich plötzlich weitere Informanten, zum Teil aus Norddeutschland oder dem Ruhrgebiet, die davon berichten, dass bei der Weiterbildung auch in anderen Einrichtungen zu Lasten des Steuerzahlers gemauschelt und betrogen wird.

Mir wurden interne Schriftstücke und Briefwechsel zugespielt. So zum Beispiel ein interner Brief der Vereinten Dienstleistungsgewerkschaft. Deren Landesleitung forderte alle Abteilungen schriftlich auf, ihre eigenen Bildungsveranstaltungen auf mögliche Manipulationen hin zu prüfen. Das war aus meiner

Sicht wohl auch ein bisschen als Beruhigungspille für die Öffentlichkeit gedacht. Über diesen Brief habe ich selbstverständlich berichtet, denn er war ein Beleg dafür, wie sehr die Vorgänge im kleinen Detmold die Gewerkschaft aufgeschreckt hatten.

Die Recherchen in diesem Fall haben auch gezeigt, dass man bei der investigativen Recherche stets mit allerlei Gegenwehr und diversen Finten rechnen muss. So rief eines Tages, ich steckte mitten in der Arbeit, der Leiter der Düsseldorfer Landesarbeitsgemeinschaft „Arbeit und Leben" bei mir im Büro an und lud mich zu einer kleinen Kulturveranstaltung ins 100 Kilometer entfernte Herford ein. Dort, so sagte er mir, könnte ich auch mal etwas Gutes über seine Organisation schreiben. Ich habe dieses Angebot dankend abgelehnt.

Dass die so genannte „andere Seite" tatsächlich oft im Freund-Feind-Schema denkt, soll eine kleine Anekdote deutlich machen. Nach einer ersten größeren Berichterstattungs-Welle über die Bildungseinrichtung „Arbeit und Leben" hatte ich eine Einladung, um eine Veranstaltung über den Mediengiganten Bertelsmann zu moderieren. Die DGB-Vorsitzende der Region versuchte beim Veranstalter offenbar im Vorfeld zu intervenieren, indem sie argwöhnte, ich sei ein „Gewerkschaftsfeind" und müsse deshalb ausgeladen werden.

Der Fall „Arbeit und Leben" ist zum jetzigen Zeitpunkt (März 2005) noch nicht abgeschlossen. Der Deutsche Gewerkschaftsbund (DGB) hat abgewiegelt und betont, die Betrügereien bei der Weiterbildung seien nur Einzelfälle gewesen. Die Ermittlungen der Staatsanwaltschaft wurden noch monatelang fortgesetzt.

Der Fall zeigt abermals, wie wichtig Geduld und Ausdauer bei der investigativen Recherche sind. Manchmal gibt es mehrere Monate keine Fortschritte, dann plötzlich wird man von den Ereignissen fast überrollt. Bei allem notwendigen Eifer und Engagement sollte man seine Emotionen stets gut unter Kontrolle haben. Freundliches, aber bestimmtes Auftreten und ein kühler Verstand sind gefragt. Ich habe mich leider selbst schon oft dabei ertappt, dass die Pferde mit mir durchzugehen drohten. In solchen Fällen ist es gut, wenn man kompetente und freundliche Kollegen hat, die einen wieder auf den Boden der Tatsachen zurückholen.

Wer hartnäckig recherchiert, der hat gelegentlich viel auszuhalten. Vor allem, wenn er nicht Bestandteil größerer Netzwerke, Redaktionsbüros oder Mitarbeiter überregionaler Medienhäuser ist. Hier liegt meines Erachtens ein nicht zu unterschätzendes psychologisches Problem. Die Techniken dieses Handwerkes, die Suche nach den Quellen und dem richtigen Umgang mit Informanten sind zu erlernen. Ein Rechercheur kann und muss sich weiterbilden und es ist manchmal auch sinnvoll, sich zu spezialisieren.

Etwas ganz anderes ist es aber, damit fertig zu werden, dass man als investigativer Journalist in gewissem Sinne auf Dauer ein Außenseiter ist. Vor allem im Lokaljournalismus kann das zu einem ernsten Problem werden. Wer hält es aus, in seiner Umgebung chronisch unbeliebt zu sein? Nur den wenigsten Menschen dürfte das rein gar nichts ausmachen.

Auf Pressekonferenzen von Wirtschaftsunternehmen oder Fußball-Bundesligaklubs klopfen die Bosse kritischen Fragern nicht anerkennend auf die Schultern. Das ist meistens gar nicht möglich, weil es fast niemanden mehr gibt, der kritisch nachfragt. Und wenn es jemand wagt, dann erntet er nicht selten auch noch missbilligende Blicke aus der eigenen Zunft.

Wie ganz oben, so auch unten. Wer es zum Beispiel wagt, in einem kleinen Ort im Sauerland einen einheimischen Politiker wegen Machtmissbrauchs öffentlich zu attackieren, der kann sich nicht immer sicher sein, ob er anschließend von seinen Kollegen Beifall erhält. Vor allem in den Redaktionsstuben der kleineren Zeitungen, von denen ich durchaus einige kenne, werden manchmal jene Journalisten besonders kritisch beäugt, die hinter die Kulissen schauen wollen. „Das bringt doch nur Ärger", sagt der Chef dann gerne und einige Anwesende schauen lieber gelangweilt zur Decke.

Davon sollte man sich aber nicht entmutigen lassen. Manchmal lohnt es sich sogar, den kleinsten Kleinigkeiten nachzugehen. Deshalb möchte ich nun vom ehemaligen Paderborner Landrat erzählen, der mich ebenfalls sehr lange beschäftigt hat.

Vom ehemaligen Paderborner Landrat Rudolf Wansleben muss man wissen, dass er Recht und Ordnung liebte und gerne eine Polizeiuniform getragen hätte, die ihm aber als Landrat nicht zustand. Sehr gerne fuhr er persönlich zu Polizeieinsätzen, um dort nach dem Rechten zu schauen. Und so begab es sich, dass mir jemand eines Tages den Tipp gab, der Landrat sei als Mann für Recht und Ordnung in der Paderborner Innenstadt in eine Radarfalle geraten und als Raser geblitzt worden.

Zunächst wollte dazu niemand auch nur ein einziges Wörtchen sagen. Ein Landrat im Kreis Paderborn ist ein mächtiger Mann. Es hat deshalb wochenlang gedauert, bis ich die paar Fakten zusammen hatte. Den genauen Ort der Raserei, das Tempo, den Tag, die Uhrzeit, den Dienstwagen. Alle Details sollten schließlich stimmen.

Die Sache mit der Radarfalle war eine kleine, harmlose Anekdote, allenfalls von lokalem Interesse und von ein bisschen Schadenfreude gespeist. So dachte ich zunächst und stellte eine Anfrage an den Chef der Bußgeldstelle, um auch noch die Höhe des Bußgeldes in Erfahrung zu bringen.

Zu meiner Überraschung hieß es dann in der Bußgeldstelle, der Landrat wolle sein Knöllchen nicht bezahlen. Der Landrat reklamierte für sich, er sei als

„Chef der Kreispolizeibehörde" auf einer Einsatzfahrt gewesen. Er dürfe und müsse manchmal schneller fahren, auch in der Innenstadt. Ich habe das erst einmal aufgeschrieben.

Nachdem der Bericht im Lokalteil stand, waren zahlreiche Bürger in Aufruhr. Spontan hagelte es Leserbriefe und Proteste. Bereits einen Tag später schaltete sich das Düsseldorfer Innenministerium als oberste kommunale Aufsichtsbehörde ein und übte heftige Kritik am Verhalten des Landrates. Das war einen neuen Bericht wert.

Nur wenige Tage ertrug der Landrat das Trommelfeuer der Leserbriefe und die inzwischen bereits erhobenen Rücktrittsforderungen. Eines Abends, ich hatte eine offizielle Anfrage gestellt, hatte ich den Landrat plötzlich am Telefon. Sein erster Satz war: „Wollen Sie für mich arbeiten?!" Er sagte dann noch, ich sei „wohl zu teuer". Das stimmte nicht ganz, denn als freier Journalist verdient man in der Regel nicht sehr viel Geld. Aber ich habe das Angebot trotzdem abgelehnt.

Nun ruderte der Landrat plötzlich zurück. Er zahlte sein Knöllchen. Daraufhin wurde in der Öffentlichkeit aber alles noch schlimmer. Jetzt ermittelte die Staatsanwaltschaft wegen des Verdachts der Rechtsbeugung. Die Bezirksregierung prüfte disziplinarische Sanktionen. Außerdem wurde plötzlich kolportiert, dass hohe Beamte bei Unfallfahrten des Landrat-Sohnes angeblich in polizeiliche Ermittlungsverfahren eingegriffen hatten. Ich fand auch heraus, dass der Anwalt des Landrates für dessen Sohn in einem Zivilprozess Armenrecht geltend gemacht hatte. Ein Landrat ist kein armer Mann. Er verdient gut und gerne 8.000 Euro im Monat. Das Armenrecht, die so genannte Prozesskostenhilfe, wurde für solche Fälle wohl nicht geschaffen. Die Klage, die sich gegen einen alten krebskranken Rentner gerichtet hatte, hatte übrigens keinen Erfolg. Die Geschichte mit dem Armenrecht festigte die ins Wanken geratene Position des Landrates in der Öffentlichkeit nicht.

Der Landrat geriet in den darauf folgenden Wochen in seiner eigenen Partei, der CDU, heftig unter Druck. Die Parteifreunde hatten ihn bereits als ihren Landrats-Kandidaten für die Kommunalwahl im September 2004 nominiert, doch wegen der Affäre zogen sie ihn nach einem Mehrheitsbeschluss wieder zurück. Einen solchen Vorgang hat es meines Wissens in Nordrhein-Westfalen noch nicht gegeben.

Zur Kommunalwahl trat Wansleben dann als Einzelbewerber an, doch beim Volk hatte er durch seine Tempofahrt und andere Kapriolen alle Chancen verspielt. Er wurde nicht mehr wieder gewählt und musste seinen Sessel im Kreishaus räumen.

Die Bedeutung der beiden von mir geschilderten Recherche-Fälle ist sicherlich lokaler, allenfalls regionaler Natur. Aber sie zeigen, wie sich aus kleinen

Anlässen, einem lapidaren Knöllchen oder anderen dürftigen Informationen, manchmal ein immer größeres Puzzle zusammensetzen lässt. Daraus kann eine kontinuierliche Berichterstattung entstehen, die durchaus von öffentlichem Interesse ist. Voraussetzung dafür ist, dass man als Journalist an einer Geschichte „dranbleibt" und sie in ihren Facetten ausleuchtet.

Eine Frage, die ich mit diesem Vortrag auch beantworten sollte, ist jene, wie investigative Journalisten an ihre Quellen kommen. Nicht immer, indem sie die Presseabteilungen „umgehen", wie es im Einladungstext heißt. Sicher ist es richtig, dass viele Pressesprecher gerne abwiegeln, dicht machen und Nebelkerzen werfen. Das ist ja bisweilen ihre Aufgabe, dafür werden sie bezahlt. Trotzdem kann es auf Dauer nicht schaden, wenn ein Journalist auch zu ihnen gute Kontakte hält und sich die jeweils unterschiedlichen Rollen vergegenwärtigt. Ich möchte ausdrücklich davor warnen, in Pressesprechern prinzipielle Gegner zu sehen.

Es gibt völlig unterschiedliche Typen von Informanten. Manche Menschen werden temporär zu Informanten, manche bleiben es über Jahre hinweg. Manche kommen von selbst und bringen einen brisanten Aktenstapel mit, manche müssen in mühsamer Überzeugungsarbeit erst „zum Jagen getragen" werden, wie es so schön heißt.

Je mehr und je bessere Informanten ein Journalist hat, desto erfolgreicher wird er logischerweise arbeiten. Die Suche nach Informanten, den Aufbau von dauerhaften Kontakten und die Pflege von Netzwerken empfinde ich aber auch heute noch als sehr schwierig. Es gilt vor allem, Vertrauen zu schaffen. Das dauert lange, es kostet viel Zeit und Unmengen von Energie. Viele Anläufe sind vergeblich. Gute Kontakte vergleiche ich mit einem Feuer, das bald wieder erlischt, wenn nicht immer wieder ein paar Scheite nachgelegt werden. Wer gelegentlich ein freundliches Wort übrig hat, der wird auch von seinem Gegenüber in der Regel freundlich behandelt werden. Wer nur dann einen Anruf tätigt, wenn er in der Bredouille steckt, der erntet bald Absagen. Die meisten Journalisten sind nicht in der Lage, ihren Informanten Honorare zu zahlen. Ich sehe darin kein Problem.

Ich habe die Erfahrung gemacht, dass man es durchaus auch ohne Geld schaffen kann, zum Beispiel in Behörden Menschen zu finden, die bereit sind, einem Dinge zu erzählen, die sie eigentlich nicht erzählen dürfen. Dort sitzen nämlich jede Menge frustrierte Leute. Und manche glauben sogar an die Gerechtigkeit. Wenn diese Personen dann auch noch schriftliche Unterlagen herausrücken, spielen sie mit ihrer eigenen Existenz.

Ich habe leider den Eindruck, dass sich viele Journalisten das nicht genügend bewusst machen. Theoretisch glauben die meisten zwar zu wissen, wie wichtig der Informantenschutz ist, doch in der Praxis wird viel zu viel geredet.

Vor lauter Eitelkeit oder aus reiner Unachtsamkeit werden manchmal Namen von Personen oder Institutionen an Stellen oder in Situationen genannt, wo das niemals sein dürfte. Auch auf das Säubern von Dokumenten wird oft zu wenig Sorgfalt verwendet.

Hier gilt es, sich selbst fest an die Kandare zu nehmen und totale Zuverlässigkeit und Verschwiegenheit zu üben. Wer das glaubhaft dokumentieren kann, der wird auf Dauer in seinem journalistischen Betätigungsfeld auch Informanten finden.

Zum Schluss möchte ich noch ein paar Worte zur aktuellen Marktsituation verlieren. Sie ist, wie eingangs schon erwähnt, schwierig. Von wenigen Ausnahmen abgesehen, dürften es freie Journalisten kaum schaffen, allein über den Verkauf investigativ recherchierter Geschichten ihren Lebensunterhalt zu bestreiten. Sie nehmen, wie gesagt, sehr viel Zeit in Anspruch. Sie sind, was den Termin einer Veröffentlichung angeht, in vielen Fällen kaum kalkulierbar. Außerdem ist die Gefahr sehr groß, dass solche Geschichten dadurch „verbrennen", das jemand anderes durch Zufall auch davon erfährt und schnell eine Meldung fabriziert. Die Bereitschaft von Zeitungsverlagen, für aufwändig recherchierte Geschichten ein adäquates Honorar zu zahlen, ist nach meinen bisherigen Erfahrungen leider nur wenig ausgeprägt. Wer als Freier seine Zeit in monatelange Recherchen investiert, der muss entweder schon Millionär sein oder aber irgendwann mit einer tollen Enthüllungsgeschichte den großen Wurf landen. Trotzdem sollten Sie die Hoffnung nicht aufgeben und sich nicht schon vor dem Start ins Berufsleben entmutigen lassen. Gerade im Lokaljournalismus oder als freier Journalist kann es durchaus Sinn und Spaß machen, sich hin und wieder mit investigativen Recherchen zu beschäftigen. Wer jemals eine richtige Spur gefunden hat, der wird immer wieder eine neue suchen.

# „Investigative Reporting" in den USA:
# Welche Strukturen stützen den Recherche-Journalismus?

*Manfred Redelfs*

Wenn es um die gründliche, aufdeckende Recherche geht, haben die US-Journalisten es schon in begrifflicher Hinsicht leichter als ihre deutschen Kollegen: Für den in Amerika gängigen Terminus „investigative reporting" fehlt bei uns eine allgemein akzeptierte Entsprechung. Bereits die Notwendigkeit, Recherche als Spezialisierungsgebiet hervorzuheben, obwohl sie doch eigentlich zu den Kernkompetenzen jedes Journalisten gehören sollte, stößt auf Kritik. „So wie ein Fliesenleger Fliesen legt, muss ein Journalist recherchieren", hat Hans Leyendecker von der „Süddeutschen Zeitung" den Sachverhalt auf den Punkt gebracht. Doch im gleichen Zusammenhang hat er dann davor gewarnt, dass manche Chefredakteure unter Recherche bereits verstehen, „dass man ohne Hilfe der Sekretärin eine Telefonnummer findet" (Jacobi 2001). Der Begriff verlangt in Deutschland folglich eine Präzisierung, damit es nicht zu Missverständnissen kommt. Ferner ist die Begriffsunsicherheit ein erstes Indiz dafür, dass ein aufdeckender Journalismus bei uns offenbar schwächer entwickelt ist als in den USA, wo „investigative reporting" auf eine lange Tradition zurückblicken kann und eine Leitbildfunktion für den gesamten Berufsstand einnimmt. Nicht erst seit der Watergate-Affäre werden dort mit großen Recherchen die Pulitzerpreise gewonnen. Für den hohen Stellenwert des „investigative reporting" spricht ferner, dass sich bereits 1975 der Berufsverband „Investigative Reporters & Editors" (IRE) gegründet hat, dem heute rund 4.000 Journalisten angehören. Ein deutsches Pendant, das „Netzwerk Recherche", folgte erst im Jahr 2001.

Nach den Anschlägen vom 11. September 2001, dem Afghanistan- und dem Irak-Krieg war es aufgrund der innenpolitischen Entwicklung in den USA für regierungskritische Stimmen zeitweilig deutlich schwieriger geworden, Gehör zu finden. Zu Recht ist in Europa der patriotische Tenor auf Kritik gestoßen, mit dem vor allem die amerikanischen TV-Sender den Irak-Krieg unterstützt und die Sichtweise der US-Regierung sowie der Militärs nur zu bereitwillig übernommen haben. Angesichts dieser Entwicklung mag die hier vertretene These, der investigative Journalismus sei in den USA stärker verankert als in Deutschland, zunächst überraschen. Für die Bewertung der Recherchekultur wäre es jedoch eine unzulässige Verengung, sich hauptsächlich auf die kurze und krisenhafte Phase seit dem 11. September 2001 zu beziehen. Ferner ist in Rechnung zu stellen, dass „investigative reporting" in den Vereinigten Staaten im Regelfall nicht die internationale Politik ins Blickfeld nimmt, die in Deutschland intensiver wahrgenommen wird, sondern sich auf nationale oder regionale Themen bezieht. Die „Beißhemmung", die im US-Journalismus während des Irak-Kriegs einsetzte, hat erfreulicherweise keine vergleichbaren Auswirkungen auf andere Themenfelder wie etwa Korruptionsrecherchen bei den größeren Regionalzeitungen gehabt.

Dieser Beitrag geht der Frage nach, woran es liegt, dass der investigative Journalismus in den USA einen ganz anderen Stellenwert hat als in Deutschland. Das Hauptaugenmerk soll dabei nicht auf individuelle Eigenschaften gerichtet werden – wie die sprichwörtliche „Spürnase" –, sondern auf übergeordnete strukturelle Faktoren, die eine höhere Erklärungsrelevanz besitzen. In Anlehnung an das von Weischenberg und Scholl (1998) vorgeschlagene Modell der Kontexte des Journalismus wird auf vier Ebenen nach den Rahmenbedingungen für investigativen Journalismus gefragt:

- Anhand des Konzeptes der politischen Kultur wird der politisch-gesellschaftliche Kontext des „investigative reporting" in den USA betrachtet und dabei auch dessen demokratietheoretische Bedeutung herausgearbeitet.
- Auf der ökonomischen Ebene sind die Konkurrenzbedingungen im Medienmarkt zu beleuchten, und es soll nach den Chancen für einen Journalismus gefragt werden, der wegen seines hohen Aufwands keine schnelle Rentabilität verspricht.
- Die rechtliche Ebene rückt die juristischen Bedingungen für Recherchen ins Blickfeld, wie sie sich durch die Auskunftsansprüche gegenüber Behörden, aber auch durch die Absicherung vor Rechtsansprüchen Dritter (z. B. Beleidigungsschutz) ergeben.
- Die journalistisch-professionelle Ebene beleuchtet schließlich die Voraussetzungen, die die Profession selber für die Rechercheförderung geschaffen hat, sei es durch Ausbildungsprogramme, interne Vernetzung oder die Arbeitsorganisation in den Redaktionen.

## 1. Begriffsdefinition

Der Einwand, jeder „gute Journalismus" lebe von der Recherche, so dass der Begriff „investigative reporting" ein „weißer Schimmel" sei, kann durch Verweis auf die Ausdifferenzierung des journalistischen Berufsbildes schnell entkräftet werden: Wer etwa als Nachrichtenredakteur in der dpa-Zentrale die Meldungen der Kollegen aus den Außenredaktionen bearbeitet oder wer im Fernsehen als Moderator Nachrichten präsentiert, ist sicherlich Journalist und noch dazu im Qualitätsjournalismus tätig. Eine eigene vertiefte Recherche ist für solche Arbeitsplätze aber weit weniger gefordert. Als Kennzeichen einer bestimmten Spezialisierung ist die Betonung der Recherche-Kompetenz also sinnvoll. Gleichzeitig ist es erforderlich, eine Abgrenzung zu journalistischen Routinearbeiten vorzunehmen, damit nicht jede Ergänzungsrecherche oder Plausibilitätsprüfung mit einem hochtrabenden Terminus belegt wird.

Unter „investigative reporting" wird hier eine Form des US-Journalismus verstanden, bei der durch intensive Recherche bisher unbekannte Sachverhalte von politischer Relevanz öffentlich gemacht werden, die Einzelne, Gruppen oder Organisationen verbergen möchten. Ziel von „investigative reporting" ist es, Missstände aus den Bereichen Politik, Wirtschaft und Gesellschaft aufzudecken.

Die Definition betont somit:

- den US-Kontext, der eine Reihe von Besonderheiten aufweist, die im Weiteren herauszuarbeiten sind.
- die aktive Reporterrolle: Der Journalist selbst findet etwas heraus. Wenn Informanten sich aus eigener Initiative an die Redaktion wenden, ist das kein „investigative reporting".
- die politische Dimension von „investigative reporting": Was Stars und Sternchen in ihrem Privatleben machen, kann zwar u. U. mit Recherchemethoden eruiert werden, die auch im „investigative reporting" angewandt werden. Allerdings muss zur Arbeitsmethodik noch das normative Element der Machtkontrolle hinzukommen, das bei Klatschgeschichten schwerlich gegeben ist.
- Es geht um eine konflikthafte Situation, um eine Recherche gegen Widerstände. Das bloße Zusammentragen bisher unveröffentlichter Fakten reicht zur Qualifizierung als „investigative reporting" somit nicht aus.
- Schließlich erfüllt „investigative reporting" eine demokratietheoretisch wichtige gesellschaftliche Funktion, indem diese journalistische Form in

besonderer Weise zur Aufdeckung von Missständen beiträgt. Das Selbstverständnis der Journalisten ist das einer kontrollierenden „vierten Gewalt".

## 2. Politische Kultur: Misstrauen gegenüber staatlicher Zentralgewalt fördert kritische journalistische Grundhaltung

Das Konzept der politischen Kultur bezeichnet nach McClosky und Zaller „a set of widely shared beliefs, values, and norms concerning the relationship of citizens to their government and to one another in matters affecting public affairs" (McClosky/Zaller 1984: 17). Legt man dieses Analyseraster an, fällt in den USA vor allem die weit verbreitete Skepsis gegenüber jeder staatlichen Zentralgewalt auf. Sie drückt sich institutionell in einem ausgeklügelten System der „checks and balances" aus und findet auf der Meinungsebene ihren Niederschlag in einem sehr geringen Ansehen der Politiker. Jedes Jahr veröffentlicht das Meinungsforschungsinstitut Gallup Umfragen zu den ethischen Standards verschiedener Berufsgruppen. Dort rangieren Politiker seit Jahren auf den hinteren Rängen. Selbst bei der Erhebung vom November 2001, als der Parteienstreit angesichts der Anschläge vom 11. September in den Hintergrund getreten war, belegten die Politiker nur den 14. Platz – direkt vor den Automechanikern, die zusammen mit den Gebrauchtwagenhändlern nicht gerade als Inbegriff von Seriosität gelten (Gallup 2006 und 2001). Dieses tief verankerte Misstrauen, das grundlegender ist als die in Deutschland beklagte Politikverdrossenheit, schafft günstige Ausgangsbedingungen für einen Journalismus der Machtkontrolle: Die amerikanische Öffentlichkeit ist offensichtlich der Meinung, dass man politischen Amtsträgern sehr genau auf die Finger schauen muss, so dass sich investigativ arbeitende Journalisten auf diese Grundhaltung stützen und für sich leichter eine Rolle als kontrollierende „vierte Gewalt" reklamieren können.

Im Übrigen zeichnen sich die USA in den gesellschaftlichen Grundfragen durch einen weitgehenden Konsens aus, der sich auch darin ausdrückt, dass die beiden großen Parteien programmatisch sehr eng beieinander liegen. Zwar gibt es auch in den USA Streitfragen, bei denen die Gesellschaft gespalten ist und die zu höchst kontroversen Debatten führen – z. B. das Recht auf Schwangerschaftsabbruch. Die unterschiedliche Positionierung in moralischen Fragen zieht sich aber durch beide Parteien. Der weitgehende Wertekonsens führt dazu, dass journalistische Kritiker nicht so leicht ausgegrenzt werden können, wie dies in Deutschland der Fall ist, wo eindeutiger als in den USA unterschiedliche politische Lager ausgemacht werden können. Der politische Konflikt kreist in den Vereinigten Staaten weniger um ideologische Gegensätze als vielmehr um die Realisierung weitgehend geteilter Werte. Öffentliche Debatten, wie wir sie in

Deutschland z. B. um die Rolle der 68er-Generation und die Vergangenheit von Fischer und Trittin erlebt haben, sind den Amerikanern eher fremd. In Deutschland fällt es dagegen leichter, Kritikern eine ideologische Absicht zu unterstellen, so wie das die „Bild"-Zeitung bei Wallraff mit dem Begriff des „Untergrundkommunisten" versucht hat oder wie es anklingt, wenn Politiker von der „roten Kampfpresse" oder dem „Hamburger Meinungskartell" sprechen. Der Versuch, unliebsame Journalisten abzustempeln, fällt in den USA eher auf die Politiker zurück, denen ein solches Verhalten von der Öffentlichkeit als mangelnde Souveränität ausgelegt wird. In der Bundesrepublik hat die Beschimpfung von Journalisten durch Politiker dagegen eine lange und unrühmliche Tradition – die sich im Übrigen bei Vertretern aller Parteien findet (Pöttker 2003: 190f.). Die herablassende Art, mit der z. B. Helmut Kohl stets mit Journalisten umgegangen ist, wäre in den USA so nicht denkbar gewesen.

Eine wichtige Einschränkung ist zu diesem Punkt allerdings zu machen: Wenn es eine äußere Bedrohung der USA gibt, wie durch die Terroranschläge vom 11. September 2001, stellen sich alle Lager hinter den Präsidenten, der mit seinem Amt die Einheit der Nation repräsentiert. In solchen Situationen haben kritische Stimmen es ausgesprochen schwer, öffentlich wahrgenommen zu werden, weil sie schnell in den Verdacht geraten, „unpatriotisch" zu sein. Kritiker, die wie die Schriftstellerin Susan Sontag die offizielle US-Politik in Frage stellten oder wie der Fernsehmoderator Bill Maher den Einschätzungen des Präsidenten in provokanter Form widersprachen, sahen sich massiver öffentlicher Kritik ausgesetzt (Kleinsteuber 2002). Hinzu kommt, dass mit dem stramm konservativen Fernsehsender Fox seit einigen Jahren eine Berichterstattung Einzug hält, die gar nicht mehr den Anschein erweckt, sich an klassischen journalistischen Nachrichtenkriterien und dem Streben nach wahrhaftiger Berichterstattung zu orientieren. Fox News trommelte in seinen Nachrichten sehr demonstrativ für die Kriegspolitik des Präsidenten und appellierte ständig an die patriotischen Gefühle der Fernsehzuschauer. Obwohl das aufgeheizte Meinungsklima nicht gerade förderlich für investigativen Journalismus war, traten jedoch zwei Altmeister der Recherche auf den Plan, die selbst in dieser Ausnahmesituation ihrem Ruf gerecht wurden (Barringer 2001): Bob Woodward, der zusammen mit Carl Bernstein die Watergate-Recherchen der „Washington Post" betrieben hatte, enthüllte dank seines Informanten-Netzwerkes als erster, dass die USA längst mit Bodentruppen in Afghanistan aktiv waren, als dies vom Pentagon noch geleugnet wurde (Woodward 2001). Seymour Hersh, der durch die Aufdeckung des My Lai-Massakers in Vietnam Pressegeschichte geschrieben hat, publizierte in der Zeitschrift „New Yorker" lange Hintergrundberichte über das Versagen der amerikanischen Geheimdienste und über Fehlschläge der US-Bodenoffensive (Hersh 2001a und 2001b). Hersh war es auch, der als erster über die Folterungen im Militärgefängnis Abu Ghraib recherchierte und die Verantwortung der Pentagonführung aufdeckte (Hersh 2004a und 2004b). Trotz der patriotischen Töne, mit denen sich die US-Medien nach dem 11. September präsentierten, hielten die Qualitätsmedien am investigativen Journalismus fest und beugten sich nicht einfach dem Druck der öffentlichen Meinung. Diesem professionellen Reflex sind auch Enthüllungen zu verdanken wie die der „New York Times" über Pläne des Verteidigungsministeriums, gezielt Unwahrheiten zu verbreiten, wenn dies im Ausland dazu dienen kann, Zustimmung für die US-Politik zu gewinnen (Dao/Schmitt 2002).

Die geringere Rolle des Staates wird in den USA durch ein ausgeprägtes philanthropisches Netzwerk kompensiert. Es gibt eine Fülle von privaten Stiftungen, die gemeinnützige Aufgaben übernehmen. Davon profitiert „investigative reporting", weil diese Gelder auch den Government Watchdog Organizations zugute kommen (Redelfs 1996: 278ff.). Das sind Einrichtungen, die sich zum Ziel gesetzt haben, der Regierung und auch den Parteien auf die Finger zu schauen. Eine typische Organisation dieser Art ist die „Better Government Association" in Chicago, gegründet 1923, also zu Hochzeiten des Alkoholschmuggels und der organisierten Kriminalität (BGA 2007). Die „Better Government Association" wurde von Bürgern gegründet, die etwas gegen die Korruption in der Politik unternehmen wollten und denen dabei eine strikt überparteiliche Orientierung wichtig war. Schnell hat die Organisation entdeckt, dass sie sehr viel mehr erreichen konnte, wenn sie ihre Rechercheergebnisse nicht nur selbst veröffentlichte, sondern den Zeitungen zur Verfügung stellte und sich möglichst nach ersten Vorrecherchen bereits Partner für die Veröffentlichungen suchte. Das Modell ist folglich, dass eine Organisation, die quasi aus übergeordneten demokratietheoretischen Gründen recherchiert, ihre Ergebnisse den kommerziellen Medien zur Verfügung stellt. Eine solche Kooperation führt dazu, dass das sehr teure „investigative reporting" auch dann eine Chance hat, wenn es ökonomisch für die Redaktionen keinen Anreiz gibt, aufwändige und im Ausgang ungewisse Recherchen zu beginnen. Das „Center for Investigative Reporting" in San Francisco (CIR 2007) oder das „Center for Public Integrity" in Washington (CPI 2007) sind vergleichbare Government Watchdog Organizations. Zu der gemeinnützigen Rechercheförderung gehört auch, dass es in den USA mehrere Stipendien für große Recherche-Vorhaben gibt. Auch damit wird der ökonomische Nachteil, vor dem ein sehr aufwändiger Journalismus steht, zumindest zu einem kleinen Teil ausgeglichen.

## 3. Ökonomische Ebene: Chancen eines teuren und risikoreichen Journalismus

Der investigative Journalismus steht vor dem Problem, dass er im Regelfall keine ökonomische Effizienz beanspruchen kann. Während der Nachrichtenjournalismus gut standardisierbar und sein Endprodukt universell verkäuflich ist (Weischenberg 1995: 112ff.) und unterhaltungsbetonte Formate hohe Verkaufsauflagen oder Einschaltquoten garantieren, kommt der investigative Journalismus weitaus sperriger daher: Er ist riskant, weil er mit der Gefahr einhergeht, dass sich ein Anfangsverdacht auch nach aufwändigen Nachforschungen nicht schlüssig belegen lässt, der Aufwand dann also vergeblich war. Hinzu kommt, dass komplizierte Recherchen zumeist von erfahrenen Journalisten übernommen oder zumindest redaktionell betreut werden müssen, so dass teure Arbeitskraft gebunden wird. Schließlich ist der investigative Journalismus aber selbst im Erfolgsfall häufig mit Unannehmlichkeiten für den Verlag oder den Sender verbunden, denn konfliktträchtige Enthüllungen ziehen fast zwangsläufig Ärger mit Anzeigenkunden, Politikern oder Privatleuten nach sich, die sich gegen kritische Veröffentlichungen zu wehren versuchen.

Diesen Schwierigkeiten steht auf der ökonomischen Ebene der Vorteil gegenüber, dass der investigative Journalismus wie keine andere journalistische Form Exklusivberichte hervorbringt und damit im Medienwettbewerb auch Pluspunkte einspielen kann. Außerdem genießt der Recherche-Journalismus ein hohes professionelles Renommee und ist damit – auch unabhängig von weitergehenden demokratietheoretischen Überlegungen – ein wichtiger Imagefaktor.

Der ökonomische Nachteil des investigativen Journalismus wird in den USA zum Teil durch das beschriebene Zusammenspiel mit nichtkommerziellen Rechercheeinrichtungen kompensiert, aber keineswegs komplett ausgeglichen. Ungeachtet der Kosten, die investigativer Journalismus mit sich bringt, ist er in den USA nicht allein eine Domäne der großen Qualitätszeitungen, bei denen man diese journalistische Form schon aus Imagegründen vermuten würde. Immerhin ein Drittel der IRE-Mitglieder ist für Zeitungen tätig, deren Auflage unter 100.000 Exemplaren liegt (Redelfs 1996: 228). Unter den Pulitzer-Preisträgern in der Kategorie „Investigative Reporting" sind in den letzten zehn Jahren mehr kleine Zeitungen vertreten gewesen als Objekte großer Verlage. So wurden z. B. Projekte geehrt wie das des „Providence Journal-Bulletin" über Korruption im Justizapparat von Rhode Island, des „Orange County Register" über Mittelverschwendung an kalifornischen Universitätskliniken oder des „Toledo Blade" über die Kriegsverbrechen einer Spezialeinheit im Vietnamkrieg (Pulitzer 2007). Zwar können es sich vorrangig die großen Blätter leisten, ganze Teams von Journalisten dauerhaft für investigative Arbeit freizustellen, wie es etwa die „Washington Post" betreibt. Aber auch bei den Regionalzeitungen spielt die investigative Recherche traditionell eine wichtige Rolle, weil sie von Chefredakteuren oder Ressortleitern zum unverzichtbaren Selbstverständnis der Presse als vierte Gewalt gerechnet wird. Zeitungen wie der „Philadelphia Inquirer", der im Grunde keine große Ausstrahlung über das unmittelbare Verbreitungsgebiet hinaus besitzt, konnten über ambitionierte Recherche-Projekte sowohl lokale als auch nationale Aufmerksamkeit erzielen.

Ökonomisch brachte der Markt der amerikanischen Regional- und Lokalzeitungen über lange Zeit gute Voraussetzungen für teure Recherchevorhaben mit, denn die Gewinnmargen in dieser Branche lagen traditionell an der Spitze der US-Wirtschaft: 20 bis 30 Prozent waren in den 1980er und -90er Jahren keine Seltenheit. Bevor es in jüngster Zeit wie in Deutschland zu Anzeigeneinbrüchen kam, erreichte im Jahr 2000 selbst die durchschnittliche Gewinnspanne aller Zeitungsunternehmen 21,5 Prozent (Laventhol 2001: 19). Allerdings sind derartige Profitraten keine Garantie mehr dafür, dass die Erlöse in die redaktionellen Ressourcen investiert werden. Erstens genießen 99 Prozent der Blätter heute an ihrem Erscheinungsort eine Monopolstellung, brauchen sich also nicht durch außergewöhnliche journalistische Leistungen von Mitbewerbern abzuheben (Bagdikian 2004: 121). Der ökonomische Anreiz, nach Exklusivgeschichten zu recherchieren, entfällt damit. Zweitens sind heute 98 Prozent aller US-Zeitungen nicht mehr im Alleinbesitz einer Verlegerfamilie, sondern gehören zu einer der großen Zeitungsketten, die als Aktiengesellschaften organisiert sind. Dieser Strukturwandel hat inhaltliche Folgen. Wie der Pressekritiker Ben Bagdikian seit Jahren warnt, sehen sich die großen Unternehmen weniger dem Nutzen einer lokalen Gemeinde als vielmehr dem ihrer Aktionäre verpflichtet. Während traditionelle Verlegerfamilien kein Interesse hatten, die Gewinnspannen ständig weiter in die Höhe zu schrauben, solange ihre Zeitungen hinreichend profitabel waren, um einen angenehmen Lebensstandard und Zukunftsinvestitionen zu sichern, sind ständige Steigerungsraten aus der Perspektive von Börsenanalysten plötzlich zu einem wichtigen Faktor geworden.

Als abschreckendes Beispiel gilt in diesem Zusammenhang der größte Zeitungskonzern der USA, Gannett, der unter seinem Vorsitzenden Neuharth 86 Quartale hintereinander ständige Gewinnsteigerungen verkünden konnte – die zumeist mit Einsparungen bei den Redaktionsausgaben erkauft wurden (Roberts 2001: 14). Das Flaggschiff dieses Konzerns, die 1982 gegründete Tageszeitung „USA Today", ist mit ihren kurzen Artikeln, der Service-Orientierung und dem an der Fernsehästhetik geschulten Einsatz farbiger Grafiken zum Symbol für einen neuen, leicht konsumierbaren Journalismus geworden, der folgerichtig auch als „McPaper Journalism" bezeichnet wird. Die großen Profite führten wiederum zum Auftreten völlig neuer Investoren, die keinerlei publizistische

Mission mehr verfolgen. So ist der Pensionsfonds der Staatsbediensteten von Alabama über die 1997 gegründete Community Newspaper Holdings Inc. innerhalb von vier Jahren zum Besitzer von 115 Tageszeitungen und damit zu einem der wichtigsten Player in der US-Presselandschaft geworden (Facts about Newspapers 2001). Diese Entwicklung wird als „Corporatization" bezeichnet und von Journalisten wie Medienwissenschaftlern äußerst sorgenvoll kommentiert. Der „Columbia Journalism Review" erschien daher mit der warnenden Titelgeschichte „Money Lust – How Pressure for Profit is Perverting Journalism" (Hickey 1998).

Die Bedingungen für investigativen Journalismus bei den amerikanischen Tageszeitungen verschlechtern sich folglich seit einigen Jahren. Die Konzentrationswelle geht aufgrund veränderter Mediennutzungsgewohnheiten und der Konkurrenz durch Online-Medien mit einer ständig sinkenden Reichweite einher. So gaben 2004 nur noch 60 Prozent der Bevölkerung an, regelmäßig eine Tageszeitung zu lesen (The State of the News Media 2005: 9). Viele Redaktionen schrecken daher vor komplizierten und möglicherweise kontroversen Recherche-Geschichten zurück. Allerdings gibt es stets auch Gegenbewegungen und Versuche, sich gezielt vom Trend des „reader friendly journalism" und seiner leichten Konsumierbarkeit abzusetzen. Mit dem Kostendruck verändern sich gleichzeitig die Anforderungen an Rechercheprojekte: Sie müssen stärker als früher Erfolg versprechend sein, die Recherchehypothese also mit einiger Sicherheit und überschaubarem Aufwand belegt werden können. Auch an die Darstellung, den Stil und die gesamte Präsentation der Recherche-Ergebnisse wird nach Einschätzung der IRE heute ein erhöhter Anspruch gestellt. Damit kommt der Professionalisierung des Recherche-Journalismus eine große Bedeutung zu.

Auf dem amerikanischen Zeitschriftenmarkt dominieren die Spezialmagazine. Sie haben zumeist wenig Interesse an investigativem Journalismus, weil sie in ihrem möglichst präzise definierten Marktsegment von einer sehr speziellen Anzeigenklientel abhängig sind, die nicht durch kritische Berichte über die eigene Branche verschreckt werden soll. Politische Magazine wie „The Nation", „The Progressive" oder „Mother Jones" drucken gelegentlich aufwändigere Rechercheberichte, können ihren freien Autoren allerdings nur wenig Honorar zahlen und sind damit auf das beschriebene Netzwerk der nichtkommerziellen Zusatz-Finanzierung angewiesen. Die Nachrichtenmagazine „Time", „Newsweek" und „U.S. News & World Report" sehen sich traditionell eher als Chronisten des Wochengeschehens, das mit Hintergrund und Analyse angereichert wird – nicht so sehr als Hort der Rechercheure wie in Deutschland der „Spiegel".

Im US-Fernsehen gilt das Magazin „60 Minutes" als Flaggschiff des „investigative reporting". Mit ihrer Mischung aus gründlicher Recherche, unterhaltungsbetonten und personenorientierten Stücken ist die CBS-Sendung auch kommerziell derart erfolgreich, dass sie ihrem Network Anfang der 1990er Jahre jährliche Gewinne von 50 bis 70 Millionen Dollar eingebracht haben soll (Zimmerman 1993: 41). Mittlerweile ist diese Spanne auf immer noch stolze 40 Millionen Dollar Jahresgewinn geschrumpft (Schuler 2002). Über Jahrzehnte zählte „60 Minutes" zu den Sendungen des US-Fernsehens mit der höchsten Einschaltquote und demonstrierte damit, dass aufwändige und provokative Recherchen sowie kommerzieller Erfolg kein zwangsläufiger Gegensatz sein müssen.

Insgesamt spielt der investigative Journalismus im US-Fernsehen nicht die Rolle, die er bei den Tageszeitungen einnimmt. Die im kommerziellen Fernsehen zwangsläufigen Versuche, den Erfolg von „60 Minutes" durch ähnliche Formate zu kopieren, haben sich wiederholt als Flop erwiesen, weil zu sehr auf vordergründige Unterhaltungseffekte wie überfallartige Interviews und die Verfolgung vermeintlicher Missetäter mit versteckter Kamera gesetzt wurde. Das Etikett „investigativ" diente dabei häufig der besseren Vermarktung, ohne dass die auf dramatische Effekte angelegte Machart durch die reale Tragweite des „Skandals" gedeckt war. Auch lokale Fernsehstationen setzen gerne auf den hohen Aufmerksamkeitswert sensationsheischender Enthüllungsberichte. Sie werden vorrangig zur „sweeps period" ausgestrahlt, wenn die für die Werbepreise relevanten Einschaltquoten gemessen werden. Innerhalb der journalistischen Zunft stößt dieser Missbrauch des Begriffes „investigativ" auf heftige – allerdings folgenlose – Kritik.

## 4. Rechtliche Rahmenbedingungen: großes Gewicht der „vierten Gewalt" und weitgehende Auskunftsrechte

Während in Deutschland die Rolle der Presse als „vierte Gewalt" durchaus kontrovers diskutiert wird und sofort die Frage nach der Legitimation einer solchen Funktion nach sich zieht (Kleinsteuber 1997), hat das oberste Gericht der USA den Medien wiederholt eine „checking value" zugesprochen. Noch vor der Watergate-Erfahrung formulierte Richter Hugo Black 1971 in der berühmten Entscheidung zum Fall der „Pentagon Papers", die die „New York Times" veröffentlicht hatte, obwohl sie dafür von der Regierung des Landesverrats bezichtigt wurde:

> „The Government's power to censor the press was abolished so that the press would remain forever free to censure the Government. The press was protected so that it could bare the se-

crets of government and inform the people. Only a free and unrestrained press can effectively expose deception in government." (zit. n. Blasi 1977: 649)

In den wichtigen presserechtlichen Entscheidungen hat der Supreme Court folgerichtig den Schutz der Pressefreiheit deutlich über die Rechtsinteressen Einzelner gestellt, etwa beim Beleidigungsschutz. Mit ihrem Urteil im Fall „New York Times vs. Sullivan" haben die obersten Richter 1964 eine sehr hohe Hürde errichtet, die Journalisten vor Regressansprüchen von Personen des öffentlichen Lebens schützt. Die Anforderung, dass eine ehrverletzende Veröffentlichung nicht nur auf unzutreffenden Behauptungen basiert, sondern in Kenntnis der Unwahrheit in böswilliger Absicht veröffentlicht worden sein muss, macht es für Inhaber öffentlicher Ämter nahezu unmöglich, die Medien erfolgreich auf Schadenersatz zu verklagen. Ein solches Urteil hat für einen Journalismus, der in seiner Grundanlage konfliktorientiert ist, natürlich eine besondere Bedeutung. Einige Autoren vertreten daher die Auffassung, die legendäre Sullivan-Entscheidung habe den Aufschwung des investigativen Journalismus in den späten 1960er und -70er Jahren überhaupt erst möglich gemacht (so Lewis 1991: 158).

Zwar hat es im Laufe der Jahre immer wieder Einzelfallentscheidungen gegeben, die von den amerikanischen Journalistenverbänden kritisiert wurden (Kirtley 2000). Insgesamt ist es in den USA aber bei „pressefreundlichen" Entscheidungen geblieben – und zwar auch unter der konservativen Mehrheit des Supreme Court. Während auf Feldern der Bürgerrechts- oder Sozialgesetzgebung deutliche Neugewichtungen durch die Konservativen zu erkennen sind, bleibt der gesamte Bereich des First Amendment von dieser Akzentverschiebung bisher ausgespart. Das dürfte daran liegen, dass die von Reagan und Bush senior berufenen Richter vor allem auf Staatsferne setzen – und in diesem Punkt die Presserechtsprechung früherer Jahre durchaus mittragen können.

Eine zentrale Bedeutung für den investigativen Journalismus hat der Informantenschutz. Obwohl die Mehrzahl der US-Bundesstaaten ihn mit so genannten „shield laws" garantieren, kommt es immer wieder zu spektakulären Fällen, in denen Journalisten zur Preisgabe von Namen gezwungen werden sollen. Im Herbst 2004 waren in den USA gleich acht Reporter von Beugehaft bedroht, weil sie sich weigerten, die Namen ihrer Informanten preiszugeben. Der bekannteste Fall betraf dabei die wegen ihrer regierungsnahen Irak-Berichterstattung umstrittene „New York Times"-Journalistin Judith Miller, die tatsächlich 85 Tage im Gefängnis verbrachte, bis ihr Informant sie von ihrem Schweigegelübde entband. Zwei Sportreporter des „San Francisco Chronicle", die über Doping im Baseball berichtet hatten, wurden 2006 zu 18 Monaten Haft verurteilt, weil sie ihre Quellen nicht offen legen wollten. Die Zeitung ist in die Berufung gegangen. US-Journalisten der renommierteren Medien begreifen es dabei als Ehrensache, lieber die Strafverfolgung in Kauf zu nehmen, als ihre Quellen zu offenbaren. Festzuhalten bleibt allerdings, dass der Informantenschutz in den USA rechtlich schlechter abgesichert ist als in Deutschland.

Ein weiterer rechtlicher Aspekt bezieht sich auf die Regelung zum Informationszugang: Nach dem Freedom of Information Act (FOIA), den es bereits seit 1966 gibt und der durch Novellierungen zuletzt 1996 bürgerfreundlicher gestaltet wurde, unterliegen alle Bundesbehörden einem sehr weitgehenden Auskunftsanspruch. Über den journalistischen Informationsanspruch hinausgehend besteht danach auch ein Recht, Einsicht in Originalakten zu nehmen oder sich Kopien davon anfertigen zu lassen, soweit keine Ausnahmetatbestände aufgrund von Fragen nationaler Sicherheit, Betriebs- und Geschäftsgeheimnissen oder personenbezogenen Daten greifen. Die Einsicht in Originalakten ist für die journalistische Recherche naturgemäß ergiebiger als die Auskünfte der Pressestellen. In der Bundesrepublik wurde ein solches allgemeines Akteneinsichtsrecht auf Bundesebene zwar viele Jahre diskutiert, scheiterte aber zunächst am Widerstand der Ministerialbürokratie, die am deutschen Prinzip der „Amtsverschwiegenheit" festhalten wollte. Als letztes Reformprojekt der Regierung Schröder/Fischer wurde das Informationsfreiheitsgesetz (IFG) im Sommer 2005 beschlossen, allerdings in Form eines typischen Kompromissgesetzes, das der Verwaltung durch breite Ausnahmeklauseln viel Spielraum lässt, um die Akteneinsicht zu verweigern (Redelfs 2005). 2006 ist das IFG in Kraft getreten – 40 Jahre, nachdem die USA ein Akteneinsichtsrecht für Jedermann eingeführt haben.

Da der Datenschutz in den USA eine geringere Rolle spielt als in Deutschland, machen manche Behörden sogar ihre Rohdaten zugänglich. Aufgrund dieser Praxis konnte sich mit dem „Computer-Assisted Reporting" sogar eine ganz neue Spezialisierung herausbilden: die Auswertung von öffentlich verfügbaren Regierungsdaten und die Verknüpfung mit anderen Datenbeständen, um in diesem Abgleich-Verfahren journalistisch interessante Erkenntnisse zu gewinnen (Redelfs 2001a). Beispielsweise konnte das „Wall Street Journal" anhand der Auswertung von 2,7 Millionen Einzelfällen von Hausverkäufen nachweisen, dass Schwarze bei der Vergabe von Hypothekenkrediten benachteiligt wurden, auch wenn sie das gleiche Einkommensniveau vorweisen konnten wie weiße Antragsteller. Die entscheidenden Daten waren nach dem Home Mortgage Disclosure Act öffentlich und mussten nur ausgewertet werden, um ein Phänomen empirisch zu belegen, das auf der anekdotischen Ebene bereits seit langem bekannt war. Seit 1989 widmet sich das National Institute for Computer-Assisted Reporting (NICAR) der Weiterbildung von Journalisten, die Rohdaten der Verwaltung für innovative Recherchen nutzen möchten. Diese Einrichtung wurde mit Hilfe der Journalistenorganisation „Investigative Reporters

& Editors" an der Journalism School in Columbia/Missouri ins Leben gerufen und ist ein gutes Beispiel dafür, wie US-Journalisten die ihnen zur Verfügung stehenden rechtlichen Möglichkeiten sehr zielstrebig zum Aufbau neuer Recherche-Kompetenzen genutzt haben.

Zwar beklagen sich die US-Journalisten zu Recht, dass das Antragsverfahren sehr lange dauert und viele Behörden mauern. Trotzdem kann der FOIA bei längerfristigen Hintergrundrecherchen eine wichtige Hilfe sein. Ein Beispiel mag dies illustrieren: Präsident Bush hat vor Antritt seines Amtes einigen Freunden mitgeteilt, er werde aus dem Weißen Haus keine privaten E-Mails mehr verschicken, weil sie nach einer fünfjährigen Sperrfrist unter die Transparenzverpflichtungen fallen könnten. Er hat damit offenbar die Konsequenz aus Erfahrungen während seines Wahlkampfes gezogen, denn da hatte die „New York Times" unter Berufung auf den Freedom of Information Act seinen Terminkalender als Gouverneur in Texas eingesehen und ausgewertet. Die Zeitung versprach sich davon Erkenntnisse über seinen persönlichen Arbeitsstil und kam zu dem Ergebnis, dass Bush normalerweise gegen 9 Uhr seinen Dienst begonnen hatte, zwei Stunden Mittagspause machte, um Zeit zum Joggen zu haben, und letzte Termine bis 17 Uhr ansetzte. Auf die Entscheidung, ob Todesurteile vollstreckt werden sollen, hatte er nach Auswertung der Zeitung 10 bis 15 Minuten verwendet (Kristof 2000, Redelfs 2001b). Der Fall zeigt, wie weit die Transparenzverpflichtung in den USA geht.

Nach dem 11. September 2001 hat Justizminister Ashcroft ein Memo an alle Regierungsstellen herausgegeben, das zu einer deutlich restriktiveren Interpretation des FOIA aufruft und allen Behörden Rückendeckung durch das Justizministerium anbietet, falls sie aus Sicherheitsgründen Dokumente zurückhalten möchten. Ebenfalls in Reaktion auf die Terroranschläge wurde mit einer Gesetzesnovellierung im Jahr 2002 der Informationszugang bei Geheimdiensten ausgeschlossen, sofern die Antragsteller aus dem Ausland stammen oder für ausländische Organisationen agieren (USDOJ 2004). Die Journalistenorganisation „Reporters Committee for Freedom of the Press" hat die Versuche, Rechercherechte zu beschneiden, sorgfältig dokumentiert und immer wieder dagegen protestiert (Dalglish/Leslie 2005). Trotz dieser Vorstöße, ein wichtiges Mittel zur Herstellung von Transparenz zu beschneiden, ist es auch in jüngerer Zeit zu einigen Aufsehen erregenden Enthüllungen gekommen, die letztlich auf FOIA-Anträge zurückgehen: Im Frühjahr 2004 veröffentlichte ein Internet-Aktivist Bilder von Särgen toter US-Soldaten, die aus dem Irak überführt worden waren. Die Air Force hatte diese amtlichen Aufnahmen anhand eines auf Verdacht gestellten FOIA-Antrages freigegeben (Carter 2004). Dabei war das Pentagon eigentlich bestrebt, Symbolfotos von den Opfern des Irak-Krieges möglichst komplett aus der Berichterstattung fernzuhalten, um ein Kippen der öffentlichen

Meinung zu verhindern. Ende des Jahres 2004 gelang es der Bürgerrechtsvereinigung „American Civil Liberties Union" wiederum mit Hilfe des FOIA, die Freigabe von Berichten über Folterungen irakischer Gefangener zu erstreiten (ACLU 2004). Anfang 2007 setzte die Nachrichtenagentur AP durch, dass die Statistik über im Irak getötete Zivilbeschäftigte veröffentlicht werden musste, nachdem bis dahin nur die militärischen Opfer bekannt waren.

Das National Security Archive, das sich auf die Enthüllung ehemaliger Regierungsgeheimnisse spezialisiert hat, ermittelte anhand von Pressedatenbank-Auswertungen für eine Zwölfmonatsperiode 2003/2004 mehr als 4.000 Zeitungsberichte, die auf den Freedom of Information Act als Quelle Bezug nahmen (National Security Archive 2004). Auch wenn darunter bei den spektakuläreren Fällen etliche Mehrfachnennungen der gleichen Recherche sein mögen, unterstreicht dieser Befund den Stellenwert, den der FOIA für den investigativen Journalismus in den USA hat.

## 5. Professionelle Faktoren: Rechercheausbildung, berufliche Leitbilder und Redaktionsorganisation stärken investigatives Element

Der Recherchejournalismus in den USA profitiert von einer langen Tradition der praxisnahen akademischen Journalistenausbildung. Die erste Journalistenschule wurde in Amerika 1908 in Columbia/Missouri gegründet. Im Jahr 2005 boten ganze 458 Colleges und Universitäten ein Kursprogramm in „journalism" oder „mass communication" an, für das insgesamt 195.000 Studenten eingeschrieben waren (Becker et al. 2006a). Unter den Neueinstellungen, die direkt vom College zu einer Zeitung gingen, hatten im Jahr 2005 bereits 85 Prozent einen Abschluss einer „journalism school" und beim Fernsehen sogar 92 Prozent (Becker et al. 2006b). In Deutschland haben die Hochschulen sich dagegen erst sehr spät, ab den 1980er Jahren, um die Journalistenausbildung gekümmert und allmählich mehr angeboten als rein wissenschaftliche Studiengänge. Während bei uns Recherche oft noch als quasi angeborene persönliche Fähigkeit behandelt wird, sind die US-Kollegen da von Anfang an sehr pragmatisch gewesen und haben Recherche als Handwerk behandelt, zu dem eigene Kurse angeboten werden. Diese unterschiedliche Herangehensweise macht sich auch daran fest, dass es in Amerika etliche Lehrbücher zur Recherche allgemein und auch speziell zu „investigative reporting" gibt (u. a. Anderson/Benjaminson 1990, Gaines 1998, Ullmann 1995, Weinberg 1996), während in Deutschland das mittlerweile in sechster Auflage vorliegende Standardwerk von Michael Haller (zuerst 1983, jetzt 2004a) lange Zeit ein Solitär war und erst in den zurückliegenden Jahren weitere Veröffentlichungen zur Recherche-Methodik erschienen sind (Schöfthaler 1997, Leif 1998, Brendel/Brendel 1998, Ludwig 2002, Leif 2003, Netzwerk Recherche 2003).

Die Unterschiede auf der professionellen Ebene sind besonders auffällig, wenn man sich die beruflichen Leitbilder in den USA und in Deutschland vor Augen führt: Der hartnäckige Rechercheur gehört in Amerika spätestens seit „Watergate" zum journalistischen Mythos und hat in jüngerer Zeit mit dem Film „Insider" über eine Aufsehen erregende Recherche von „60 Minutes" erneut Eingang in die Populärkultur gefunden. Große Recherche-Projekte sind für US-Zeitungen die beste Methode, im Wettstreit um die Pulitzer-Preise mitzumischen und damit das Renommee des eigenen Blattes zu steigern. Bedingt durch die berufliche Spezialisierung bringt der US-Journalismus immer wieder bekannte Rechercheure hervor, die nicht nur innerhalb der Profession, sondern auch in der Öffentlichkeit Prominenz besitzen und damit Anerkennung genießen. Fragt man hingegen in Deutschland nach den Namen von investigativen Journalisten, so müssen selbst Vertreter der Presse lange überlegen (Hielscher 2004: 9). Hans Leyendecker, der in Deutschland sicherlich am eindeutigsten mit dem investigativen Journalismus identifiziert und daher an dieser Stelle immer wieder als Zeuge bemüht wird, hat die Situation treffend beschrieben: „Wer bei einer Zeitung den Leitartikel schreiben darf und sonntags im Presseclub sitzen darf, hat den Ausweis höchster Kompetenz erreicht." (Leyendecker 2001) Das berufliche Leitbild wird in Deutschland eher durch Feuilletonisten und Kommentatoren geprägt als durch Rechercheure. Wer als Journalist intensiv nachforscht, sieht sich in der Bundesrepublik mitunter gar als „Schnüffler" diskreditiert (Preger 2004: 55ff.).

Der unterschiedliche Stellenwert der Recherche bei amerikanischen und deutschen Journalisten ist auch anhand empirischer Berufsstudien belegt, die mittlerweile in mehreren Untersuchungswellen vorliegen. Zwar dominiert in beiden Ländern ein Rollenverständnis als Informationsvermittler, wie Weaver und Wilhoit (1996: 136 und 2007) bzw. die Forschungsgruppe Journalismus um Siegfried Weischenberg herausgearbeitet haben (Scholl/Weischenberg 1998: 233 und Weischenberg/Malik/Scholl 2006: 102). Die Gegenüberstellung der Rollenselbstbilder (vgl. Tabelle 1) weist allerdings für die USA gleichzeitig eine sehr hohe Zustimmung für das Ziel „investigate government claims" aus, wie es in der US-Umfrage heißt. Während dieses Bestreben im Jahr 1992 von 67 Prozent der US-Journalisten als „wichtig oder sehr wichtig" eingestuft und damit fast gleichauf mit der Informationsfunktion genannt wurde, liegt die Zustimmungsrate bei der jüngsten US-Studie von 2002 sogar bei 71 Prozent, gegenüber 59 Prozent für die Rolle des schnellen Informationsvermittlers. Die Aufgabe als „watchdog" hat demnach in den Vereinigten Staaten sogar noch an

|  | Deutschland | USA |
|---|---|---|
| komplexe Sachverhalte erklären und vermitteln | 79 | 51 |
| dem Publikum möglichst schnell Informationen vermitteln | 74 | 59 |
| sich auf Nachrichten konzentrieren für das weitest mögliche Publikum | 60 | 15 |
| dem Publikum Unterhaltung und Entspannung bieten | 37 | 10 |
| die Bereiche Politik, Wirtschaft und Gesellschaft kontrollieren | 24 | 71 |
| *Anzahl der befragten Journalisten* | *N = 1.518-1.536* | *N = 1.149* |

*Tab. 1:* Journalistisches Rollenverständnis (Prozentsatz der Journalisten, die der genannten Aufgabe voll und ganz oder überwiegend zustimmen; Quelle: Weischenberg/Malik/Scholl 2006: 117)

Gewicht gewonnen. Dieser Befund deckt sich mit dem Bild, dass eine Kontrollfunktion gegenüber der Regierung unter US-Journalisten als zentrale Aufgabe gesehen wird. Zugleich muss allerdings daran erinnert werden, dass es sich hier um das Rollenselbstbild handelt, aus dem nicht zwingend auf die Berufspraxis geschlossen werden kann. So ist es bemerkenswert, dass die hohe Zustimmung zur Kontrolle von Regierungsaktivitäten ein Jahr nach dem 11. September 2001 geäußert wurde, also zu einem Zeitpunkt, als die amerikanischen Medien sich in ihrer Mehrheit nicht gerade durch eine besonders kritische Haltung ausgezeichnet haben. Aber selbst wenn man die US-Ergebnisse bei diesem Item zum Teil als Selbststilisierung verbucht, fallen die deutlichen Unterschiede zur deutschen Journalistenstudie auf, deren Daten im Jahr 2005 erhoben wurden: Nur ein Viertel der deutschen Journalisten beansprucht eine Wächterrolle, gegenüber mehr als zwei Dritteln in den Vereinigten Staaten. Dabei war in Deutschland sogar breiter gefragt worden, nämlich nach der Kontrolle der Bereiche Politik, Wirtschaft und Gesellschaft, während sich die US-Erhebung allein auf die Regierung bezog („investigating government claims").

Es ist nahe liegend, dass ein Selbstbild als Kontrolleur die investigative Recherche begünstigt, weil damit die Bereitschaft steigt, gegen Widerstände zu arbeiten und z. B. bei mangelnden redaktionellen Ressourcen auch Überstunden und Selbstausbeutung in Kauf zu nehmen, um eine schwierige Nachforschung zu Ende zu bringen. Diese Plausibilitätsüberlegung wird empirisch gestützt durch eine explorative Studie, die sich mit den Wächterpreisträgern in Deutschland befasst hat und dabei zu dem Ergebnis kommt, dass sich ihr Rollenverständnis deutlich von der Mehrheit der deutschen Journalisten unterscheidet: Die Zeitungsjournalisten, die für eine investigative Leistung mit dem Wächterpreis ausgezeichnet wurden, sehen sich eher als aktive Kritiker und Kontrolleure von Macht denn als neutrale Übermittler von Nachrichten (Gievert 2007: 83 und 2006: 198). Zu dem gleichen Resultat kommt eine weitere neuere Untersuchung, für die elf investigativ arbeitende deutsche Journalisten nach ihrem Selbstverständnis und ihrer Arbeitsweise gefragt wurden (Cario 2006: 126).

Dass in den USA anders gearbeitet wird als in Deutschland, macht sich auch an der Ethik-Debatte fest: Aggressive Recherchemethoden sind in den Vereinigten Staaten eher akzeptiert, weil sie dem Selbstbild entsprechen, im Dienste der Allgemeinheit und eines „public right to know" tätig zu sein.

Rund zwei Drittel der US-Journalisten erachteten es 1992 als legitim, sich als Mitarbeiter in einem Betrieb oder einer Organisation zu betätigen, um an interne Informationen zu kommen. Bei der jüngsten Umfrage 2002 waren es noch gut die Hälfte (s. Tabelle 2). Diese Methode, die in Deutschland vor allem durch Günter Wallraff bekannt wurde, hielt in der Bundesrepublik 1993 nur ein Fünftel der Journalisten für akzeptabel, und heute stimmt dem sogar nur noch jeder zehnte zu. Noch deutlicher fallen die Unterschiede aus, wenn es darum geht, ob vertrauliche Regierungsunterlagen verwendet werden dürfen: Vier

|  | Deutschland | | USA | |
| --- | --- | --- | --- | --- |
|  | 1993 | 2005 | 1992 | 2002 |
| sich als Mitarbeiter in einem Betrieb betätigen, um an interne Informationen zu kommen | 22 | 11 | 63 | 54 |
| vertrauliche Regierungsunterlagen verwenden | 26 | 25 | 82 | 78 |
| Informationsquellen unter Druck setzen | 2 | 1 | 49 | 52 |
| private Unterlagen wie Briefe und Fotos ohne Erlaubnis veröffentlichen | 2 | 1 | 48 | 42 |
| sich durch Geldzuwendungen vertrauliche Unterlagen beschaffen | 19 | 6 | 20 | 17 |
| sich als eine andere Person ausgeben, falsche Identität benutzen | 19 | 8 | 22 | 14 |
| Informationsquellen Vertraulichkeit zusagen, aber nicht einhalten | 1 | 1 | 5 | - |
| *Anzahl der befragten Journalisten* | N = 1.192 | N = 1.529-1.536 | N = 1.156 | N = 1.149 |

*Tab. 2:* Einstellungen zu umstrittenen Recherchemethoden (Prozentsatz der Journalisten, die die Methode für vertretbar halten; Quellen: Scholl/Weischenberg 2006: 301 und Weaver/Wilhoit 2007)

Fünftel der US-Journalisten stimmen zu, aber nur ein Viertel ihrer deutschen Kollegen, wobei dieser Wert über die Jahre weitgehend gleich geblieben ist. Dass Recherche in den Vereinigten Staaten aggressiver betrieben wird, zeigt sich auch daran, dass rund die Hälfte der Befragten Informanten unter Druck setzen würde – ein Vorgehen, das in Deutschland so gut wie gar keine Anhänger findet. Insgesamt ist in beiden Ländern die Neigung zu kontroversen Recherchemethoden zurückgegangen, allerdings in Deutschland stärker als in den USA, so dass sich der ohnehin schon merkliche Abstand weiter vergrößert hat.

Aus diesen empirischen Befunden sollte keineswegs der Schluss gezogen werden, US-Journalisten seien grundsätzlich skrupelloser. In manchen Punkten herrschen in den Vereinigten Staaten sogar striktere Standards als in Deutschland. Dies gilt insbesondere für den Missbrauch der beruflichen Rolle zum persönlichen Vorteil: Während in Deutschland der Einsatz des Presseausweises für private Zwecke ein Kavaliersdelikt ist – wenn nicht gar ein Volkssport, wenn man sich einschlägige Tipp-Seiten im Internet anschaut –, gilt dies bei den Qualitätsmedien der USA als schwerer ethischer Verstoß und als Kündigungsgrund. Mögliche Interessenkonflikte sind Gegenstand der in den USA weit verbreiteten „ethic codes", die sowohl von Berufsverbänden der Journalisten wie Verlegerverbänden und einzelnen Verlagen erlassen wurden. So heißt es im „Standards and Ethics Code" der „Washington Post" beispielsweise unzweideutig: „Free admissions to any event that is not free to the public are prohibited." (Lippman 1989: 2) Die Zeitung, die seit ihren Watergate-Recherchen einen Ruf als Speerspitze des „investigative reporting" zu verteidigen hat, verlangt außerdem seit Jahren von allen Mitarbeitern des Wirtschaftsressorts, eigenen Aktienbesitz oder sonstige Investitionen offen zu legen, so dass Interessenkonflikte in der Berichterstattung vermieden werden können. Für die ständige Selbstverständigung darüber, was ethisch zulässig ist, bilden außerdem die Journalistenzeitschriften wie „Columbia Journalism Review" und „American Journalism Review" ein zentrales Forum. Über die dort laufenden Debatten werden auch Standards für den Recherche-Journalismus definiert.

Die Ausbildung eines Selbstverständnisses als „Rechercheur" wird in den Vereinigten Staaten des Weiteren gefördert durch die striktere Rollentrennung in „reporters", die recherchieren und schreiben, „editors", die die redaktionelle Betreuung übernehmen, und „editorial writers", denen die Kommentierung vorbehalten ist. In Deutschland kommen dagegen viel häufiger Mischtätigkeiten vor. Patterson und Donsbach haben in ihrer international vergleichenden Journalistenstudie „Media and Democracy" festgestellt, dass der Anteil der Journalisten, die gleichzeitig selbst recherchieren und kommentieren, in Deutschland bei 74 Prozent, in den USA aber nur bei 17 Prozent liegt. Eine Aufgabenüberlappung beim Recherchieren und Redigieren ermittelte die Forschungsgruppe in

Deutschland bei 57 Prozent, gegenüber 27 Prozent in den USA (vgl. dazu Donsbach 1993). Die stärkere Spezialisierung hat zur Konsequenz, dass sich leichter ein Selbstverständnis als „Rechercheur" herausbilden kann. Wer recht eindeutig auf diese Rolle festgelegt ist, wird sich zwangsläufig über dieses berufliche Profil definieren und an der Verbesserung handwerklicher Fähigkeiten im eigenen Spezialgebiet arbeiten.

Den höheren Stellenwert der Recherche fanden Donsbach und Patterson auch bei den Quellen wieder, die die Journalisten für ihren letzten Bericht zugrunde gelegt haben (vgl. Tabelle 3): Die US-Journalisten nutzten nach eigenen Angaben häufiger Gespräche mit Experten, Interviews mit Augenzeugen, Kontakte zu Politikern sowie Sprechern von Organisationen, Straßen-Interviews und Umfragedaten. Lediglich bei zwei Quellen lagen die deutschen Journalisten vorn: Sie griffen häufiger auf Agenturmeldungen und Pressemitteilungen zurück, was gewiss nicht als anspruchsvolle „Recherchetechnik" gelten kann. Dieser empirische Befund deckt sich mit den persönlichen Eindrücken namhafter Auslandskorrespondenten, die die Zeitschrift „Sage & Schreibe" 1994 für ihr Themenheft über „Journalisten in Deutschland" befragt hat.

|  | Deutschland | USA |
|---|---|---|
| Augenzeuge | 32 | 49 |
| Straßeninterview | 11 | 16 |
| Politiker | 36 | 46 |
| Experte | 49 | 57 |
| Sprecher von Organisation | 22 | 39 |
| Umfrage | 6 | 15 |
| Pressemitteilung | 22 | 17 |
| Agenturmeldung | 57 | 29 |
| *Anzahl der befragten Journalisten* | *N = 299* | *N = 281* |

*Tab. 3:* Quellen für den letzten Bericht (Quelle: Donsbach 1993: 290)

Zwar liegt die Untersuchung von Patterson und Donsbach mittlerweile lange zurück, doch gibt es empirische Anhaltspunkte dafür, dass die deutschen Journalisten bei der Recherche in der Zwischenzeit nicht aufgeholt haben: Im Vergleich ihrer Erhebungen von 1993 und 2005 konstatiert die Forschungsgruppe um Siegfried Weischenberg eine Abnahme der Zeit, die in deutschen Redaktionen auf Recherche verwandt wird, nämlich von durchschnittlich 140 auf 117 Minuten (Weischenberg/Malik/Scholl 2006: 80). Der Leipziger Journalistik-Professor Michael Haller fand bei der Untersuchung von Regionalzeitungen eine deutliche Zunahme PR-induzierter Texte (Haller 2005). Ferner ermittelte er bei seiner Befragung für die Lokalredaktionen mit durchschnittlich 90 bis 100 Minuten einen geringeren Zeitaufwand für Recherche als die Münsteraner Forschungsgruppe im Jahr 1993 und 2005 (Haller 2004b: 43). Selbst bei den Landesbüros der Nachrichtenagentur dpa ergab eine Studie aus dem Jahr 2005, dass gut die Hälfte der Meldungen auf PR-Mitteilungen zurückging. Die Mehrzahl wurde nicht um weitere Stimmen ergänzt, so dass 87 Prozent der PR-induzierten Meldungen nur eine Quelle hatten (Höhn 2005).

Diese neueren Untersuchungen trüben die Hoffnung, dass sich die von Donsbach konstatierte Kluft mittlerweile geschlossen hat. Auch wenn man seine Schlussfolgerungen aus der gesamten „Media and Democracy"-Studie nicht teilt, deutsche Journalisten würden sich durch einen besonderen politischen Missionseifer auszeichnen, so ist doch seine Einschätzung begründet, dass sich der amerikanische Journalismus im Vergleich zum deutschen stärker als Recherchejournalismus erweist.

Folgerichtig hat sich in den USA bereits früh eine journalistische Berufsorganisation gebildet, die sich speziell der Förderung des investigativen Journalismus widmet (Aucoin 2005: 117ff.). Seit ihrer Gründung 1975 sind die „Investigative Reporters & Editors" zu einem Verband mit mittlerweile rund 4.000 Mitgliedern angewachsen. Die Organisation bringt Rechercheure zum Erfahrungsaustausch zusammen, bietet Fortbildungen an und trägt damit zu einer sehr fruchtbaren innerprofessionellen Debatte über Recherche bei (Redelfs 1996: 223ff., IRE 2007).

Abgesehen von der Ausbildung, den unterschiedlichen beruflichen Leitbildern und dem Faktor der Redaktionsorganisation dürfte noch ein ganz pragmatischer Grund eine Rolle dafür gespielt haben, dass die US-Journalisten es leichter hatten, einen spezialisierten Berufsverband für Rechercheure ins Leben zu rufen: Die Amerikaner profitieren von der Struktur ihres Medienmarktes. Schon wegen seiner geografischen Ausdehnung handelt es sich um einen regionalen und lokalen Markt. Vor allem die Presselandschaft ist viel stärker als im kleinen Deutschland regional ausgerichtet. Ein Recherchethema, das in Florida erfolgreich war, kann im Mittleren Westen oder an der Westküste problemlos noch einmal mit ähnlichem Ansatz behandelt werden. Die Journalisten stehen also nicht so stark in Themenkonkurrenz, wie das in Deutschland der Fall ist, und lassen sich eher auf einen Erfahrungsaustausch mit Kollegen ein.

## 6. Ausblick: Übertragbarkeit auf Deutschland stößt an Grenzen

Zusammenfassend ist festzuhalten, dass „investigative reporting" von einer ganzen Reihe von Faktoren profitiert, die US-spezifisch sind. Des Weiteren ist hervorzuheben, dass etliche Einflüsse auf diese journalistische Spezialisierung identifiziert werden konnten, die über die individuelle Ebene journalistischer Tugenden klar hinausgehen. Während Faktoren der politischen Kultur – wie etwa das Verhältnis zwischen Öffentlichkeit und politischen Repräsentanten oder die unterstützende Rolle philanthropischer Organisationen – kaum beeinflussbar und per definitionem nur einem langsamen Wandel unterworfen sind, ergeben sich Ansatzpunkte für die Rechercheförderung in Deutschland am ehesten auf der professionellen Ebene. Tatsächlich spricht die Veröffentlichung neuer Lehrbücher und Erfahrungsberichte zum Thema Recherche in den letzten Jahren für ein vermehrtes Interesse an dieser journalistischen Schlüsselqualifikation. Wichtige Anstöße für das Spezialgebiet investigative Recherche sind schließlich von der Selbstorganisation der Journalisten zu erwarten: In den USA, wo es schon früh eine „kritische Masse" von Journalisten gab, die sich auf investigative Methoden spezialisiert haben, konnte der Berufsverband „Investigative Reporters & Editors" im Laufe von 30 Jahren die Vernetzung innerhalb der Profession voranbringen, sich in der Fortbildung engagieren und durch Fachtagungen ein Forum für eine lebhafte Qualitätsdebatte bieten.

Dass mit dem „Netzwerk Recherche" im Jahr 2001 in Deutschland eine ähnliche Organisation entstanden ist, lässt hoffen, dass die Recherche nunmehr auch hierzulande größeres Gewicht erhält. Mittlerweile sind diesem spezialisierten Berufsverband 450 Journalisten beigetreten. Mit der Veranstaltung von Fachtagungen und Fortbildungen, der Vergabe von Recherche-Stipendien sowie eines Recherche-Preises und der Veröffentlichung von Recherche-Leitfäden entfaltet das Netzwerk Aktivitäten, die nicht zufällig mit denen der amerikanischen Schwesterorganisation vergleichbar sind. Auch in Deutschland ist somit eine Qualitätsdiskussion angestoßen worden, die der Recherchekultur nur zuträglich sein kann. Anders als in den USA, wo die IRE in einer Boomphase des „investigative reporting" gegründet wurden, haben diese Bemühungen in Deutschland allerdings zu einem Zeitpunkt begonnen, der für einen kritischen, hintergründigen Journalismus eher schwierige Rahmenbedingungen bietet: Durch die Anzeigenkrise betreiben viele Zeitungen eher Personalabbau als einen

Ausbau der Recherchekapazitäten. Der Zuspruch, den das Netzwerk Recherche findet, ist in dieser Hinsicht auch als Versuch der Journalisten zu werten, ein kritisches Gegenbild zu den vorherrschen Medientrends aufrecht zu erhalten. Um Missverständnissen vorzubeugen, sei abschließend nochmals betont, dass der Recherche-Journalismus auch in den USA nur einen kleinen Ausschnitt der Medienlandschaft repräsentiert. Wie in Deutschland leiden in den Vereinigten Staaten viele Redaktionen zur Zeit unter massiven Personaleinsparungen, und bei den kommerziellen TV-Sendern dominiert die seichte Unterhaltung, mit der sich am sichersten hohe Einschaltquoten erzielen lassen. „Investigative reporting" steht folglich für eine bestimmte Form des Qualitätsjournalismus und wird schon aufgrund seiner hohen Kosten immer ein Ausnahmephänomen bleiben. Aber im Unterschied zu Deutschland kann sich diese journalistische Spezialisierung dort auf eine Reihe von förderlichen politischen, wirtschaftlichen, juristischen und professionellen Faktoren stützen, die diese wichtige Traditionslinie auch heute noch aus dem journalistischen Mainstream herausheben. „Investigative reporting" kann folglich nicht für „den US-Journalismus" schlechthin stehen. Aber er besitzt eine wichtige Funktion als berufliches Leitbild.

## Literatur

American Civil Liberties Union/ACLU (2004): U.S. Marines Engaged in Mock Executions of Iraqi Juveniles and Other Forms of Abuse, Documents Obtained by ACLU Reveal, 14. Dezember 2004. http://www.aclu.org/SafeandFree/SafeandFree.cfm?ID=17206&c=206 (zuletzt abgerufen am 1.3.2007)

Anderson, David/Benjaminson, Peter (1990): Investigative Reporting. Second Edition. Ames (IA): Iowa State University Press

Aucoin, James L. (2005): The Evolution of American Investigative Journalism. Columbia (MO): University of Missouri Press

Bagdikian, Ben H. (2004): The New Media Monopoly. Boston: Beacon Press

Barringer, Felicity (2001): A New Story For Two Rivals From the 70s. In: New York Times vom 19. November 2001

Becker, Lee B./Vlad, Tudor/Tucker, Maria/Pelton, Renée (2006a): 2005 Enrollment Report: Enrollment Growth Continues, But at Reduced Rate. In: Journalism & Mass Communication Educator 61. 2006. 297-327

Becker, Lee B./Vlad, Tudor/Pelton, Renée/Papper, Robert A. (2006b): 2005 Survey of Editors and News Directors. http://www.grady.uga.edu/ANNUALSURVEYS/AnnualSurvey2005Reports/Editorreport2005_merged_v5.pdf (zuletzt abgerufen am 1.3.2007)

Better Government Association/BGA (2007): http://www.bettergov.org (zuletzt abgerufen am 1.3.2007)

Blasi, Vincent (1977): The Checking Value in First Amendment Theory. In: American Bar Foundation Research Journal 3. 1977. 521-649

Brendel, Matthias/Brendel, Frank (1998): Richtig recherchieren. Wie Profis Informationen suchen und besorgen. Frankfurt am Main: IMK

Cario, Ingmar (2006): Die Deutschland-Ermittler. Investigativer Journalismus und die Methoden der Macher. Münster etc.: LIT-Verlag

Carter, Bill (2004): Pentagon Ban on Pictures of Dead Troops Is Broken. In: New York Times vom 23. April 2004
Center for Investigative Reporting/CIR (2007) http://www.muckraker.org (zuletzt abgerufen am 1.3.2007)
Center for Public Integrity/CPI (2007): http://www.publicintegrity.org (zuletzt abgerufen am 1.3.2007)
Dalglish, Lucy A./Leslie, Gregg P. (Hrsg.) (2005): Homefront Confidential: How the War on Terrorism Affects Access to Information and the Public's Right to Know. Sixth Edition. Arlington (VA): The Reporters Committee for Freedom of the Press
Dao, James/Schmitt, Eric (2002): Pentagon Readies Efforts to Sway Sentiment. In: New York Times vom 19. Februar 2002
Donsbach, Wolfgang (1993): Journalismus versus journalism – ein Vergleich zum Verhältnis von Medien und Politik in Deutschland und den USA. In: Donsbach, Wolfgang/Jarren, Otfried/Kepplinger, Hans Mathias/Pfetsch, Barbara: Beziehungsspiele: Medien und Politik in der öffentlichen Diskussion. Fallstudien und Analysen. Gütersloh: Verlag Bertelsmann-Stiftung. 283-315
Facts about Newspapers (2001): Statistical Summary of the Newspaper Industry. Vienna (VA): Newspaper Association of America
Gaines, William (1998): Investigative Reporting for Print and Broadcast. Second Edition. Chicago: Nelson-Hall
Gallup (2001): Gallup Poll on Honesty and Ethics in Professions, 27. November 2001
Gallup (2006): Gallup Poll on Honesty and Ethics in Professions, 14. Dezember 2006
Gievert, Sebastian (2006): Möglichkeiten von investigativem Journalismus in der deutschen Tagespresse. Diplomarbeit Univ. Leipzig
Gievert, Sebastian (2007): Den Finger in die Wunde legen. Investigativer Journalismus gedeiht auch unter widrigen Rahmenbedingungen. In: Message 9. Heft 1/2007. 80-83
Haller, Michael (2004a): Recherchieren. Ein Handbuch für Journalisten. 6., überarbeitete Auflage. Konstanz: UVK
Haller, Michael (2004b): Bekommt eine starke PR zunehmend schwache Redaktionen in den Griff? Vortrag auf dem 18. Journalistentag der Deutschen Journalistinnen- und Journalisten-Union am 27. November 2004 in Berlin. Dokumentiert in: DJU (Hrsg.) (2005): Verkommt der Journalismus im bequemen Bett von PR und Marketing? Berlin: DJU
Haller, Michael (2005): Kundendienst statt Journalismus? Zeitungsleser werden mit getarntem PR-Material gefüttert, Überprüfungsrecherchen finden nicht mehr statt. In: Message 7. Heft 3/2005. 14-19
Hersh, Seymour (2001a): The CIA and the failure of American intelligence. In: The New Yorker vom 8. Oktober 2001
Hersh, Seymour (2001b): What happened when the Special Forces landed in Afghanistan? In: The New Yorker vom 12. November 2001
Hersh, Seymour (2004a): Die Befehlskette. Vom 11. September bis Abu Ghraib. Reinbek: Rowohlt
Hersh, Seymour (2004b): Torture at Abu Ghraib. In: The New Yorker vom 10. Mai 2004
Hickey, Neil (1998): Money Lust. How Pressure for Profit is Perverting Journalism. In: Columbia Journalism Review 18. 1998. Auch online unter http://archives.cjr.org/year/98/4/moneylust.asp (zuletzt abgerufen am 1.3.2007)
Hielscher, Henryk (2004): Investigativer Journalismus in Deutschland. Zusammenfassung einer unveröffentlichten Diplomarbeit in Journalistik an der Ludwig-Maximilian-Universität München. http://www.netzwerkrecherche.de/newsletter/10/ergebnisse_nr-befragung.pdf (zuletzt abgerufen am 1.3.2007)
Höhn, Tobias D. (2005): Die heimlichen Verführer. Für Nachrichtenagenturen ist Öffentlichkeitsarbeit inzwischen zur wichtigsten Informationsressource geworden. In: Message 7. Heft 4/2005. 52-55

Investigative Reporters & Editors/IRE (2007): http://www.ire.org (zuletzt abgerufen am 1.3.2007)
Jakobi, Robert (2001): Wer? Was? Wann? Wo? Wie? Warum? Investigative Journalisten gründen einen Verein, um dem Handwerk der Recherche zu höherem Ansehen zu verhelfen. In: Süddeutsche Zeitung vom 2. April 2001
Kirtley, Jane (2000): Is It a Crime? An Overview of Recent Legal Actions Stemming from Investigative Reports. In: Greenwald, Marilyn/Bernt, Joseph (Hrsg.): The Big Chill. Investigative Reporting in the Current Media Environment. Ames (IA): Iowa State University Press. 137-155
Kleinsteuber, Hans J. (1997): Vierte Gewalt – Ein Schlüsselbegriff im Verhältnis von Medien und Politik. In: Gegenwartskunde 2. 1997. 159-174
Kleinsteuber, Hans J. (2002): Markige Sprüche klopfen. In: Message 4. Heft 1/2002. 24-27
Kristof, Nicholas D. (2000): A Master of Bipartisanship with no Taste for Details. In: New York Times vom 16. Oktober 2000
Laventhol, David (2001): Profit Pressures. A Question of Margins. In: Columbia Journalism Review 21. 2001. 18-19
Leif, Thomas (Hrsg.) (1998): Leidenschaft: Recherche. Skandal-Geschichten und Enthüllungs-Berichte. Opladen, Wiesbaden: Westdeutscher Verlag
Leif, Thomas (Hrsg.) (2003): Mehr Leidenschaft Recherche. Skandal-Geschichten und Enthüllungs-Berichte. Ein Handbuch zur Recherche und Informationsbeschaffung. Wiesbaden: Westdeutscher Verlag
Lewis, Anthony (1991): Make No Law. The Sullivan Case and the First Amendment. New York: Random House
Leyendecker, Hans (2001): Welttag der Pressefreiheit: Erst die Recherche, dann die Meinung. In: Spiegel Online vom 3. Mai 2001. http://www.spiegel.de/politik/deutschland/0,1518,131663,00.html (zuletzt abgerufen am 1.3.2007)
Lippman, Thomas W. (Hrsg.) (1989): The Washington Post Desk Book on Style. New York etc.: McGraw-Hill
Ludwig, Johannes (2002): Investigativer Journalismus: Recherchestrategien, Quellen, Informanten. Konstanz: UVK
McClosky, Herbert/Zaller, John (1984): The American Ethos: Public Attitudes toward Capitalism and Democracy. Cambridge (MA) etc.: Harvard University Press
National Security Archive (2004): The Freedom of Information Act on its 38th Birthday. http://www2.gwu.edu/~nsarchiv/news/20040704/index.htm (zuletzt abgerufen am 1.3.2007)
Netzwerk Recherche (Hrsg.) (2003): Trainingshandbuch Recherche. Informationsbeschaffung professionell. Wiesbaden: Westdeutscher Verlag
Pöttker, Horst (2003): Schweine, Hunde. Politiker beschimpfen Journalisten – ein Grund zur Sorge um die Kommunikationsfreiheit? In: Langenbucher, Wolfgang R. (Hrsg.): Die Kommunikationsfreiheit der Gesellschaft. Die demokratischen Funktionen eines Grundrechts. Wiesbaden: Westdeutscher Verlag. 189-207
Preger, Sven (2004): Mangelware Recherche. Münster etc.: LIT-Verlag
Pulitzer (2007): http://www.pulitzer.org (zuletzt abgerufen am 1.3.2007)
Redelfs, Manfred (1996): Investigative Reporting in den USA. Strukturelle Voraussetzungen eines Journalismus der Machtkontrolle. Opladen: Westdeutscher Verlag
Redelfs, Manfred (2001a): Computer-Assisted Reporting als neue Form der Recherche – von „Dirty Dining" bis „Redlining". In: Kleinsteuber, Hans J. (Hrsg.): Aktuelle Medientrends in den USA: Journalismus, politische Kommunikation und Medien im Zeitalter der Digitalisierung. Opladen: Westdeutscher Verlag. 140-153
Redelfs, Manfred (2001b): Freedom of Information Act. The Public's Right to Know. In: Message 3. Heft 3/2001. 38-43
Redelfs, Manfred (2005): Informationsfreiheit: Deutschland als verspätete Nation. Warum die Bundesrepublik sich schwer tut mit dem Abschied vom „Amtsgeheimnis". In: Ahrweiler,

Petra/Thomaß, Barbara (Hrsg.): Internationale partizipatorische Kommunikationspolitik. Strukturen und Visionen. Münster etc.: LIT-Verlag. 201-239
Roberts, Gene (Hrsg.) (2001): Leaving Readers Behind. The Age of Corporate Newspapering. Fayetteville (AR): University of Arkansas Press
Schöfthaler, Ele (1997): Recherche praktisch. Ein Handbuch für Ausbildung und Praxis. München: List Verlag
Scholl, Armin/Weischenberg, Siegfried (1998): Journalismus in der Gesellschaft: Theorie, Methodologie und Empirie. Opladen, Wiesbaden: Westdeutscher Verlag
Schuler, Thomas (2002): Die Geschichtenerzähler. In: Message 4. Heft 2/2002. 80-84
The State of the News Media 2005. An Annual Report on American Journalism. Executive Summary. http://www.stateofthenewsmedia.org/2005/execsum.pdf (zuletzt abgerufen am 1.3.2007)
Ullmann, John (1995): Investigative Reporting: Advanced Methods and Techniques. New York: St. Martin's Press
United States Department of Justice/USDOJ (2004): FOIA Amended by Intelligence Authorization Act. http://www.usdoj.gov/oip/foiapost/2002foiapost38.htm (zuletzt abgerufen am 1.3.2007)
Weaver, David H./Wilhoit, G. Cleveland (1996): The American Journalist in the 1990s. U.S. News People at the End of an Era. Mahwah (NJ): Erlbaum
Weaver, David H./Wilhoit, G. Cleveland (2007): The American Journalist in the 21st Century. U.S. News People at the Dawn of a new Millennium. Mahwah (NJ): Erlbaum
Weinberg, Steve (Hrsg.) (1996): The Reporter's Handbook. An Investigator's Guide to Documents and Techniques. Third Edition. New York: St. Martin's Press
Weischenberg, Siegfried (1995): Journalistik, Band 2: Medientechnik, Medienfunktionen, Medienakteure. Opladen: Westdeutscher Verlag
Weischenberg, Siegfried/Malik, Maja/Scholl, Armin (2006): Die Souffleure der Mediengesellschaft. Report über die Journalisten in Deutschland. Konstanz: UVK
Woodward, Bob (2001): CIA Units Lead Planes and Troops to Targets. In: International Herald Tribune vom 19. November 2001
Zimmerman, Kevin (1993): Weekly Mag Reshaped TV News. In: Variety vom 8. November 1993. 41-44

# Thirty Years of Censored News

*Carl Jensen*

1976 is well remembered as the year the United States celebrated its Bicentennial, North and South Vietnam were reunited as one nation, and Democrat Jimmy Carter defeated incumbent President Gerald Ford.

1976 is less well known as the year a trifecta of events would occur that would have a positive impact on the public's right to know for years to come.

"Mother Jones" was founded in San Francisco by Adam Hochschild, Richard Parker, and Paul Jacobs and would achieve national distinction for its investigative stories that are underreported by the major news media.

"Project Censored" was founded at Sonoma State University, in Rohnert Park, California, and would become the longest running national news media research project in the country.

The Body Shop, an international purveyor of herbal cosmetics, was founded in Brighton, England, by Anita Roddick, who would become a major financial supporter of Project Censored and many human rights organizations.

It was during the summer of 1976 that I sensed I was onto something significant in the area of news media analysis. In previous classes, my students and I had produced two cablevision programs – one titled "A Decade of Conspiracy: From Dallas to Watergate", and another titled "CENSORED: The Great American Media Mystery". Both were three hour-long programs that were cablecast to local communities in Northern California.

The 1975 JFK project revealed that the public would change its mind if it were given sufficient information about a problem. The changing public attitude about the Iraq War is a good current example.

The 1976 "Censored" project revealed that there are important news stories that are not reported by the mainstream media. It featured the potential hazards of the Pacific Gas & Electric nuclear power plant in Eureka, California, and should have served as an early warning as to what happened at Three Mile Island, Pennsylvania, on March 28, 1979.

At the same time, the failure of the mainstream media to cover the Watergate burglary continued to mystify me. It happened in June 1972 but it didn't become a major media story until early 1973. In the interim, Richard Nixon was re-elected by a massive landslide vote, just five months after the biggest political crime of our time. It was obvious that the mass media hadn't fulfilled their primary responsibility to inform the public. In this case, they hadn't pursued before the election the Watergate story that was initially broken by Woodward and Bernstein at the "Washington Post". Pre-election knowledge of Watergate would have been very important for the American public.

Walter Cronkite, the "most trusted man in America", tried to produce the smoking gun before the election. He had scheduled an unprecedented two-part CBS evening network news segment to air the Watergate charges. But, after the first segment aired, a call was made from the White House to Bill Paley, chairman of CBS at the time. As a consequence, the second segment was reduced and toned down. That unpublicized call provided a documented example of censorship exercised by the administration over a major television news network.

I started comparing the news in the alternative press to that in the establishment press, and found a major difference in the kinds of material they covered.

As a result, instead of merely accepting the conventional wisdom that the mass media were the valuable watchdogs they were supposed to be, I focused on the failure of the media to fully inform the public.

But how could I explore that issue, involve students, and get the public to become aware of the problem? Suddenly, one afternoon, as I was sitting at my desk in my den at home, I had an epiphany.

"Sandra!" I yelled to my wife. "Have I got an idea!"

She came running into the den.

"It's called Project Censored!" And I explained how I was going to have students find censored news stories, write them up, submit them to a national panel of judges, and then announce the "Top Ten Censored Stories" of the year. Sandra, bless her, was impressed. And that was the genesis of Project Censored.

I spent the next five weeks working up the concept, the format, the class syllabus, the resources, the logo, the stationery, the pamphlets, and all the rest that went into the development of Project Censored. Much of that has endured these 30 years.

I realized from the beginning that it would be difficult to attract national attention to the project if I didn't have some prominent media personalities involved. So I developed the idea of using well-known individuals as judges to give the project added exposure and credibility.

The first year I had a hard sell to persuade major media figures to participate as judges. After all, it was a new media effort conducted by some unknown assistant professor of sociology at some unknown college called Sonoma State located somewhere out there in northern California.

One of the people I invited to participate was the investigative journalist I. F. Stone. I didn't hear back from him for some time. Then, one night at about 10 p. m., I got a call from him at home. He said he appreciated the invitation, but he couldn't accept. Sensing my disappointment, he explained that to truly evaluate the 25 censored nominations, he would personally have to research each of the stories individually himself and that just wasn't possible.

It was this kind of attention to detail that made I. F. Stone such a respected journalist. I told him I understood and he encouraged me to pursue the effort, saying: "This project is one of the most significant media research projects being undertaken in the country."

With I. F. Stone's blessing, I knew I was on the right track.

I was naively anxious to have a politically balanced panel of judges to ward off criticism that this was just another left-wing media group, and so I was very pleased when President Gerald Ford's former press secretary, Ron Nessen, agreed to be a judge.

However, after receiving preliminary information about the project, Nessen wrote me saying he must decline since he disagreed with the premise of the project and felt it would be extremely misleading to the public. I called him and explained the premise. We were simply trying to expose stories that the major news media had overlooked or undercovered. He acknowledged that it sounded worthwhile and again agreed to be a judge, so I sent him a copy of the 25 nominations for the top ten censored stories. Again, I received a letter from him declining to serve as a judge. Here is how he explained his position:

"I was wrong in my original belief that you were trying to find stories censored by various levels of government officials. But now I see that you are pursuing a different idea with which I also disagree. For the most part the stories nominated as 'best censored' raise the question of why allegations published in 'Mother Jones', 'New Times', 'The Progressive', 'Rolling Stone', and Ralph Nader were not picked up by the 'New York Times' and Walter Cronkite. The project suggests that there is some kind of conspiracy by the 'establishment' press to surpress (sic) certain allegations by the 'advocacy' press. What nonsense! Maybe the allegations weren't picked up because they're not true."

Incidentally, Ron Nessen was appointed to succeed Gerald F. terHorst as President Ford's press secretary after terHorst resigned in protest over Ford's pardon of Richard Nixon. That didn't seem to bother Nessen.

Another conservative I persuaded to be a judge was the late Edward Teller, former director of the Lawrence Livermore National Laboratory and a senior fellow at the Hoover Institution at Stanford University. Known as the "Father of the Hydrogen Bomb", his conservative credentials were impeccable. After he agreed to serve on the panel, I sent him the synopses of the top 25 censored stories. One afternoon I received a call in my office at the University.

"Is this Carl Jensen?"

"Yes", I replied, wondering whose gruff, angry voice it was.

"I cannot participate in your research project!"

"Who is calling please?" I asked.

"This is Edward Teller. I would never associate myself with this left-wing project. Please remove my name from your list."

With that he abruptly hung up. With no great sorrow, I removed his name from the list of judges. With that kind of attitude, he wouldn't have been much of an impartial judge anyway.

Despite my repeated efforts over the years, the only "pure" conservative I was able to persuade to be a judge was James J. Kilpatrick, a national columnist with the "Universal Press Syndicate", who served in 1980. He refused to participate more than once however.

Nonetheless, I got what I felt was a very impressive panel of judges to participate in the first year of Project Censored. They were Ben Bagdikian, journalist, educator, and author of "Media Monopoly"; Noam Chomsky, social critic and professor at the Massachusetts Institute of Technology; Robert Cirino, educator and author of "Power to Persuade" and "We're Being More Than Entertained"; Nicholas Johnson, chair of the National Citizen's Committee for Broadcasting and former member of the Federal Communications Commission; Victor Marchetti, former official of the CIA, author and lecturer; Jack Nelson, professor of Social Education at the Graduate School of education, at Rutgers University; Jerry terHorst, syndicated columnist with the "Detroit News" and "Universal Press Syndicate"; and Sheila Rabb Weidenfeld, talk show host and former press secretary to First Lady Betty Ford.

One day, in 1979, I picked up the ringing phone in my office at the university, and before I could speak, I was challenged with: "Are you the guy that does the censored stories stuff?"

"Yes, I am", I replied.

"Well. You should do a story about me."

"Why would that be?" I asked.

"Cause I'm the most censored guy in America."

"And you would be?"

"Larry Flynt! The publisher of 'Hustler'."

I knew who Larry Flynt was. We had a brief interesting discussion of censorship. We agreed on the dangers of censorship for a free society and we disagreed about the limits of censorship. Flynt was opposed to censorship of any kind. I felt censorship was acceptable in some instances, such as military censorship during time of war and child pornography.

Nonetheless, I agreed to monitor "Hustler" for some of its investigative stories about issues not covered by the mainstream media. I also discovered that other similar magazines, "Playboy" and "Penthouse", most notably, also ran some good investigative articles. Some of my male students were delighted when I added them to our research list.

In 1982, I received a phone call from an attorney in Los Angeles.

"Hello", I said.

"Is this Carl Jensen, the director of Project Censored?"

"Yes, it is."

"Are you looking into a story about Synanon?"

"Yes, I am."

"I would like to suggest that you are making a mistake by investigating Synanon."

I was surprised at the tenor of the conversation. The voice which originally sounded merely business-like now had more of a threatening feel to it.

"I don't understand what you're saying."

"I think you understand exactly what I'm saying", the caller said firmly. "If you know what's good for your health, you'll stop investigating Synanon."

By now, I did understand fully what the caller was saying. And I was damned angry.

"Who the hell are you and what makes you think you can threaten me like that?"

"I am an attorney for Synanon and you will regret it if you don't get off Synanon's case."

With that, the caller hung up. I also hung up and, I must admit, I was shaking a bit. I remembered full well how Synanon admitted placing a deadly rattlesnake in the mailbox of another critic of Synanon.

I told my "censored" class about the phone call and assured them that we wouldn't be dropping the Synanon story from our list of nominations for "best censored stories of 1982". As it turned out, the Synanon story was the number 13 censored story of that year.

In the mid-eighties, I received a letter, post-marked from Phoenix, Arizona, that threatened to kill me and "other left-wing pigs" like me. I had received a number of threats over the years that I simply ignored because they didn't seem authentic. But there was something about the tone of this one that bothered me.

So what could I do but turn to my "friends" at the FBI. As soon as I mentioned Phoenix, I had their attention. An FBI agent came out to our home right away and picked up the letter. A few months later it was returned covered with fingerprinting dust. It turned out that an identical letter had been sent from Phoenix to the White House.

Because of such threats, I made an unsuccessful effort to keep our home address and phone number secret. I still receive phone calls warning me about apocalyptic events the media aren't reporting.

Not all correspondence was threatening. In the early eighties I got a call from an attorney down in Los Angeles. He said he was representing a client who preferred to remain anonymous at this time. Then he came right to the point. His client was interested in buying Project Censored. I explained that Project Censored was an academic research project and it wasn't for sale. I added that we appreciated the interest. He was disappointed and said his client would also be disappointed. I later learned his anonymous client was the Bhagwan Shree Rajneesh, famous for his 93 Rolls Royces and his controversial ashram up in Oregon.

I never did discover why the Bhagwan wanted to own Project Censored.

By 1979, I realized we weren't getting much media coverage. After all we were criticizing the media and then asking them to publicize our criticism. Nevertheless, I naively expected them to act more professional. In any case, to make it easier for the press to cover the story, I decided to hold a press conference in San Francisco, the largest nearby media center.

I reserved a large conference room at the old San Francisco Library and sent invitations to nearly a hundred Bay Area media outlets. On the appointed day, all the students in the class and I took off for our press conference in the City some 50 miles south of the University. We were prepared to proudly announce the ten best censored news stories of 1978 to the assembled media representatives.

Only two media representatives showed up. One was the photographer and the other was the writer for a publication called "Feed/Back: The California Journalism Review" published at San Francisco State University. They took a photo of the rows of empty chairs reserved for the press with the Sonoma State students seated at the head table patiently waiting for the media.

"Feed/Back" later published the story and photos about the irony of the San Francisco press conference about media censorship that was censored by the media. My students told me that experience was the most persuasive example I could have given them illustrating media censorship.

The annual "Junk Food News" effort evolved from criticism of Project Censored by news editors and directors that the real issue isn't censorship – but rather a difference of opinion as to what information is important to publish or broadcast.

Editors often pointed out there is a finite amount of time and space for news delivery – about 23 minutes for a half-hour network television evening news program – and that it's their responsibility to determine which stories are most critical for the public to know. The critics said I wasn't exploring media censorship, but rather I was just another frustrated academic criticizing editorial news judgment.

This appeared to be a legitimate criticism, so I decided to monitor the stories that editors and news directors consider to be worthy enough to fill their valuable news time and space.

In the course of this research, I didn't find an abundance of hard-hitting investigative journalism. Quite the contrary. Indeed, what I did find is the journalistic phenomenon I call "Junk Food News", which, in essence, represents the flip side of the Top 25 Censored Stories announced annually by Project Censored.

In 1877, John B. Bogart, an editor with the "New York Sun", offered a definition of news that has not only endured into the 21$^{st}$ century but, indeed, seems to have become even more descriptive of news in recent years.

Bogart wrote: "When a dog bites a man, that is not news, because it happens so often. But if a man bites a dog it's news."

His definition implied the need for a sensationalistic aspect for an event to become news. It's an ingredient that now appears to be endemic in the press. "Man bites dog" is the classic example of Junk Food News.

One of the ongoing problems we have with Project Censored is funding. In the early days, I kept writing unsuccessful grant proposals to the point where I was spending most of my time writing proposals. Since this didn't make sense to me, I quit writing the proposals and concentrated on Project Censored and my classes. At the time, I was supporting Project Censored out of my own pocket with an occasional contribution from people who liked what we were doing.

Then in 1989, I got a call from a person I had never met. He asked how I was doing with the Project and whether I could use any money. That person was Marty Teitel and he happened to be the executive director of the C. S. Fund, a private foundation in Freestone, California, that makes grants. The C. S. Fund support enabled us to hire, for the first time, students to help with the project.

A few years later, I received a fax from an Anita Roddick, of the Body Shop, also asking if we could use some money. The only body shop I was acquainted with was the Body Shop on Santa Monica Boulevard down in Los Angeles, a somewhat sleazy health club. But, as it turned out, Anita Roddick was not with the L. A. Health Club. She was the founder and president of The Body Shop, a beauty and bath shop, headquartered in England. She was one of the world's leading entrepreneurs with shops throughout the world. She also was a leading social activist and business ethicist.

When I faxed Ms. Roddick back thanking her for her interest and proposed financial support, I received a fax immediately back, asking: "How much and where should I send it?" And the Body Shop became a major donor for many years.

Nonetheless, funding remains a constant problem, and Peter Phillips spends more time seeking financial support than he should. We're still looking for a foundation or an "angel" who believes in the public's right to know as much as we do.

1989 also marked the publication of the first Censored Yearbook. It was a modest, self-published spiral bound book, but sales showed there was a substantial interest in an annual book. Thanks to Dan Simon, the publisher of Seven Stories Press, who strongly believes in the public's right to know, it is now an award-winning annual book published by Seven Stories Press in New York. Over the years, we've had a series of distinguished media critics write the introduction for the book including Hugh Downs, Jessica Mitford, Walter Cronkite, Michael Crichton, Jim Hightower, Danny Schechter, Gary Webb, Mumia Abu-Jamal, Noam Chomsky, Robert McChesney, Amy Goodman, Greg Palast, and Norman Solomon.

A question I am often asked is whether it would make any difference in our society if people were better informed about the kinds of stories Project Censored exposes. Obviously I believe that it would make a difference, and the example I give concerns a story about hunger.

Hunger in Africa was consistently nominated as a censored subject during the early 1980s. When I would ask journalists why they did not cover the tragedy unfolding there, they would say: "It is not news", or: "Everyone already knows about starving Africans", or: "Nothing can be done about it anyway."

Early in 1984, an ABC-TV News correspondent in Rome came upon information that led him to believe that millions of lives were being threatened by drought and famine in Africa. He asked the home office in New York for permission to take his crew to Africa to get the story. After all they already were in Rome.

The answer from ABC-TV in New York was: "No!"

Later, a BBC television crew, traveling through Ethiopia, captured the stark reality of children starving to death. The visual images were televised throughout the world. And the world responded with "We Are the World". Overnight, the BBC story sparked a world-wide reaction with Live Aid that reportedly saved the lives of seven million Ethiopians.

Indeed, the media can make a difference.

There's an ironic twist to this story. I subsequently discovered who it was at ABC that refused to let the network's TV crew go to Africa in 1984. One might suspect that such a person would be reprimanded and criticized for his decision, yet this was not the case. The person who said "No" to the ABC-TV crew in Rome was Rick Kaplan. Rather than being reprimanded, Kaplan was rewarded with promotions to executive producer of Ted Koppel's "Nightline", then "PrimeTime Live", and ABC's "World News Tonight". He then went on to become president of CNN and, subsequently, MSNBC.

Equally ironic, in mid-1986, it was the same Rick Kaplan who killed a two-part "Nightline" series on Project Censored which was going to explore whether the news media ever overlook, undercover, or censor important stories.

Not all major media personalities reject press criticism. Hugh Downs, a longtime moderator of ABC's 20/20 news magazine with Barbara Walters and a strong Project Censored fan, recently wrote me about the state of the press. He said, in part:

"On my own nefarious career, now mothballed in favor of what I laughingly call my retirement, I have mixed feelings about biting the hand that fed me for decades, but the fact is that mainstream journalism has struck out when it comes to informing the people about what is really going on."

He also noted that we "now have a leader who claims to be above the law and can censor and spy and assume more and more power, without having to account for such behavior".

That, of course, is why we need Project Censored now more than ever.

National columnist Molly Ivins specifically wrote about the need for Project Censored in a column published on September 22, 2005, where she said, in part:

"AUSTIN, TEXAS – What we need in this country – along with a disaster relief agency – is a Media Accountability Day. One precious day out of the entire year when everyone in the news media stops reporting on what's wrong with everyone else and devotes a complete 24-hour news cycle to looking at our own failures. How's that for a great idea? ... Happily, the perfect news peg, as we say in the biz, for Media Accountability Day already exists – it's Project Censored's annual release of the ten biggest stories ignored or undercovered by mainstream media. Project Censored is based at Sonoma State University, with both faculty and students involved in its preparation."

After thirty years, Project Censored is well prepared for Media Accountability Day. Now, where are the media?

# Von wichtigen und weniger wichtigen Geschichten
# Eine Polemik

*Christoph Hickmann*

Im Fernsehen sagen sie, dass in Berlin gleich eine alte Frau eine Tasse Tee trinken werde. Gleich, in fünf Minuten, und vielleicht wird die alte Frau ja sogar zwei Tassen trinken, das weiß man jetzt noch nicht so genau. Sie sagen auch, dass die alte Frau heute royalblau trage, nicht mintgrün, wie gestern. Dass sie außerdem ihren eigenen Frisör mitgebracht habe nach Berlin, und ihren Leibarzt, aber dass die Tiere der alten Frau hätten zuhause bleiben müssen, leider. Sie sagen auch, dass der Chauffeur der alten Frau vorhin ein paar Flecken auf ihrem Wagen entdeckt habe, winzig seien die gewesen, aber der Chauffeur habe sie sofort wegpoliert. Aber wirklich sofort.

All das erzählen an einem Nachmittag im November 2004 zwei erwachsene Männer, die vor einer Kamera stehen. Sie tragen Anzüge und halten Mikrofone, und sie erzählen das ein bisschen sich selbst und ein bisschen den Menschen, die ihnen zusehen. Und die sich vielleicht freuen, dass die alte Frau, die Königin von England ist, offensichtlich einen schönen Tag hatte in Berlin, obwohl das ja für alte Frauen schon ein bisschen anstrengend sein kann mit so vielen Leuten, die beim Teetrinken dabei sein wollen und noch mehr Leuten drum herum, die dann berichten, wer dabei sein durfte und wer nicht. Vielleicht fragen sich die Menschen, die den beiden erwachsenen Männern gerade zusehen und zuhören, aber auch, warum sie das alles erzählen, in einem Sender, den man öffentlich-rechtlich nennt. Und warum statt ihrer nicht jemand zu sehen ist, der vielleicht ein bisschen was darüber erzählt, dass in Ohio gerade eventuell nicht alles mit rechten Dingen zugehen könnte. Oder jemand, der erklärt, dass die Außenpolitik, die ein Mann namens John Kerry sich vorgenommen hat, gar nicht so sehr anders aussieht als die eines anderen Mannes namens George W. Bush, was vielleicht ein bisschen untergegangen ist in den vergangenen Wochen. Denn an dem Tag, an dem in Berlin eine alte Frau Tee trinkt, wählen die Vereinigten Staaten von Amerika sich einen neuen Präsidenten, einen Mann also, der in seinem Land eine Menge zu bestimmen hat. Und damit übrigens auch im Rest der Welt, was deshalb ja irgendwie wichtig sein könnte für diesen Rest, unter anderem auch für das Land, in dem das Hotel Adlon steht, in dem jetzt eine alte Frau ihren Tee trinkt.

Ein Zuschauer, der sich fragt, warum man das beim öffentlich-rechtlichen Fernsehen offenbar anders sieht, könnte sich dann überlegen, dass „Die Queen in Berlin" einen netten kleinen Reim ergibt, „Irritationen um Wahlbenachrichtigungen in Ohio" aber nicht. Aber daran wird es doch kaum liegen, oder? Vielleicht würde er aber auch spätestens beim nächsten Satz der beiden erwachsenen Männer aufhören, solche Fragen zu stellen. Die sagen nämlich jetzt, mit Ausrufezeichen: „Beim Verlassen der Botschaft gelingt es einem kleinen Mädchen, der Königin eine Blume zu überreichen!" Vielleicht würde der imaginäre Zuschauer statt irgendwelcher Fragen spätestens jetzt etwas sagen. Oder rufen. Oder schreien. Nämlich: SO WHAT?!?

Er könnte sich dann wieder ein bisschen beruhigen und überlegen, dass man das ja auch anders ausdrücken kann. Dass es ja das Wörtchen „relevant" gibt, „bedeutsam, wichtig, erheblich" steht dazu im Fremdwörterduden, und Wissenschaftler, die sich mit Massenmedien beschäftigen, benutzen es unter anderem, um der Frage nachzugehen, ob die Inhalte dieser Massenmedien eben bedeutsam, wichtig, erheblich sind oder nicht. Was nun aber bedeutsam ist oder eben relevant, und was nicht oder zumindest weniger, darüber werden sich auch die Wissenschaftler nicht einig. Und da wir hier nicht verwirren wollen, bleiben wir am besten bei: SO WHAT?!? Kann man auch viel besser schreien als: IR-RE-LE-VANT!!

SO WHAT also. Wir haben das im vergangenen Jahr wieder recht oft gedacht oder gesagt oder geschrieen. Oder hätten zumindest oft genug Anlass dazu gehabt. Wenn wir Zeitungen aufgeschlagen haben, die man Qualitätszeitungen nennt, und auf den Medienseiten solcher Zeitungen dann lange Texte gefunden haben über Menschen mit großen Brüsten oder Egos, für die sich eigentlich außer ihnen selbst keiner mehr interessiert, die sich aber zwei Wochen lang hauptsächlich von weißen Bohnen ernährt haben und, falls dies zu Verdauungsproblemen führte, lediglich ein Plumpsklo zur Verfügung hatten, um diese Probleme zu lösen. Und die sich dabei haben filmen lassen, weshalb sich dann doch wieder Menschen für sie interessierten, unter anderem eben auch Redakteure von Qualitätszeitungen.

Die langen Texte auf den Medienseiten der Qualitätszeitungen waren natürlich immer sehr kritisch oder hintergründig oder beides, und vielleicht war sogar mal einer dabei, der das, was man schnell nur das „Dschungelcamp" nannte, zum selbstreferenziellen System erklärt hat, so mit Autopoiesis im Dschungel und so. Und vielleicht waren wir dann einfach ein bisschen zu voreingenommen, so dass uns schon die schlichte Existenz solcher sehr kritischen, sehr hintergründigen Texte genügt hat für ein lautes, ja, genau: SO WHAT?!?

Genauso wie bei sehr hintergründigen, sehr kritischen Texten über das schnelle Karriereende von gerade der Pubertät entwachsenen Gesangstalenten, wahlweise als Super- oder Popstars bezeichnet. Und bei Texten oder Einspielfilmchen, die wiederum gar nicht hintergründig waren oder kritisch, sondern einfach nur von einem Mann handelten, der besser als andere vor einen Ball treten kann, nicht hässlich ist und eine ebenfalls nicht hässliche Frau geheiratet hat, die früher mit ein paar anderen Frauen zusammen gesungen und getanzt hat. Und, ja, die übrigens auch Brüste hat. Die Texte und Filmchen handelten dann meist davon, dass der Mann sich zu anderen Frauen ins Bett gelegt hatte, die noch größere Brüste hatten und deshalb Luder genannt wurden. Was wiederum eine andere Frau, welche die größten Brüste von allen hat und deshalb gemeinhin die Mutter aller Luder genannt wird, veranlasste, die verfahrene Situation mal gründlich zu analysieren, so aus Expertensicht eben.

Das „Project Censored" aus den USA nennt solche Geschichten „Junk Food News", was als sehr passender Begriff erscheint, wenn man sich kurz daran erinnert, was Junk Food doch gleich ist. Oder besser – mit einem macht: Schmeckt gut, so gut, dass man erst mal gar nicht genug bekommt, soll angeblich sogar abhängig machen können. Hinterlässt meist einen ratlosen bis gereizten Magen, verursacht bei häufigem Verzehr Polster an Bauch oder Po, nicht an den Brüsten, und macht deshalb auf Dauer träge. Wer sich hauptsächlich von Junk Food ernährt, wird kaum am Start eines Marathonlaufs zu finden sein, genauso wie es, hat man Tag für Tag neue Geschichten über den Fußballspieler und die vielen Brüste gelesen, schwer fällt, einem Autor zu folgen, der auf mehr als 300 Zeilen die Vor- und Nachteile einer Gemeindeordnungsreform gegeneinander abwägt.

Und wie es ja auch beim Junk Food, das man sich in den Mund steckt, weit reichende Unterschiede gibt, zwischen doppeltem Rindfleischklops mit Käse und dreifachem Hühnerfleischklops ohne Käse, dafür aber mit scharfer Soße, unterscheiden sie beim Project Censored auch zwischen verschiedenen Sorten jenes Junk Food, das man sich täglich ins Hirn steckt. Da gibt es Celebrity News, da passen dann die Bohnen verzehrenden Menschen mit dem Plumpsklo rein, obwohl die ja zumindest vorher keine wirklichen Celebrities waren, wegen der Bohnen aber zumindest kurzfristig dazu wurden. Ebenso der Fußballspieler und die Luder. Obwohl man die noch besser unter die ebenfalls vorhandene Sorte Sex News packen kann. Außerdem gibt es auf der Menükarte des Project Censored noch Anniversary News, also Geschichten, die alle Jahre wieder kommen und die sogar recht seriös wirken können, weil sie meist recht ernst und traurig erzählen, wie es Menschen geht, die vor einem oder zwei oder fünf Jahren mit einem Schiff gefahren sind, das dann untergegangen ist. Oder die vor genau, aber auch wirklich genau hundert oder tausend Tagen oder Wochen oder

Jahren, wer weiß das schon, bei einer Explosion oder einem Flugzeugabsturz einen Menschen verloren haben, den sie geliebt hatten. Dies sei nicht falsch verstanden: Solche Geschichten sind traurig, sie sind erschütternd, und wer sie schlicht als läppisch abtut, hat eine Menge nicht verstanden. Nur, bedenkt man es recht, dann ist über diese Dinge meist schon ziemlich alles gesagt worden, was zu sagen ist. Und wenn sie dann doch noch einmal neu erzählt werden, dann nicht, weil es neue Erkenntnisse etwa zu Schuld oder Unschuld gäbe oder weil den Redakteuren das Leid der Opfer so am Herzen läge. Sondern weil seit der Katastrophe schlicht ein Vielfaches von 365 Tagen vergangen ist. Aus keinem anderen Grund. So wie man den Fleischklops ja auch nur deshalb isst, weil er gut schmeckt, und nicht wegen seiner komplexen Kohlehydratstruktur.

Guter Begriff also, das mit den Junk Food News, und deshalb verwundert es zunächst, dass die deutsche „Initiative Nachrichtenaufklärung", kurz INA, die sich das Project Censored zum Vorbild genommen hat, sich sogar die Schwesterinitiative nennt, so einen Begriff nicht verwendet – kümmert doch auch sie sich um Themen, die eigentlich wichtig oder eben relevant sind und die trotzdem nicht in Presse, Funk und Fernsehen auftauchen. Oder nur sehr selten und auf weniger Zeilen als etwa die allseits beliebte Busenwitwe, die man inzwischen nicht mehr so nennen darf. Denn, so der logische Umkehrschluss: Müsste man beim Lesen der Zeitung oder beim Schauen der Fernsehnachrichten nicht dermaßen oft SO WHAT schreien, dann wäre ja mehr Platz für Themen, bei denen man vielleicht auch aufschreien würde, aber eher in der Art: Wie bitte? Oder: Das kann ja wohl nicht sein! Oder über die man einfach mal nachdenken würde, ohne zu schreien. Oder sich zu wundern. Darüber, dass auf der Welt, der gleichen übrigens, in der ein Fußballspieler möglicherweise seine Frau betrügt, an sehr vielen Orten Menschen Menschen umbringen, und dass diese Menschen dabei manchmal Uniformen tragen, manchmal aber auch nicht, weil die Länder, in denen sie sich gegenseitig umbringen, so gut wie kein Geld haben. Oder darüber, dass es in dem Land, in dem Menschen sich beim Bohnen Verdauen zusehen lassen, wirksame Krebsvorsorge manchmal eben nur für Privatpatienten gibt. Aber dafür ist eben umso weniger Platz, je mehr Platz man der Mutter aller Luder einräumt. Klar, eine Theke ist nur begrenzt breit, und wenn sie voller Fleischklöpse liegt, dann passt da nicht auch noch die Schwarzbrotstulle drauf.

Die INA aber zieht diesen Umkehrschluss nicht. Sie spricht nur von Themen, über die zu wenig gesprochen und geschrieben wird, nicht von Themen, über die man vielleicht zu viel oder viel zu viel hört. Vielleicht, könnte man meinen, ist das ja einfach deutsche Zurückhaltung. Vielleicht hat es aber auch, dies nun ernster, etwas mit deutscher Geschichte zu tun. Denn wer Themen als nutzlos, als reinen Müll also betrachtet, wer also sagt, dass dies und das nicht veröffentlicht werden sollte, der ist vielleicht in seinem Zorn über die ganzen

SO WHATS schnell damit bei der Hand, dass dies und das gar nicht veröffentlicht werden dürfte. Und das, ja das hatte man hier schon einmal. So tief muss man aber vielleicht gar nicht schürfen, sondern sich vielmehr kurz überlegen, dass eine Initiative, die Themen an die Öffentlichkeit bringen will, recht schnell den eigenen Zweck pervertieren kann, wenn sie versucht, Themen aus der Öffentlichkeit zu drängen. Ähnlich hat das schließlich auch schon das Bundesverfassungsgericht gesehen, als es festgestellt hat, dass Pressefreiheit eben nicht die Freiheit der seriösen, der stets hintergründigen, der Qualitätspresse ist, sondern Freiheit der Presse an sich. Also auch die Freiheit all derer, deren tägliche Sujets die Prügelprinzen, Busenwitwen, Mütteralleruder dieses Landes und der Welt sind.

Was wiederum von der verfassungsrechtlichen zur Schlüssellochperspektive überleitet. Denn: Finden wir das alles denn wirklich immer sooo schlimm? Haben wir nicht, kurz vor jedem SO WHAT, dann doch der Busenwitwe in den Ausschnitt geschielt, dem Prügelprinzen gewünscht, er möge doch mal an einen Karate-Schwarzgurtträger geraten, und der Mutter aller Luder, sie möge zwischen London und Paris einen kurzen Zwischenstopp auf unserer Wohnzimmercouch einlegen? Kurz bevor wir uns dann für uns selbst geschämt haben, weil wir uns doch das mit der selbstverschuldeten Unmündigkeit hatten zu Herzen nehmen wollen? Kurz bevor uns die Aufklärung wieder einholte, und zwar so sehr, dass das folgende SO WHAT nicht einmal gekünstelt, sondern wieder aus tiefstem Herzen kam? Ja, haben wir, aber definitiv! Weil nämlich die beste Aufklärung aus uns trotzdem nichts anderes als Menschen macht, Ausnahmen mag es da geben. Wohl dem, der reinen Herzens berichten kann, sofort weggeschaltet oder umgeblättert zu haben, wenn ihm die Busenwitwe ihr Dekolleté entgegen streckte, oder, noch besser, den Fernseher gleich aus dem Fenster und die hintergründige, kritische Qualitätszeitung in den Altpapiercontainer entsorgt zu haben! Es wird nicht viele von seiner Sorte geben, und das ist vielleicht sogar ganz gut so. Weil nämlich Krieg und Hunger und Korruption nicht davon aufhören zu existieren, dass man selbst aufhört menschlich zu sein.

Vielleicht hören diese schlimmen Dinge ja tatsächlich einmal auf zu existieren oder werden vielleicht wenigstens weniger. Diese Hoffnung aber kann man sich nur dann bewahren, wenn man den Leuten immer wieder von solchen Dingen erzählt. Die Menschen an sie erinnert. Ganz klar. Und man könnte in Presse, Funk und Fernsehen mehr darüber erzählen, wenn weniger über Busenwitwen und Besenkammern erzählt würde. Ebenso klar. Dass deshalb aber die Busenwitwen und Besenkammern aus Zeitungen und dem Fernsehen gleich ganz verschwinden sollen, dazu ein Nein.

Denn es ist ja nicht unbedingt stets angenehm, sich mit Dingen wie der Schattenseite der Globalisierung in Indien auseinander zu setzen. Oder der

Markt- und damit politischen Macht von Großkonzernen. Solche Dinge sind nicht mit einer Überschrift und einem Bild mal kurz zu erklären, denn da gibt es diesen Aspekt und jenen, die rechtliche und die ökonomische und die ethische Perspektive, und zu all den Perspektiven gibt es wieder verschiedene Menschen, die viel über das Thema wissen, aber eine andere Meinung haben als Menschen, die genauso viel darüber wissen. Es kann deshalb anstrengend sein, solche Dinge zu lesen, es kostet Zeit und Kraft, will man sie wirklich verstehen oder gar beurteilen können. Und deshalb kann die Busenwitwe für zwischendurch auch mal ganz gut tun. Weil man die nicht in einen Debattenkontext einordnen muss. Sondern einfach mal das Hirn abschalten kann.

Um im Bild zu bleiben: Warum gibt es denn Zwieback, der mit Schokolade überzogen ist? Na, weil Zwieback ja recht gesund sein soll, aber eben auch so schmeckt. Nach nichts irgendwie. Gießt man aber Schokolade drauf, essen Kinder das Zeug vielleicht sogar freiwillig. Genau wie sie den Hustensaft trinken, den Mutter auf ein Stück Zucker geträufelt hat. Das haben sie inzwischen sogar bei einer großen Junk-, äääh, Fastfoodkette begriffen und bieten dort für die großen Kinder jetzt zum Fleischklops mit Soße erstens Nährwerttabellen und zweitens garantiert fettfreien Salat an. Und wenn man dann den Fleischklops respektive den Text über die Bohnenfresser aus dem Dschungel noch ein Stückchen kleiner macht und dafür den Salat respektive den Text zu den Folgen der Unternehmenssteuerreform ein Stück üppiger ausfallen lässt, dann ist doch schon etwas erreicht.

Der Journalist Michael Jürgs hat das einmal so ausgedrückt, übrigens als er über die INA schrieb: „Es war noch nie hilfreich, ein Volk zum Guten, Wahren, Schönen zu zwingen. Wem vorgeschrieben wird, was er zu lesen hat, hört weg und sieht sich anderswo um. Für den Erfolg einer Predigt ist aber eine volle Kirche wichtig, übertragen auf den Kiosk: Hefte mit notwendigerweise komplizierten Themen lassen sich einfacher verkaufen, wenn sie per Titel locken mit leichten, mit anderen, gleichwohl wahren Geschichten. Das geht. Zum Beispiel neben dem Report über die gefährdete Ressource Trinkwasser die Reportage über die Seichtigkeit des Scheins." Jürgs muss es wissen. Er hat mal ein paar Jahre lang den „Stern" geleitet. Ein Blatt also, das zwar die Tagebücher Hitlers nicht entdeckt, aber doch immer wieder Dinge aufgedeckt hat, die zornig oder nachdenklich gemacht haben. Und die vielleicht gerade deshalb recht leicht verdaulich schienen, weil ein paar Seiten weiter dann wieder viele Dinge standen, für deren Verständnis man weite Teile des Großhirns nicht benötigte. Dinge also, die man aus purer menschlicher Neugier, Schadenfreude oder anderen eher niederen Motiven gelesen hat. Um dann schnell weiter zu blättern, die Augen zu verdrehen und vor sich hinzumurmeln: SO WHAT?!?

# Statut der Initiative Nachrichtenaufklärung

## 1. Ziele

Die unabhängige Initiative Nachrichtenaufklärung (INA) stellt sich die Aufgabe, Journalisten und Medien auf Themen hinzuweisen, die zu wenig oder gar nicht öffentlich gemacht werden, obwohl sie relevant sind. Die INA will über Gründe und Folgen dieser Vernachlässigung aufklären. Da hierbei europäische und globale Entwicklungen an Bedeutung gewinnen, ist internationale Zusammenarbeit notwendig. Die Finanzierung der INA darf diesen Zielen nicht widersprechen.

## 2. Aktivitäten

Um ihre Ziele zu verfolgen, ist die INA auf mehreren Ebenen aktiv. Zu den Aktivitäten gehören:

### 2.1 Liste der am meisten vernachlässigten Themen

Die INA veröffentlicht jährlich eine Liste der am meisten vernachlässigten Themen und Nachrichten aus dem vergangenen Jahr. In dieser Liste werden die ausgewählten Themen in der Rangfolge ihrer Bedeutung bekannt gegeben und zur weiteren Recherche empfohlen.

### 2.2 Internet

Die Liste der am meisten vernachlässigten Themen wird im Internet auf der Webseite der INA (http://www.nachrichtenaufklaerung.de) veröffentlicht. Die INA bietet dort Einsicht in alle Listen seit ihrer Gründung.

### 2.3 Öffentliche Veranstaltungen

Die INA organisiert öffentliche Veranstaltungen, bei denen über das Problem der Vernachlässigung informiert und diskutiert wird. Im zeitlichen Zusammenhang mit dem jährlichen Treffen der Jury, die über die Liste der am meisten vernachlässigten Themen entscheidet, soll eine entsprechende Tagung stattfinden. Das Programm stimmt der Geschäftsführer der INA mit der Jury ab.

*2.4 Publikationen*

Die INA gibt Publikationen heraus, die auf vernachlässigte Nachrichten und Themen aufmerksam machen und in denen über das Problem der Vernachlässigung diskutiert wird.

## 3. Organisation

Zur INA gehören:

*3.1 Jury*

Die Jury entscheidet über die Liste der am meisten vernachlässigten Themen. Sie setzt sich nach Möglichkeit zu gleichen Teilen aus Wissenschaftlern und Journalisten zusammen. Hinzu kommen Vertreter der Studierenden aus dem/n Recherche-Seminar(en). Die Jury entscheidet auch über die Kooperation der INA mit anderen Organisationen des Journalismus und der Wissenschaft sowie über die Aufnahme neuer Mitglieder. Für ihre Arbeitsweise gibt sich die Jury eine Geschäftsordnung.

*3.2 Recherche-Seminare*

Alle Themen und Nachrichten, die der INA im Laufe eines Jahres für die Liste vorgeschlagen worden sind, werden von einem oder mehreren Recherche-Seminar(en) in einem arbeitsintensiven Prozess nach wissenschaftlichen und journalistischen Kriterien auf Richtigkeit/Recherchierbarkeit und Vernachlässigung geprüft. Vorschläge, die den Kriterien Richtigkeit/Recherchierbarkeit und Vernachlässigung standhalten, werden an die Jury weitergegeben, der die Prüfung des Kriteriums Relevanz vorbehalten ist. Die mit der Recherche betrauten Studierenden holen Stellungnahmen von Autoren vernachlässigter Themen und von Experten ein. Dem/n Recherche-Seminar(en) obliegt es auch, Jury-Sitzung, Jury-Tagung und die öffentliche Bekanntgabe der Liste vorzubereiten und bei diesen Veranstaltungen mitzuwirken. Mindestens eine Person aus dem Kreis der Seminarteilnehmer gehört der Jury an.

*3.3 Geschäftsführung*

Wer für das/die Recherche-Seminar(e) sowie die personellen und finanziellen Ressourcen der INA verantwortlich ist, fungiert als Geschäftsführer. Er berichtet jährlich über Stand und Perspektiven der Finanzierung. Gibt es mehrere Personen in diesen Funktionen, bestimmen sie den Geschäftsführer aus ihrer Mitte. Der Geschäftsführer gehört der Jury an und stimmt Entscheidungen mit ihr ab, soweit es sich aus diesem Statut und der Geschäftsordnung der Jury ergibt. Er informiert die Jury mindestens zweimal im Jahr über Arbeit und Planungen der INA. Der Geschäftsführer ist für die Organisation der Jury-Sitzung, der Veranstaltungen und die Publikationen verantwortlich. In der Regel übernimmt ein Geschäftsführer die Aufgabe für fünf Jahre.

## 4. Entwicklung

Nach dem Vorbild des Project Censored an der Sonoma State University wurde die INA 1997 an der Universität Siegen von Professor Dr. Dr. (USA) Peter Ludes gegründet, der bis zum Sommersemester 2002 Geschäftsführer war. In dieser Zeit waren die Recherche-Seminare in den Studiengang Medien-Planung, -Entwicklung und -Beratung an der Universität Siegen integriert, zweimal wurden sie auch im Diplom-Studiengang Journalistik der Universität Dortmund veranstaltet. Mit dem Wechsel von Professor Ludes an die Internationale Universität Bremen ging die Geschäftsführung bis 2007 an Professor Dr. Horst Pöttker über, der seit 1998 der Jury angehört. Seit dem Wintersemester 2002/2003 sind die Recherche-Seminare als zweisemestriges Projekt in das Curriculum des Dortmunder Journalistik-Studiengangs integriert. Im Interesse gründlicher Arbeit wird angestrebt, weitere Recherche-Seminare zu veranstalten. Im Interesse einer breiten Fundierung der Arbeit wird die Kooperation mit weiteren Interessenorganisationen des Journalismus und der Wissenschaft sowie der amerikanischen Schwesterinitiative Project Censored angestrebt. Die Unabhängigkeit der Initiative Nachrichtenaufklärung wird von solchen Kooperationen nicht berührt. Geplant ist die Gründung eines wissenschaftlichen Beirats, dem mindestens fünf Experten aus verschiedenen Fachrichtungen angehören sollen.

# Geschäftsordnung der Jury der Initiative Nachrichtenaufklärung

## 1. Zusammensetzung und Mitgliedschaft

*1.1* Die Jury der Initiative Nachrichtenaufklärung besteht aus höchstens 20 permanenten Mitgliedern sowie aus dem/den Seminarleiter(n) und jeweils einem studentischen Vertreter aus dem/den Recherche-Seminar(en). Für eine Erweiterung der Jury über 20 Mitglieder hinaus ist der Konsens der Mitglieder notwendig.

*1.2* Eine aktuelle Auflistung aller Jury-Mitglieder findet sich auf der Homepage der Initiative Nachrichtenaufklärung.

*1.3* Wer dreimal hintereinander nicht an der jährlichen Jury-Sitzung teilnimmt, verliert seine Mitgliedschaft.

*1.4* Wer die Mitgliedschaft verloren hat oder die Jury auf eigenen Wunsch verlässt, kann durch ein neues Mitglied ersetzt werden.

*1.5* Für die Aufnahme eines neuen Mitglieds ist der Konsens der Mitglieder notwendig.

## 2. Arbeitsweise

*2.1* Mitglieder, die bei der Jury-Sitzung nicht anwesend sind, können durch Übermittlung eines ausgefüllten Abstimmungsbogens an der Entscheidung über die Top-Ten-Liste teilnehmen oder sich durch eine selbst zu bestimmende Person vertreten lassen, sofern darüber unter den anwesenden Mitgliedern der Jury Konsens besteht.

*2.2* Die Jury ist beschlussfähig, sobald mindestens die Hälfte ihrer Mitglieder anwesend ist.

*2.3* Außer über Fragen der Mitgliedschaft, bei denen ein Vetorecht besteht, entscheidet die Jury mit einfacher Mehrheit.

*2.4* Kein Mitglied der Jury ist weisungsgebunden. Dasselbe gilt für anwesende Vertreter von Jurymitgliedern.

## 3. Themenvorschläge

*3.1* Jeder – mit Ausnahme der Jury-Mitglieder – ist berechtigt, der Initiative Nachrichtenaufklärung bis zum 15. November eines Jahres öffentlich vernachlässigte Themen oder Nachrichten vorzuschlagen. Es besteht die Möglichkeit, Vorschläge für vernachlässigte Themen online einzugeben.

*3.2* Das/Die Recherche-Seminar(e) prüft/prüfen alle Vorschläge und gibt/geben diejenigen an die Jury weiter, die den Kriterien Richtigkeit/Recherchierbarkeit und Vernachlässigung standhalten. Zu jedem der weitergegebenen Themen erstellt/erstellen das/die Recherche-Seminar(e) ein Informationsblatt, das mindestens eine Formulierung des Themas, eine Kurzbeschreibung in drei bis vier Sätzen, konkrete Angaben zu Richtigkeit/Recherchierbarkeit und Vernachlässigung sowie ggf. Quellenhinweise (Internet-Links) enthält. Aus der Gesamtheit der so aufbereiteten Themen wählt die Jury die Themen für die Liste aus.

# Die Top Ten der vernachlässigten Themen 2006
# (Ausführliche Dokumentation)

## 1. Fehlende Therapieplätze für Medikamentenabhängige

1,4 Millionen Menschen in Deutschland sind von Medikamenten abhängig. Therapieplätze gibt es jedoch nur für die rund 1,7 Millionen Alkoholkranken und die knapp 300.000 Menschen, die von illegalen Drogen abhängig sind. Auch sind die Therapieangebote nicht auf die Bedürfnisse der von psychotropen Medikamenten Abhängigen zugeschnitten: Sie werden meist im Alkoholentzug therapiert, der nicht auf ihre besonderen Probleme ausgerichtet ist. Obwohl der Suchtbericht 2006 der Bundesregierung die Versäumnisse benennt, fehlen in der Berichterstattung Hinweise auf das völlig unzureichende Angebot an Therapieplätzen und die möglichen Ursachen dafür.

*Sachverhalt & Richtigkeit*

In Deutschland gibt es schätzungsweise 1,4 Millionen Menschen, die von Arzneimitteln abhängig sind. Dabei handelt es sich meist um psychotrope Medikamente wie etwa Schlafmittel, die auch auf den Gemütszustand wirken. Diese Zahl ist ähnlich hoch wie die der Alkoholabhängigen (1,7 Mio.) und deutlich höher als die der Menschen, die von illegalen Drogen abhängig sind (ca. 290.000). Dennoch gibt es für Tablettensüchtige so gut wie keine spezialisierten Therapieangebote: Nach Auskunft von Christian Haasen vom Zentrum für interdisziplinäre Suchtforschung Hamburg werden Medikamentenabhängige „wenn überhaupt in Einrichtungen für Alkoholabhängige behandelt, wo es keine speziellen Kenntnisse über Medikamentenabhängigkeit gibt".

Dies bestätigt Christa Merfert-Diete von der Deutschen Hauptstelle gegen Suchtgefahren: Bei der Behandlung der Abhängigkeit von psychotropen Medikamenten stehe bis auf einige neue Angebote sehr stark der Alkohol im Vordergrund, die Angebote seien nicht genügend auf die Zielgruppe ausgerichtet. „Das ist ein Problem des öffentlichen Bewusstseins", beklagt Merfert-Diete. „In den letzten 35 Jahren ist der Blick der politischen Entscheidungsträger viel stärker

auf illegal Drogenabhängige gerichtet gewesen, auch aus ordnungspolitischen Gründen."
Inzwischen weisen auch offizielle Stellen auf das Problem hin. So heißt es im Suchtbericht 2006 der Bundesregierung: „Spezifische Beratungs- und Behandlungsangebote bei Medikamentenmissbrauch und -abhängigkeit sind in den Arbeitsfeldern der Medizin, der Pharmazie und der Suchtkrankenhilfe bisher selten. Deshalb fallen Medikamentenabhängige oft aus dem Versorgungsnetz heraus." Die Tatsache, dass nur wenige Arzneimittelabhängige professionelle Hilfe in Anspruch nehmen, könnte eine Folge der nicht auf diese Gruppe ausgerichteten Hilfsangebote sein.

Trotz des Defizits in der Behandlung von Medikamentensüchtigen ist das öffentliche Bewusstsein für das Problem noch gering. Das könnte unter anderem darin begründet liegen, dass Arzneimittelabhängige unauffälliger sind als Abhängige illegaler Drogen. Zudem ist Tablettensucht insbesondere ein Problem von Frauen, die zwei Drittel der Betroffenen ausmachen, und Älteren.

*Relevanz*

Das Thema ist aufgrund der hohen Zahl von Betroffenen relevant. Verbesserte Therapieangebote könnten vielen von ihnen helfen. Darüber hinaus stellt die schlechtere Behandlung von Medikamentenabhängigen eine Ungerechtigkeit dar. Da ein großer Teil der Suchthilfe aus öffentlichen Mitteln finanziert wird, ist das Thema auch unter diesem Aspekt wichtig. Im Übrigen ist das Thema im Kontext des Themenfeldes „legale Suchtmittel" bedeutsam; durch eine einseitige mediale und politische Fokussierung auf illegale Drogen wird die Gefahr durch legale Suchtmittel verharmlost.

*Vernachlässigung*

Die meisten gefundenen Artikel befassen sich hauptsächlich mit anderen Themen wie etwa Personality, Kriminalberichterstattung, Sport oder mit allgemeinen Gesundheitsthemen. Bei den Artikeln über Suchtthemen dominieren diejenigen, in denen allgemein über Süchte geschrieben wird – wie etwa über den Drogenbericht –, gegenüber solchen, in denen es um Entzug und Suchthilfe geht. Wenige Artikel befassen sich schwerpunktmäßig mit Medikamentensucht. Die fehlenden Therapiemöglichkeiten werden dagegen kaum thematisiert.

## Expertenstatement

Christa Merfert-Diete, Pressesprecherin der Deutschen Hauptstelle gegen Suchtgefahren:

„In den Behandlungen steht sehr stark der Alkohol im Vordergrund. Das ist auch ein Problem des öffentlichen Bewusstseins. Ich trage seit den 80er Jahren verstärkt das Wort Medikamentenabhängigkeit mit mir herum, aber die Bereitschaft der Mediziner und der Medien ist nicht sehr groß, sich damit auseinanderzusetzen. ... Das Thema hat Konjunktur, wenn zum Beispiel der Sucht- und Drogenbericht vorgestellt wird. Trotzdem kommt in der Tagesschau um 20 Uhr nur noch der Hinweis ‚Zahl der Drogentoten gesunken' – verkürzt auf die illegalen Drogen und illustriert mit einer Spritze."

## Quellen

Deutschen Hauptstelle gegen Suchtgefahren (Hrsg.): Jahrbuch Sucht 2006. Geesthacht: Neuland
Bettina Koehl: Experten halten das Hilfsangebot für gut. Sucht: Aber die Erfolge sind schwer zu messen. In: Bonner General-Anzeiger vom 30. September 2005
Bundesministerium für Gesundheit (Hrsg.): Drogen- und Suchtbericht 2006. Online unter http://www.bmg.bund.de/cln_041/nn_603372/SharedDocs/Publikationen/Drogen-und-Sucht/g-602,templateId=raw,property=publicationFile.pdf/g-602.pdf (zuletzt abgerufen am 1.3.2007)
PD Dr. Christian Haasen, Zentrum für interdisziplinäre Suchtforschung Hamburg, Leiter Arbeitsbereich Sucht am Universitätsklinikum Eppendorf. E-Mails vom 25. April 2006 und vom 5. Mai 2006
Christa Merfert-Diete, Pressesprecherin Deutsche Hauptstelle gegen Suchtgefahren. Telefongespräch am 5. Mai 2006
Der große Pillen-Rausch. In: Bunte vom 14. Dezember 2006 (Interview mit Dr. Markus Backmund, Vorstand der Deutschen Gesellschaft für Suchtmedizin über Ursachen und Behandlungsmöglichkeiten)
Bin ich süchtig? Pillen-Doping: Fast 2 Millionen Deutsche sind abhängig von Medikamenten. In: Berliner Kurier vom 18. November 2006
Abhängigkeit auf Rezept. Medikamentensucht in Deutschland so häufig wie Alkoholismus. In: Süddeutsche Zeitung vom 14. November 2006
Heute schon gedopt? Nicht nur Spitzensportler werfen chemische Aufrüster ein. In: Stern vom 10. August 2006

*Bearbeitet von Stefan Dietrich*

## 2. Über eine Million politische Gefangene in China – unmenschliche Haftbedingungen und Organhandel?

Dass es Menschenrechtsverletzungen in China gibt, ist in der Öffentlichkeit bekannt. Kaum bekannt ist das Ausmaß: Die Zahl der politischen Gefangenen in China liegt nach Schätzungen der Internationalen Gesellschaft für Menschenrechte deutlich über einer Million – eine Zahl, die von Wirtschaftsmeldungen oder der Vorfreude auf die Olympischen Spiele 2008 in Peking verdrängt wird. Zunehmend gelangen Berichte in den Westen, dass Proteste blutig unterdrückt werden sollen. Auch nehmen Meldungen zu, nach denen Hingerichteten die Organe entnommen und diese dann verkauft worden sein sollen. Die chinesische Pressezensur hat notwendige weitere Recherchen bislang massiv erschwert.

*Sachverhalt & Richtigkeit*

Die Bandbreite der Menschenrechtsverletzungen in China ist groß. Bauern werden zwangsenteignet, ihr Land wird zu teurem Bauland umgewandelt und veräußert. Millionen leiden Hunger und sind schutzlos den kriminellen Machenschaften der örtlichen Verwalter ausgeliefert. Es soll immer wieder Aufstände geben, die blutig und mit Einsatz von brutaler Gewalt niedergeschlagen werden. Darüber wird kaum berichtet, weil das kommunistische Regime in China eine starke Pressezensur ausübt.

Amnesty International und andere Menschenrechtsorganisationen wie die Internationale Gesellschaft für Menschenrechte versuchen, die anderen Länder auf das Unrecht aufmerksam zu machen – leider bislang nur mit mäßigem Erfolg. Mittlerweile mehren sich Berichte, die nahe legen, dass hingerichteten Menschen Organe entnommen werden, um diese als Organspenden zu verkaufen.

*Relevanz*

In China leben 1,4 Milliarden Menschen, ein bis drei Millionen von ihnen müssen in Umerziehungslagern Misshandlung und Zwangsarbeit ertragen. Armut und Rechtlosigkeit haben in den armen, ländlichen Gebieten des Westens kaum fassbare Ausmaße angenommen.

## Vernachlässigung

Nur selten gelangen Berichte über Fälle von Hinrichtungen und anschließendem Organverkauf trotz der scharfen Pressezensur Chinas ins Ausland. Zeugen sprechen darüber, dass solche Fälle in Anbetracht von Millionen eingesperrter Chinesen nicht selten sind. Wichtige Hintergrund-Informationen speziell zum Thema Organhandel nach Hinrichtungen und bei Todesfällen in Zwangsarbeitslagern fehlen gleichwohl.
Deutsche Medien haben sich bislang nicht ausreichend mit den entsprechenden Themen beschäftigt. Zwar sind diverse Artikel publiziert worden, jedoch bieten diese keine angemessene Tiefe. Die bisherigen Publikationen sind angesichts des geschätzten Ausmaßes der Ungerechtigkeit und der Anzahl der betroffenen Menschen bestenfalls ein Tropfen auf den heißen Stein. Es gibt zwar einige Zeitungsartikel zu diesem Thema, aber im Fernsehen ist das Thema aufgrund der Zensur in China so gut wie nicht vertreten.

## Expertenstatements

### Faro Amini, Sinologe aus Shanghai:

„Es werden jährlich in den ländlichen Regionen Tausende – man vermutet zwischen 1000 bis 2000 – Bauernaufstände niedergeschlagen, und hierbei verschwinden viele Menschen. Was mit ihnen geschieht, weiß keiner genau. So werden nur Vermutungen angestellt. ... Das mit den Organspenden ist sogar für die Menschenrechtsorganisationen recht neu. Aber keiner interessiert sich oder distanziert sich wirklich. Auf dem Festland weiß die Bevölkerung nichts von den Anschuldigungen. Die einzigen Informationsquellen sind die taiwanesischen, aber die werden sofort gesperrt. Und die Angehörigen schweigen aus Angst, wenn sie überhaupt etwas wissen. Es wird reichlich verdient und verteilt. So gibt es auch kaum Täter, die darüber sprechen. Einmal aus den schon genannten bereichernden Aspekten und einmal aus Angst. In China verschwinden mehr als 2000 bis 4000 Menschen jährlich, ohne jede Spur."

### Dirk Pleiter, Mitarbeiter von Amnesty International Deutschland:

„Zwar findet das Thema der sozialen Probleme und Konflikte einige Beachtung in den deutschen Medien, jedoch fanden einige Konfliktsituationen, die zu repressiven Reaktionen der Behörden führten, eher wenig Beachtung. Die Freiheit der Presse in der VR China entwickelt sich momentan negativ. Während gegen Ende der 90er Jahre eine teilweise wirtschaftlich bedingte Liberalisierung des Pressemarktes zu beobachten war, so müssen wir nun feststellen, dass die aktuelle chinesische Führung versucht, den Informationsfluss im Land zu kontrollieren. Dies führt nicht nur zu einer verstärkten Verfolgung von kritischen Journalisten sondern auch zu Repressionen gegen unabhängige Autoren, die das Internet dazu nutzen, um ihre Artikel, Essays etc. zu veröffentlichen."

## Quellen

In den Abgründen des Fortschritts. In: Welt am Sonntag vom 1. Oktober 2006
Chen Guidi/Wu Chuntao: Zur Lage der chinesischen Bauern. Eine Reportage. Frankfurt am Main 2006: Zweitausendeins
Erst hingerichtet, dann ausgeweidet. In: taz vom 22. November 2006
BBC-Reporter deckt Organhandel in China auf. In: Stuttgarter Nachrichten vom 29. September 2006
China: Erneuter Verdacht auf Organhandel. In: aerzteblatt.de vom 8. November 2006. Online unter http://www.aerzteblatt.de/v4/news/news.asp?id=26305 (zuletzt abgerufen am 1.3.2007)

*Bearbeitet von Karin Jürgens und Annika Einsle*

## 3. Stromfresser Internet

Klick für Klick, Mail für Mail verbraucht das Internet gewaltige Mengen Strom. Bereits im Jahre 2010 werden dafür – wenn die Energieeffizienz nicht steigt – voraussichtlich drei Atomkraftwerke laufen müssen. Während Energiesparen zu Hause längst populär geworden ist, ist dies in vielen Rechenzentren kaum ein Thema. Verbraucher machen keinen Druck für energiesparende Serverfarmen, weil deutsche Medien darüber kaum berichten. Das Thema ist in seiner gesamten Bedeutung – abgesehen von einer kurzen Themenkarriere im Jahr 2003 – in den deutschen Medien vernachlässigt worden.

*Sachverhalt & Richtigkeit*

Das Internet verbraucht Strom – aber niemand weiß genau, wie viel. Zu viele Unbekannte, zu viele beteiligte Geräte: PCs, Datenleitungen, Router, Hubs, Server. Gerade die Server entwickeln sich zu derart gefräßigen Stromschluckern, dass sich Unternehmen wie Google in erster Linie Sorgen um ihre Stromkosten machen müssen und es für Serverbauer wie Sun Microsystems zunehmend lohnenswert wird, über Energieeffizienz nachzudenken. In der breiten Öffentlichkeit sind die heiß laufenden Rechenzentren als Thema dagegen noch nicht angekommen. Dabei ist unstrittig, dass Server – weil sie ungeachtet der Auslastung 24 Stunden am Tag laufen – große Mengen an Strom verbrauchen.

In Deutschland könnten im Jahr 2010 drei Atomkraftwerke allein für den Betrieb des Internets laufen, errechnete das Wuppertal-Institut für Klima, Umwelt, Energie im Jahr 2003. Das entspräche einem Anteil von sechs Prozent am deutschen Gesamtstromverbrauch, in absoluten Zahlen rund 31 Terawattstunden im Jahr (TWh/J; ein Terawatt sind eine Billion Watt). Doch auch die Zahlen, die das Institut für das Jahr 2001 retrospektiv errechnet hatte, waren beeindruckend: Innerhalb eines Jahres sei der Stromverbrauch für das Internet um 36 Prozent angestiegen, schrieben die Autoren, nämlich auf 6,8 TWh/J. Die Server hatten einen Anteil von 1,9 TWh/J daran. Wenige Jahre zuvor hatten die Forscher des Wuppertal-Institutes den Stromverbrauch des Internets noch mit 4,2 TWh/Jahr angegeben – die Server hatten daran einen Anteil von 0,3 TWh/Jahr. Ihr absoluter Verbrauch hat sich diesen Zahlen zufolge also mehr als versechsfacht.

Zum Vergleich: Je nach Rechnung liefert das AKW Brokdorf, das von Greenpeace gerne zum Vergleich herangezogen wird, zwischen 12,0 und 12,6 TWh/J. So gesehen würden 2010 – unterstellt, die Wuppertal-Prognose stimmt – etwa zweieinhalb Atomkraftwerke vom Typ Brokdorf für den Internetstromverbrauch in Deutschland laufen. Die Größenordnung des Vergleiches scheint zu stimmen. So kam auch eine Studie der US-Universität Portland zu dem Schluss, dass allein die Netzinfrastruktur (Leitungen, Router, keine Server) des Web im Jahr 2000 in den USA 6 TWh/J verbrauche – und verglich dies mit der Jahresleistung eines AKW-Reaktorblocks. Die Kosten werden mit einer Milliarde US-Dollar pro Jahr veranschlagt.

Greenpeace hat anhand der Angaben des Wuppertal-Instituts errechnet, dass 2010 der „Internetbetrieb für rund 18,5 Mio. Tonnen $CO_2$ und über 27 Tonnen hochradioaktiven Atommüll verantwortlich" sein wird. Zwar haben die Endnutzer mit ihren PCs den größten Anteil am Stromverbrauch des Internets, in diesem Bereich gibt es jedoch eine Diskussion über energieeffiziente Geräte – ähnlich wie bei Gefrierschränken oder Waschmaschinen – und das freiwillige Label „Energy Star", nach dem sich Verbraucher richten können.

*Relevanz*

Unstrittig ist, dass Stromverbrauch generell für die Umwelt, für die Verbraucher und die Politik ein relevantes Thema darstellt. Aber machen die wenigen Server überhaupt etwas aus? Im Vergleich zur Transportbranche ist der Energieverbrauch von Servern gering. Die absoluten Zahlen, wie oben gezeigt, weisen aber auf etwas anderes hin: Hier laufen riesige Rechenzentren mit gewaltigem Stromverbrauch heiß, und bisher machen sich höchstens die Unternehmen selbst darüber Gedanken – wegen ihrer Stromkosten. Und das Problem wächst. Im Jahr 2000 war die erste Wuppertal-Studie noch von insgesamt 600.000 in Deutschland laufenden Servern ausgegangen. Zahlen des Marktforschungsinstituts Gartner zeigen aber, dass mittlerweile allein im Jahr 2005 in Deutschland rund 380.000 Server verkauft wurden.

Fast so alt wie das Internet selbst ist die Vermutung, dass es zwar Strom verbraucht, aber in viel größerem Maße Energie spart – etwa über geringere Transportkosten für Briefe. Diese Vermutung hat sich offenbar als falsch erwiesen – für einige Wissenschaftler spricht allein schon die Zunahme von E-Commerce gegen eine positive Strombilanz des Netzes. Dass Stromsparen bei Servern ein wichtiges Thema in der Serverindustrie sowie in allen Anwendungsbereichen von Servern ist, zeigt die Kampagne „Eco Responsibility" von Sun Microsystems, die explizit mit drastisch gesenktem Stromverbrauch ihrer Server wirbt – und zwar unter dem Motto „Save energy, save money, save the planet".

Der Umweltaspekt wird hier nicht ausgeklammert, aber dem Kostenargument untergeordnet. Eine Studie des Internet-Dienstleistungsunternehmens

Google zeigt, dass sich die „Leistung pro Watt"-Kurve bei Servern im Vergleich zu anderen Kerngrößen wie dem Anschaffungspreis und der reinen Rechenleistung in den vergangenen Jahren so gut wie nicht verändert hat. Anders gesagt: Jede Leistungssteigerung entspricht einer proportionalen Steigerung im Stromverbrauch. Sollte diese Kurve sich nicht verändern, ist der Studie zufolge damit zu rechnen, dass die Stromkosten für ein Gerät die Hardwarekosten bald übersteigen könnten, möglicherweise um ein Vielfaches. Google entwirft ein Szenario, in dem Energieanbieter Internetfirmen die vergleichsweise günstig gewordene Hardware umsonst stellen könnten, wenn diese langfristige Strom-Abnehmerverträge schließen. „The possibility of computer equipment power consumption spiraling out of control could have serious consequences for the overall affordability of computing, not to mention the overall health of the planet."

2003 hatte ein Autor der Wuppertal-Studie im Nachrichtenmagazin „Der Spiegel" ein politisches Ziel formuliert: „Auf EU-Ebene sollten Strom sparende Standards für Computer eingeführt werden, wie es sie etwa schon für Haushaltsgeräte gibt." Wenn sich jemand in der bundesdeutschen Politik mit dem Thema beschäftigen würde, wären die Grünen sicherlich dabei. In der Partei will man jedoch abwarten, bis es überhaupt belastbare Zahlen gibt. Das Thema sei aber auf jeden Fall „jahrelang vernachlässigt worden". Betreiber von Rechenzentren scheinen eher politische Vorgaben aus Brüssel zu befürchten – möglicherweise zu Recht.

Die Europäische Kommission hat unter dem Schlagwort „20 Prozent Energieeinsparung bis 2020" im Oktober 2006 einen „Aktionsplan für Energieeffizienz" vorgestellt, der „die Bedeutung von Mindestnormen für Energieeffizienz bei einem breiten Spektrum von Geräten und Ausrüstungen (von Haushaltsgeräten wie Kühlschränken und Klimaanlagen bis zu industriellen Pumpen und Lüftungsanlagen) sowie für Gebäude und Energiedienstleistungen" unterstreichen soll. In diesem Aktionsplan wird auch die schon eingeführte EU-Ökodesignrichtlinie angesprochen, die „Prinzipien, Bedingungen und Kriterien für die Festlegung ökologischer Anforderungen an energiebetriebene Produkte" festlegt. In keinem der beiden EU-Papiere werden Server oder Rechenzentren konkret genannt. Die Kommission wird allerdings im Rahmen des Aktionsplans beginnen, einzelne Gerätegruppen nacheinander abzuarbeiten.

Wie die energiepolitische Sprecherin der Kommission bestätigte, sind im Moment keine konkreten Schritte in Bezug auf Server geplant. Allerdings wird sich die Österreichische Energieagentur in einem von der EU ko-finanzierten Forschungsprojekt genau mit dem Serverthema beschäftigen. Die Sprecherin wies auch darauf hin, dass das US-Label „Energy Star" momentan Beurteilungskriterien für die Energieeffizienz von Servern entwerfe. Ein solches

„Benchmark"-System hat das Unternehmen Sun Microsystems schon im Dezember 2005 vorgestellt. Es scheint, als ob dies anfängliche Bewegungen in Richtung eines Energieeffizienzlabels bei Servern sind.

*Vernachlässigung*

Das Thema „Stromverbrauch durch das Internet" hat Anfang 2003 eine Themenkarriere (in Form von Meldungen und kurzen Berichten) gemacht, die eine Notiz im „Spiegel" einschloss (27.1.2003). Auch die „Frankfurter Rundschau" (14.5.2003) und die „taz" (7.2.2003) griffen das Thema in den ersten Monaten des Jahres auf. Auslöser waren wohl die neuen Zahlen des Wuppertal-Institutes sowie der Beginn der Greenpeace-Kampagne „Atomstromfreies Internet" – zwischen diesen beiden Ereignissen bestand aber laut Greenpeace kein Zusammenhang.

Bei der Prüfung der Vernachlässigung im vergangenen Jahr fällt auf, dass die Entwicklung von Strom sparenden Servern zwar ein Thema in Fachpublikationen war („Elektronik Praxis", „Computerwoche", einmal „Spiegel Online" im „Netzwelt"-Ticker am 7.3.2006) beziehungsweise – selten – als Notiz über Unternehmen auftauchte (Beispiel: „Handelsblatt" vom 7.12.05: Sun greift mit Stromspar-Chips an [ausgeweiteter Recherchezeitraum bis Sommer 2005]). Einzig ein Artikel in der „Süddeutschen Zeitung" vom 3.8.2006 („Gegen den Strom") war etwas breiter angelegt und thematisiert den Wettlauf der IT-Unternehmen um Strom sparende Geräte. Dieser Text nennt auch „Leistung pro Watt" als das Kernthema der nächsten Jahre, ist allerdings stark auf technische Probleme der Industrie bezogen.

Offenbar berichteten Massenmedien aber kaum über den größeren Kontext des Themas: die ökologischen Implikationen, den politischen Rahmen oder den Stromverbrauch des Internets allgemein. Aus den Fachbeiträgen über Energieeffizienz bei Servern wird einem Fachpublikum deutlich, wo derzeit das zentrale Problem liegt. Eine breite Öffentlichkeit bleibt jedoch uninformiert über die – ungeregelten, unbeachteten – Ausmaße des Stromfraßes der Rechenzentren.

*Quellen*

Luiz André Barroso: An Economic Case for Chip Multiprocessing. In: ACM Queue vom 3. September 2005. Online unter http://acmqueue.com/modules.php?name=Content&pa=showpage& pid=330 (zuletzt abgerufen am 1.3.2007)
  Sun Microsystems: Save energy. Save money. Save the planet. Online unter http://www.sun.com/aboutsun/environment/ (zuletzt abgerufen am 1.3.2007)

Sun will mehr ökologische Verantwortung übernehmen. In: Heise online vom 15. November 2005. Online unter http://www.heise.de/newsticker/result.xhtml?url=/newsticker/meldung/66172&words=Internet%20Stromverbrauch (zuletzt abgerufen am 1.3.2007)

Internet steigert Stromverbrauch. In: Spiegel. Heft 5/2003

Gespräch mit Dr. Claus Barthel, Projektkoordinator der Forschungsgruppe „Future Energy and Mobility Structures" am Wuppertal-Institut für Klima, Umwelt, Energie

Claus Barthel/Stefan Lechtenböhmer/Stefan Thomas: GHG Emission Trends of the Internet in Germany. In: Thomas Langrock/Hermann E. Ott/Tsuneo Takeuchi (Hrsg.): International Climate Policy & the IT-Sector. Wuppertal 2001: Wuppertal Institute & IGES. 55-69

Maruti Gupta/Suresh Singh: Greening of the Internet. Online unter http://www.cs.pdx.edu/~singh/ftp/sigcomm03.pdf (zuletzt abgerufen am 1.3.2007)

Greenpeace: Atomstromfreies Internet. Online unter http://www.atomstromfreies-internet.de (zuletzt abgerufen am 1.3.2007)

Greenpeace setzt auf „atomstromfreies Internet". In: Heise online vom 26. Januar 2003. Online unter http://www.heise.de/newsticker/result.xhtml?url=/newsticker/meldung/33969&words=Internet%20Stromverbrauch (zuletzt abgerufen am 1.3.2007)

Der Markt für Server: Sinkende Margen – harter Preiskampf. In: Computerwoche vom 29. Juni 2006

Gespräch mit Arne Jungjohann, Sprecher im Büro des MdB Reinhard Loske (Grüne), bei der Grünen-Bundestagsfraktion zuständig für Energieeffizienz

Blades lassen Stromkosten explodieren. In: Computerwoche vom 3. November 2006

20% Energieeinsparungen bis 2020 – Kommission gibt Aktionsplan bekannt. Pressemitteilung der Europäischen Kommission vom 19. Oktober 2006. Online unter http://europa.eu/rapid/pressReleasesAction.do?reference=IP/06/1434&format=HTML&aged=0&language=de&guiLanguage=de (zuletzt abgerufen am 1.3.2007)

EU-Ökodesignrichtlinie. Online unter http://www.europa.eu/scadplus/leg/de/lvb/l32037.htm (zuletzt abgerufen am 1.3.2007)

E-Mail von Marilyn Carruthers vom 18. Dezember 2006

Intelligent Energy Europe. IEE projects in the pipeline. Online unter http://ec.europa.eu/energy/intelligent/projects/doc/equipment_products.pdf (zuletzt abgerufen am 1.3.2007)

Energy Star: Enterprise Server and Data Center Energy Efficiency Initiatives. Online unter http://www.energystar.gov/index.cfm?c=products.pr_servers_datacenters (zuletzt abgerufen am 1.3.2007)

Sun Introduces World's First Metric for Server Efficiency and the Internet of Tomorrow. Pressemitteilung von Sun Microsystems vom 6. Dezember 2005. Online unter http://www.sun.com/smi/Press/sunflash/2005-12/sunflash.20051206.5.xml (zuletzt abgerufen am 1.3.2007)

Gespräch mit Franziska Gödeckemeyer von der Greenpeace-Kampagne „Atomstromfreies Internet"

*Bearbeitet von Sönke Klug*

## 4. Biowaffen aus dem Internet

Gefährliche Krankheitserreger lassen sich aus frei über das Internet erhältlichen Gen-Sequenzen zusammensetzen. Dieser Versandhandel unterliegt keiner wirkungsvollen Kontrolle. Terroristische Organisationen mit entsprechender Kenntnis und Ausrüstung könnten so zum Beispiel in den Besitz des Pocken-Virus gelangen, gegen den es keinen ausreichenden Impfschutz mehr gibt. Eine internationale Biologen-Konferenz hat bereits im Mai 2006 vor der Gefahr eines Missbrauchs gewarnt. Die Berichterstattung über dieses Thema ist im Vergleich zu seiner Brisanz gering.

*Sachverhalt & Richtigkeit*

Die für einen Virus erforderlichen Gensequenzen können bei Biotech-Firmen bestellt werden. Die Firmen müssen zwar ihre Kunden überprüfen, doch die Bestellung wird via E-Mail eingereicht – und die E-Mail-Adresse könnte gefälscht sein. Auch könnte man die benötigten Gene bei verschiedenen Firmen bestellen, um nicht zu viel Aufmerksamkeit zu erregen.

US-Forscher haben 2002 das Polio-Virus aus DNS, die aus dem Versandhandel stammte, nachgebaut. Letzten Herbst konstruierte eine Gruppe von Forschern das Virus der Spanischen Grippe von 1918/19. Diese Viren lassen sich vergleichsweise einfach herstellen und kontrollieren. Zudem gibt es heute keinen sicheren Impfschutz gegen den Pockenerreger mehr.

Laut David Baltimore, dem Nobelpreisträger für Medizin 1975 und Präsidenten des California Institute of Technology, ist die Sequenz des Viren-Organismus allgemein bekannt und lässt sich erneut synthetisieren, wenn man über ein entsprechendes Labor verfügt. Es gibt auch genügend Molekularbiologen und Spezialfirmen, die DNS-Stücke synthetisieren und verkaufen. Das Journal „Nature" warnte im Herbst 2004 in einem Editorial: „Wenn die Biologen wirklich an der Schwelle zum Synthetisieren neuer Lebensformen sind, könnte es breiten Missbrauch oder ungewollte Katastrophen geben."

Im Mai 2006 fand in Berkeley die „Synthetic Biology 2.0 Conference" statt, auf der unter anderem die Sicherheitsfrage der Biotechnologie diskutiert wurde. Man orientierte sich an einer ähnlichen Konferenz in Asimolar vor 30 Jahren, als sich die frühe Gentechnik einer freiwilligen Selbstkontrolle unterworfen hatte. Auf der Asimolar-Konferenz hatte man aber allein die Sicherheitsfrage angesprochen, nicht jedoch die ethischen Komponenten oder die Frage möglicher aus der Gentechnik hervorgehender Biowaffen. Man war damals der naiven Ansicht, dass es einen Vertrag zwischen den Ländern gebe und dass niemand diese Technologie zum Bau biologischer Waffen nutzen würde. Im Nachhinein hat sich herausgestellt, dass etwa die Sowjetunion ein gigantisches Geheimprogramm zur Entwicklung von Biowaffen vorangetrieben hat. Außerdem ist die heutige Situation eine andere, da Terrororganisationen neue Grenzen überschreiten und sich nicht in internationale Verträge einbinden lassen.

Die synthetisch arbeitenden Biologen befürchten mittlerweile, dass mit den Ergebnissen ihrer Forschung Unheilvolles angerichtet werden könnte. Außerdem haben sie die Sorge, dass Gesetze verabschiedet werden, die ihrer Arbeit einen Riegel vorschieben könnten. Darum wollten sie auf der Konferenz in Berkeley eine Selbstverpflichtung verabschieden, um zu verhindern, dass mit ihrer Technologie neue Biowaffen geschaffen werden können. Dazu kam es nicht. Man hat sich lediglich auf einen Appell an DNS-Firmen einigen können, verdächtige Kundenwünsche nicht zu erfüllen. Von außen hagelte es herbe Kritik.

Auf weitgehende Ablehnung stieß auch ein offener Brief von rund 35 Organisationen, unter anderem von Greenpeace und dem Third World Network, die einen Stopp der synthetischen Biologie forderten. Sie zeigten sich alarmiert darüber, dass die synthetischen Biologen nur für freiwillige Selbstkontrolle ohne Einbeziehung breiter sozialer Gruppen eintreten. Für Ende des Sommers wird ein Gutachten von Craig Venter und Forschern des Massachusetts Institute of Technology (MIT) erwartet, das über mögliche Risiken des Feldes aufklären soll.

*Relevanz*

Es handelt sich um tödliche Viren, die jeder synthetisch arbeitende Biologe relativ einfach herstellen und verkaufen kann. Die mangelnden Maßnahmen zur Überprüfung eingehender Bestellungen könnten im Einzelfall dazu führen, dass sich Personen oder Gruppierungen mit terroristischem Hintergrund tödliche Stoffe zu Eigen machen, um Anschläge oder Sabotageakte auszuführen. Denkbare Folgen wären Massenepidemien durch Verseuchung von Trinkwasservorkommen, Nahrungsmitteln oder Luftversorgungssystemen, denen die Bevölkerung beinahe schutzlos ausgeliefert wäre. Im schlimmsten Fall könnte dies den Tod zahlreicher Menschen bedeuten.

In Zeiten allgegenwärtiger Terrorangst und der politischen Diskussion um verbesserte Terrorabwehr sollte gerade auch der Vertrieb von Biostoffen einer strengeren Kontrolle unterzogen werden. Den Terrorfall einmal ausgeschlossen, besteht immer noch die Gefahr, dass Viren unabsichtlich aus Laboren herausgelangen, wenn in ihnen nicht die notwendigen Schutzmaßnahmen für den Umgang mit diesen Stoffen getroffen werden. Die möglichen Folgen der zu laschen Kontrollen sind also in jedem Fall unkalkulierbar.

*Vernachlässigung*

Das Thema wurde von den überregionalen Medien nur in Teilaspekten aufgegriffen. Die letzten publizierten Artikel stammen aus dem Mai bzw. Juni 2006. Die „taz" nahm die Konferenz in Berkeley zum Anlass, um über die geplante Selbstverpflichtung der Biologen zur Vermeidung neuer Biowaffen zu diskutieren. Andere Aspekte wie die Gefahr durch tödliche Viren oder deren Missbrauch wurden nicht angesprochen.

Währenddessen haben „Die Presse" und der „Technology Review" diese Punkte mit berücksichtigt. Das Thema Sicherheitsmaßnahmen wurde allerdings in keinem der drei Artikel behandelt. Unserer Meinung nach ist die Medienpräsenz dieses Themas im Vergleich zu seiner Brisanz äußerst gering. In Deutschland hat keine Diskussion über die Sicherheitslücken bei Bestellung und Versand biologischer Stoffe stattgefunden.

*Quellen*

Dr. Walter Biederbick, Leiter der Informationsstelle des Bundes für biologische Sicherheit im Robert-Koch-Institut. E-Mails vom 24. Mai 2006 und vom 30. Juni 2006
Waldemar Boczek, Hauptmann bei der Bundeswehr. E-Mail vom 15. Mai 2006
Jürgen Langenbach: Mit Bakterien rasieren? Synthetische Biologie. Forscher suchen Selbstkontrolle. In: Die Presse vom 27. Mai 2006. Online unter http://www.diepresse.com/Artikel.aspx?channel=h&ressort=ws&id=561517 (zuletzt abgerufen am 1.3.2007)
Wolfgang Löhr: Lebewesen aus der Retorte. In: taz vom 25. Mai 2006. Online unter http://www.taz.de/pt/2006/05/26/a0190.1/text (zuletzt abgerufen am 1.3.2007)
Florian Rötzer: Unkontrollierter Versand von Bestandteilen für Biowaffen. In: Telepolis vom 11. November 2005. Online unter http://www.heise.de/tp/r4/artikel/21/21326/1.html (zuletzt abgerufen am 1.3.2007)
Emily Singer: Angst vor Terrorviren. In: Technology Review vom 6. Juni 2006. Online unter http://www.heise.de/tr/artikel/73721 (zuletzt abgerufen am 1.3.2007)
Interviews with Biowarriors: Sergei Popov. In: Nova Online vom November 2001. Online unter http://www.pbs.org/wgbh/nova/bioterror/biow_popov.html (zuletzt abgerufen am 1.3.2007)
Interviews with Biowarriors: Bill Patrick and Ken Alibek. In: Nova Online vom November 2001. Online unter http://www.pbs.org/wgbh/nova/bioterror/biow_alibek.html (zuletzt abgerufen am 1.3.2007)

*Bearbeitet von Yvonne Hamann und Julia Barysava*

## 5. Wenn Insider Alarm schlagen – Whistleblower haben in Deutschland einen schweren Stand

Von Korruption bis zum Gammelfleisch: Missstände in Unternehmen werden oft erst dadurch bekannt, dass Mitarbeiter sich an die Öffentlichkeit wenden. Im internationalen Vergleich haben es so genannte Whistleblower in Deutschland jedoch schwer. Sie werden nicht nur als Denunzianten hingestellt, sondern haben auch – anders als etwa in den USA oder in Großbritannien – keinen besonderen Rechtsschutz. Medien berichten vereinzelt über firmeninterne Maßnahmen wie Korruptions-Hotlines, nicht aber über die prekäre Rechtslage.

*Sachverhalt & Richtigkeit*

Whistleblower decken in ihrem Wirkungskreis gravierendes Fehlverhalten und schwerwiegende Missstände auf. In der Regel schlagen sie zunächst im persönlichen und beruflichen Wirkungskreis Alarm. Bleibt dies ohne Resonanz oder wird dies gar unterdrückt, wenden sie sich an Außenstehende oder an die Öffentlichkeit – etwa an Aufsichtsbehörden, Ombudsleute, Abgeordnete, Berufsverbände, Journalisten und Massenmedien. Whistleblower streben damit keine wirtschaftlichen Vorteile für sich oder Nahestehende an. Im Gegenteil: Sie nehmen in Kauf, dass ihr Alarmschlagen mit erheblichen Risiken oder Nachteilen für ihre berufliche Karriere oder persönliche Existenz verbunden ist.

Obgleich sich Whistleblower Fragen des Umwelt-, Gesundheits- und Verbraucherschutzes sowie der Sicherheit von Produktionsanlagen widmen und obwohl sie Korruption und Verschwendung in Bürokratien aufdecken, bewegen sie sich in Deutschland noch immer in einer rechtlichen Grauzone. Explizite Regelungen zum Schutz von Whistleblowing gegenüber der Öffentlichkeit fehlen nahezu vollständig. Weil Gerichte deshalb auf allgemeine Regelungen und Grundsätze abstellen müssen, ergibt sich für die Betroffenen eine große Rechtsunsicherheit.

Arbeitsverträge verpflichten etwa Arbeitnehmer, alle Anweisungen des Arbeitgebers zu befolgen und Betriebs- und Geschäftsgeheimnisse zu wahren. Einem Arbeitgeber ist es außerdem nicht zuzumuten, mit einem Mitarbeiter weiter zusammenzuarbeiten, der sich illoyal verhält und der durch sein Verhalten den „Betriebsfrieden" gefährdet. Für Beamte ist die Flucht in die Öffentlichkeit oder die Erstattung einer Strafanzeige ein Dienstvergehen. Selbst wenn ein Beamter intern seine abweichende Rechtsauffassung mehrfach vorgetragen hat, verbietet sich die Unterrichtung der Presse. Der Schritt an die Öffentlichkeit ist für viele Whistleblower deshalb mit hohem persönlichem Risiko verbunden.

Die juristische und soziale Situation von Menschen, die auf Probleme, Missstände oder drohende Gefahren innerhalb einer Organisation aufmerksam machen, muss deshalb verbessert werden. Vorbildlich sind das Whistleblower-Schutzrecht in den USA sowie der „Public Interest Disclosure Act" in Großbritannien. Durch sie erhalten Arbeitnehmer verlässliche und gesicherte Artikulations-, Kommunikations- und Leistungsverweigerungsrechte. Bereits die Weimarer Reichsverfassung von 1919 bestimmte in Artikel 118: „An diesem Recht [seine Meinung frei zu äußern] darf ihn kein Arbeits- oder Beschäftigungsverhältnis hindern, und niemand darf ihn benachteiligen, wenn er von diesem Recht Gebrauch macht." Eine ähnliche Formulierung sieht das Grundgesetz allerdings nicht vor. Auch die grundgesetzliche Garantie des Petitionsrechts sollte effektiver ausgestaltet werden, damit sich Beschäftigte an kompetente staatliche Stellen wenden können. Es sollte ihnen dafür ein ausdrückliches Recht zugestanden werden. Trägt jemand dazu bei, Verstöße gegen internationale Abkommen aufzudecken, sollte er Anspruch auf rechtlichen Schutz haben. Dies sollte sich auch auf Verdachtsäußerungen erstrecken.

Ähnlich wie staatliche Rechtsvorschriften ist aber auch die Entwicklung einer zivilgesellschaftlichen Kultur des Whistleblowings wichtig. Während Whistleblower in den USA, Großbritannien und in der Schweiz einen guten Ruf genießen, werden sie in Deutschland noch immer als Denunzianten oder Nestbeschmutzer verunglimpft.

*Relevanz*

Unternehmen können sich durch ein internes Whistleblowing-System Wettbewerbsvorteile verschaffen, weil sie schneller auf Missstände reagieren können. Der Fleischskandal oder Umwelttragödien wie die Rheinverschmutzung durch Sandoz hätten vielleicht verhindert werden können, wenn Whistleblower rechtlich abgesichert wären. Überdies sind auch Journalisten auf couragierte Menschen angewiesen.

Eine rechtliche Anerkennung von Whistleblowern könnte auch dazu führen, dass Korruptionsfälle in Unternehmen schneller aufgedeckt oder gar verhindert werden. Doch die Führungseliten in Deutschland scheinen Korruption, anders als die Bevölkerung, bislang kaum als Problem zu erkennen. So liegt Deutschland auf dem „Corruption Perceptions Index" 2006 von Transparency International im Vorderfeld, auf Platz 16 von 163 Ländern. Das Ranking basiert auf Umfragen unter Landesexperten und Führungsleuten aus der Wirtschaft. Auf dem Ende 2006 veröffentlichten „Gallup Korruptionsindex" hingegen liegt

Deutschland weit abgeschlagen im Mittelfeld – auf Platz 48 von 101 befragten Ländern.

*Vernachlässigung*

Massenmedien berichten nicht darüber, dass Whistleblower in Deutschland rechtlich nicht geschützt sind. Die wenigen Berichte begrenzen sich auf relativ unbekannte Internetseiten und ältere Zeitungsartikel. Ein jüngerer Beitrag in der „Süddeutschen Zeitung" thematisierte den unzureichenden Schutz im Zusammenhang mit einer Korruptionsaffäre bei Siemens Business Services (SBS) in Norwegen. Dem Mitarbeiter, der auf den Korruptionsfall aufmerksam machte, wurde gekündigt.

Statt über die Problemlage aufzuklären, neigen Massenmedien dazu, Whistleblower-Fälle als Human-Interest-Geschichten darzustellen. Grund: Es fehlt der Nachrichtenfaktor Aktualität, da die Vorgänge aufgrund einer fehlgeschlagenen internen Aufklärung meist zwei bis drei Jahre alt sind. Zudem ist die Berichterstattung mit einem rechtlichen Risiko verbunden, da die Angelegenheit meist noch nicht abschließend geklärt ist.

*Quellen*

Gunnar Herrmann: „Wir haben einen Maulwurf". In: Süddeutsche Zeitung vom 29. November 2006. Online unter http://www.sueddeutsche.de/wirtschaft/artikel/190/93097/1/print.html (zuletzt abgerufen am 1.3.2007)
Dieter Deiseroth: Zivilcourage am Arbeitsplatz – „Whistleblowing". In: Gerd Meyer/Ulrich Dovermann/Siegfried Frech/Günther Gugel (Hrsg.): Zivilcourage lernen. Bonn 2004: Bundeszentrale für politische Bildung. 124-135
Björn Rohde-Liebenau, Rechtsanwalt und Mediator. Online unter http://www.riskcommunication.de (zuletzt abgerufen am 1.3.2007)
Transparency International: Corruption Perceptions Index 2006. Online unter http://www.transparency.de/Corruption-Perceptions-Index-2.950.0.html (zuletzt abgerufen am 1.3.2007)
Gallup stellt die umfangreichste Korruptions-Studie vor. Pressemitteilung der Gallup GmbH Deutschland vom 4. Dezember 2006. Online unter http://www.presseportal.de/story.htx?nr=909903 (zuletzt abgerufen am 1.3.2007)
Business Keeper AG. Online unter http://www.business-keeper.com (zuletzt abgerufen am 1.3.2007)
Whistleblower-Netzwerk e.V. Online unter http://www.whistleblower-netzwerk.de (zuletzt abgerufen am 1.3.2007)
Fairness-Stiftung. Online unter http://www.fairness-stiftung.de (zuletzt abgerufen am 1.3.2007)
Recherchieren.org – Webseite zum Buch „Investigativer Journalismus" von Johannes Ludwig. Online unter http://www.recherchieren.org (zuletzt abgerufen am 1.3.2007)

*Bearbeitet von Susi Wegner, Tatjana Krajsic und Andreas Kalb*

## 6. Keine Zukunft für die Sahrauis

Die Sahrauis leben seit mehr als 30 Jahren in Flüchtlingslagern in der Westsahara. Marokko blockiert jede Bemühung, den Konflikt mit der Befreiungsbewegung Polisario öffentlich werden zu lassen. Die UNO versucht vergeblich, die Konflikt-Parteien zu einer Lösung zu führen. Hilfsorganisationen wie Medico International ziehen sich zurück. Das Schicksal der Sahrauis stand 2002 stellvertretend für vergessene Kriege an der Spitze der vernachlässigten Themen der Initiative Nachrichtenaufklärung. Heute können die Sahrauis als das vergessene Volk bezeichnet werden.

*Sachverhalt & Richtigkeit*

165.000 Sahrauis leben kurz hinter der algerischen Grenze in vier Zeltstädten. Ihre Interessen werden durch die Befreiungsbewegung Polisario und die Vereinten Nationen vertreten. Im April 1991 leiteten die Vereinten Nationen die Mission für das Referendum in der Westsahara (MINURSO) ein, um den Waffenstillstand in der Westsahara zu begleiten und zu überwachen. Ziel war es, einen Volksentscheid zu organisieren, welcher den Menschen ermöglichen soll, zwischen einer Integration mit Marokko und der Unabhängigkeit zu wählen.

Bereits 1981 erklärte sich König Hassan II. bereit, einer Volksabstimmung der Westsahara-Bevölkerung unter der Schirmherrschaft der Vereinten Nationen zuzustimmen. Nachdem Marokko und die Polisario den Plan im August 1988 akzeptiert hatten, trat 1991 der seitdem eingehaltene Waffenstillstand in Kraft. Der Prozess der Identifizierung von Wahlberechtigten gestaltete sich äußerst kompliziert und ist bis heute nicht abgeschlossen.

Seit seinem Amtsantritt 1997 belebte Kofi Annan den Regelungsplan für die Westsahara. 2003 erarbeitete die MINURSO unter dem ehemaligen amerikanischen Außenminister James Baker einen neuen Plan zur Lösung des Konflikts. Der unter dem Namen „Baker-Plan" bekannt gewordene Vorschlag gründete auf der Autonomie des umstrittenen Gebietes unter Souveränität Marokkos für eine Übergangszeit von mindestens vier, maximal fünf Jahren, an deren Ende ein Referendum über den Endstatus (Unabhängigkeit oder Fortdauer des Autonomiestatus oder Zugehörigkeit zu Marokko) stehen sollte. Der Plan wurde im UN-Sicherheitsrat einstimmig angenommen.

Marokko lehnte die Durchführung ab und schlug selbst eine Art Autonomie für die Sahrauis vor. Diesen Plan führte Marokko aber nie näher aus. Im Mai 2005 kommt es zu massiven Protesten gegen die Besetzung der Westsahara durch Marokko. Im Januar 2006 gesteht Kofi Annan das Scheitern der UN-

Bemühungen ein und appelliert an die Konflikt-Parteien, selbst zu einer Lösung zu kommen. In den UN-Resolutionen aus jüngerer Vergangenheit wird der Baker-Plan nicht mehr erwähnt. Das Mandat der MINURSO wurde im Oktober 2006 bis zum 30. April 2007 verlängert. Dies geschieht regelmäßig alle sechs Monate. Während der Sitzung des Sicherheitsrates am 31. Oktober 2006 soll der amerikanische UNO-Abgesandte die Auflösung der MINURSO gefordert haben, wenn sie in ihren Bemühungen weiterhin erfolglos bliebe.

Marokko ignoriert konsequent die Selbstbestimmungsrechte der Sahrauis. Letztendlich scheitern alle Einigungsversuche an der sturen Haltung Marokkos. „Marokko sitzt den Konflikt aus", so das Urteil der Experten. Unterdessen verschlechtert sich die Lage der Sahrauis in den Lagern immer weiter. 25 Jahre Konflikt und das Leben in den improvisierten Zeltstädten lassen die Menschen resignieren.

Der Kasseler Friedensforscher Peter Strutynski beschreibt die Sahrauis als ein von Grund auf friedliches Volk. Seine Passivität wird oft kritisiert. „Aber was sollen sie machen! Eine Bombe werfen, nur damit sie gehört werden!?", so der Maghreb-Journalist Reiner Wandler. Peter Strutynski bezeichnet die Sahrauis als vergessenes Volk ohne Lobby.

*Relevanz*

Mehr als 160.000 Menschen in der Westsahara wollen selbstbestimmt leben. Die Dekolonisierungsbeschlüsse der Vereinten Nationen garantieren ihnen dieses Recht, trotzdem erkennt Marokko es nicht an. Die UNO übergibt die Verantwortung der Polisario, der Interessenvertretung der Sahrauis, und zieht sich selbst immer mehr zurück. Bestehende Vereinbarungen werden von Marokko weder eingehalten noch von der UNO eingefordert. Die Sahrauis standen im Jahr 2002 stellvertretend für viele andere „vergessene Kriege" an der Spitze der vernachlässigten Themen der Initiative Nachrichtenaufklärung.

*Vernachlässigung*

Es gibt sechs ausführlichere Medienberichte, die zum Teil die gesamte Geschichte des Westsahara-Konflikts nacharbeiten. Die Berichterstattung findet vorwiegend in der „taz" und im „Bonner General-Anzeiger" statt. Dieser Umstand ist auf die Arbeit des Auslands-Korrespondenten Reiner Wandler zurückzuführen, der für beide Medien arbeitet. Auf die halbjährlich gefassten UN-

Resolutionen wird nur kurz verwiesen. „Einzig linke Zeitungen berichten noch", erklärt Peter Strutynski von der AG Friedensforschung. Reiner Wandler beschreibt die Mediengeschichte des Themas wie folgt: „Die Sahrauis waren für Deutschland nie besonders interessant. In der spanischen und algerischen Presse wird ihre Geschichte ausführlich behandelt." Trotz der Berichterstattung von Reiner Wandler wird das Thema als vernachlässigt eingeschätzt. Einige private Homepages von NGOs sowie Humanwissenschaftlern und Menschrechtlern informieren über die Geschichte der Sahrauis.

*Quellen*

Medico International: Westsahara: Wie die Sahrauis seit einem Vierteljahrhundert um ihre Rechte kämpfen. Online unter http://www.medico-international.de/projekte/sahara (zuletzt abgerufen am 1.3.2007)
Association de soutien à un référendum libre et régulier au Sahara Occidental. Online unter http://www.arso.org (zuletzt abgerufen am 1.3.2007)
Auswärtiges Amt: Marokko – Geschichte. Online unter http://www.auswaertiges-amt.de/diplo/de/Laenderinformationen/Marokko/Geschichte.html (zuletzt abgerufen am 1.3.2007)
Reiner Wandler: Die UNO gibt die Westsahara auf. Kofi Annan legt heute im Sicherheitsrat einen Bericht vor. Künftig soll direkt mit Marokko verhandelt werden. In: taz vom 25. April 2006
Martin Glasenapp, Nahost-Koordinator „Medico International". Gespräch am 21. November 2006
Peter Strutynski, AG Friedensforschung, Universität Kassel. Gespräch am 5. Dezember 2006
Reiner Wandler, freier Maghreb-Journalist. Gespräch am 5. Dezember 2006

*Bearbeitet von Katrin Budde*

## 7. MEADS: Auf welche Berater verließ sich die Bundesregierung?

Laut einem WDR-Fernsehbeitrag hat die rot-grüne Regierung vor ihrer Entscheidung, das umstrittene Raketen-Abwehrsystem MEADS mitzufinanzieren, drei Politikberater konsultiert, die Verbindungen zum beteiligten EADS-Konzern hatten. Die anteiligen Entwicklungskosten für MEADS belaufen sich für Deutschland auf voraussichtlich eine Milliarde Euro. 2008 steht die Entscheidung über die Beschaffung an. Die Verbindungen wurden nur in einem Bericht des WDR-Magazins „Monitor" aufgedeckt. Eine weiter gehende Berichterstattung, eine Überprüfung der vorgelegten Analysen oder eine breite öffentliche Diskussion über die Notwendigkeit des Rüstungsprojekts stehen aus.

*Sachverhalt & Richtigkeit*

Die rot-grüne Bundesregierung hat im April 2005 beschlossen, sich neben den USA und Italien an der Entwicklung des Raketenabwehrsystems MEADS (Medium Extended Air Defense System bzw. Mittleres erweitertes Luftabwehrsystem) zu beteiligen. Die Entwicklung soll voraussichtlich 2013 abgeschlossen werden, wobei die Gesamtkosten mit mindestens 4 Milliarden Euro veranschlagt sind. Die USA tragen davon 47 Prozent, Italien 18 Prozent und Deutschland ist zu rund 25 Prozent, also mit ca. mit einer Milliarde Euro, an den Kosten beteiligt.

Insgesamt wird der Bund jährlich rund 125 Millionen Euro berappen müssen. Bereits 2008 soll über die Beschaffung der MEADS-Systeme entschieden werden, obwohl diese bei reibungslosem Entwicklungsverlauf frühestens 2014 einsatzbereit wären. Je nach Schätzung, Zahl der beschafften Einheiten und Bestückung mit PAC-3-Raketen könnten weitere Kosten von 3 bis 12 Milliarden Euro entstehen. MEADS soll dazu in der Lage sein, Kurz- und Mittelstreckenraketen mit einer Reichweite von 1000 Kilometern abzufangen.

Zu den Vorteilen gegenüber dem bestehenden PATRIOT-System zählen die Fähigkeit, Raketen und Flugkörper in einem Winkel von 360 Grad zu erfassen, und die erhöhte Transportabilität der Einheiten. Das System könnte sich daher einerseits dazu eignen, mögliche Angriffs- und Anschlagsziele zu verteidigen, andererseits könnte es auch bei Auslandseinsätzen der Bundeswehr mobilen Schutz leisten.

Kritiker wie Bernd Kubbig von der Hessischen Stiftung Friedens- und Konfliktforschung (HSFK), Sascha Lange von der Stiftung Wissenschaft und Politik (SWP) oder der ehemalige Luftwaffengeneral Hermann Hagena werfen dem System vor, dass es auf eine Bedrohungslage zugeschnitten sei, die seit Ende des Warschauer Pakts nicht mehr existiert, da im Umkreis von 1000 Kilometern für Deutschland keine Gefahr bestehe. Schutz bei Auslandseinsätzen soll bei der momentanen Lage eher durch die Investition in gepanzerte Fahrzeuge zu gewährleisten sein. Der Fähigkeitsgewinn durch MEADS könne zudem durch Erweiterungen des PATRIOT-Systems erzielt werden, was eine Ersparnis in Milliardenhöhe bedeuten würde.

Neben dem militärischen Nutzen des Systems stand auch dessen Finanzierung im Fokus der Kritik. Nach Auskunft des Bundesrechnungshofs sind die laufenden Entwicklungskosten unkalkulierbar, da für Deutschland nicht die Möglichkeit besteht, diese einzusehen. Für den Fall, dass die Entwicklung teurer wird als veranschlagt, droht laut Vertrag sogar ein zwischenzeitlicher Entwicklungsstopp, der nur durch eine weitere Finanzspritze beendet werden kann. Vielfach wurde auch vermutet, dass die Entscheidung, sich an MEADS zu beteiligen, ein „politischer Kuhhandel" sei, da sie hauptsächlich auf eine Verbesserung der deutsch-amerikanischen Verhältnisse nach dem „Nein" zum Irak-Krieg gezielt habe.

Im Rahmen der Entscheidungsfindung wurden unter anderem Analysen und Gutachten renommierter Einrichtungen wie des Instituts für Strategische Analysen (ISA) und der Deutschen Gesellschaft für auswärtige Politik e. V. (DGAP) herangezogen, die eine Investition befürworteten und letztendlich mit ausschlaggebend für den Beschluss waren. Unter anderem holte das Bundesministerium für Verteidigung Urteile der Verteidigungsexperten Holger Mey (ISA), Joachim Krause (Institut für Sicherheitspolitik, Universität Kiel) und Christoph Grams (DGAP/Berliner Forum Zukunft) ein.

Alle genannten Wissenschaftler betonten in ihren Publikationen die sicherheitspolitische Notwendigkeit einer Mitentwicklung und zukünftigen Anschaffung von MEADS. Allerdings ist fraglich, ob die Experten eine sachliche und unabhängige Beurteilung des Militärprojekts gewährleisten konnten, da in allen drei Fällen Verbindungen zwischen ihnen und dem Luft- und Raumfahrtkonzern EADS (European Aeronautic Defence and Space Company) bestanden. Die Entwicklung von MEADS wird zwar von der amerikanischen MEADS International Inc. geleitet, allerdings ist die EADS daran mittelbar über die Rüstungsfirma LFK-Lenkflugkörpersysteme beteiligt und somit einer der Hauptprofiteure eines Entwicklungsauftrags.

Enge Verbindungen zu der EADS verdeutlichen folgende Beobachtungen:

- Holger Mey nahm zum Entscheidungszeitpunkt, das war Anfang 2005, nach Aussagen des Magazins „Monitor" neben seiner wissenschaftlichen Tätigkeit beim ISA auch eine leitende Position bei der EADS ein.

- Joachim Krause moderiert für die EADS gelegentlich exklusive Hintergrundgesprächskreise, bei denen auch Bundestagsabgeordnete zugegen sind.
- Christoph Grams schrieb seine Doktorarbeit bei Professor Krause. Die Druckkosten seiner ersten publizierten Studie zum Thema MEADS wurden von der EADS gesponsert.
- Das Berliner Forum Zukunft, das Christoph Grams mittlerweile leitet, wird maßgeblich von der EADS mit Spendengeldern unterstützt. Es bietet EADS-Angehörigen eine Bühne für Veranstaltungen, die nicht zuletzt auch von Bundestagsabgeordneten besucht werden. Diese Spendengelder sind allerdings als gemeinnütziger Beitrag steuerlich absetzbar und durch das Vereinsrecht vor öffentlicher Einsichtnahme geschützt.

Christoph Grams bezieht sich in seiner für die DGAP publizierten Studie in einer Fußnote auf MEADS-Entwickler, um die technischen Vorzüge des Systems zu erörtern. Insofern kann von einer neutralen Prüfung des Sachverhalts zumindest auf formaler Ebene keine Rede sein. Außerdem rechtfertigt Grams die Notwendigkeit von MEADS durch Bedrohungsszenarien, die konstruiert wirken. Beispielsweise könnten sich zum „Märtyrertod entschlossene" Terroristen mit einem zur Raketenabschussstation umfunktionierten Frachtschiff der deutschen Küste ungehindert nähern und Ziele im Inland anvisieren.

Gleichwohl aber soll MEADS nur Raketen abfangen, die aus einem Umkreis von 1000 Kilometern gestartet wurden. Joachim Krause sieht in seiner 2005 publizierten Analyse dagegen potenzielle zukünftige Gegner in Weißrussland, Israel, Libyen und einem wieder erstarkten Irak, der schon bald über Massenvernichtungswaffen verfügen könnte.

Ob durch diese Überlegungen eine Scheinrechtfertigung für MEADS erzielt werden sollte, ist nicht zu beweisen, aber zu vermuten. Die Frage, ob die EADS tatsächlich durch Spendengelder oder gezielte Förderung einzelner Wissenschaftler mittelbar Einfluss auf politische Entscheidungsprozesse genommen hat, muss daher offen bleiben. Letztendlich lässt sich nicht belegen, wie stark die Verquickung von Wissenschaft und Industrie war. Die zu Rate gezogenen Experten betonen ausdrücklich ihre wissenschaftliche Unabhängigkeit von etwaigen Nebenbeschäftigungen für die Industrie.

Der Lobbyismusverdacht gegenüber Grams, Krause und Mey lässt sich nicht erhärten. Die Möglichkeit, dass bei einer Doppelfunktion als Wissenschaftler und Industriezugehöriger Interessenkonflikte entstehen, ist dennoch nicht völlig auszuschließen. Ebenso ist es nicht möglich zu belegen, dass sich die EADS Expertise von renommierten Instituten und Wissenschaftlern zu Nutze macht, um politische Prozesse zu ihren Gunsten zu beeinflussen.

*Relevanz*

In Zeiten knapper Kassen werden Milliarden für die Entwicklung und die daraus mit Sicherheit resultierende Beschaffung eines Raketenabwehrsystems ausgegeben, das militärisch vielleicht überflüssig und in seinen Fähigkeiten nicht unbedingt alternativlos ist. Gerade deshalb hätten sämtliche Publikationen einer genaueren Überprüfung unterzogen werden müssen.

Im Thema MEADS spiegelt sich auch die Tendenz zu einer immer stärkeren Verquickung zwischen Wissenschaft und Industrie wider. Das ist insbesondere dann bedenklich, wenn die Wirtschaft auf diesem Weg Einfluss auf die Politik nehmen kann. Dies kann nicht nur den Ruf der Beteiligten beschädigen, sondern auch die Glaubwürdigkeit der Politik. Politische Entscheidungsträger sind allerdings in Detailfragen häufig auf den sachlichen und umfassenden Rat von Experten angewiesen.

*Vernachlässigung*

Das Thema wurde von den überregionalen Tageszeitungen und TV-Magazinen nur in Teilaspekten behandelt. Zwar haben etwa der „Spiegel", die „Süddeutsche Zeitung" oder das ARD-Magazin „Panorama" Kritik an der militärischen Notwendigkeit und den Kosten von MEADS geäußert, nicht aber den Entscheidungsfindungsprozess als solchen aufgegriffen. Lediglich in einem kurzen Beitrag des WDR-Magazins „Monitor" im April 2005 wurde auf die Verbindungen der MEADS-Gutachter Grams, Krause und Mey zu der EADS kritisch eingegangen. Der Inhalt der publizierten Gutachten wurde nicht im Detail behandelt. Das Thema kann daher als vernachlässigt bewertet werden.

*Expertenstatement*

Sascha Lange, Stiftung Wissenschaft und Politik:

> „MEADS ist verteidigungspolitisch nicht zwingend notwendig. Das in der Bundeswehr eingeführte System PATRIOT wird weiterentwickelt (kampfwertgesteigert) und kann nach Abschluss der Modernisierung schließlich Vergleichbares (Abwehr von ballistischen Raketen der Reichweitenklasse bis 1000 Kilometer) leisten. Hierdurch wird die Beschaffung von MEADS unwirtschaftlich, da die zusätzlichen Fähigkeitsgewinne (potenzielle 360°-Verteidigungsfähigkeit mit nur einer Feuereinheit sowie geringere Anforderungen an die Logistik zur strategischen Verlegbarkeit) in der Praxis wenig relevant sind und durch weitere Kampfwertanpassungen von PATRIOT ebenfalls zu erreichen wären. Dies würde dem Bund Ausgaben in Milliardenhöhe ersparen. Des Weiteren hat MEADS im Vergleich zu PATRIOT

in Teilfähigkeiten Defizite (maximale Reichweite), die besonders bei dem Schutz Deutschlands zum Tragen kommen könnten. Die Entscheidung, die Entwicklung von MEADS zu unterstützen, hatte im Wesentlichen wirtschaftspolitische Gründe. Einige der Wissenschaftler, die zum Thema MEADS publizierten, stehen oder standen in direkter Verbindung zu der EADS. Die zugrunde liegenden Analysen, z. B. der ISUK und DGAP, weisen Fehler auf und/oder berufen sich zum Teil auf Quellen, die direkt an der Entwicklung von MEADS beteiligt waren. Die Schätzungen dieser Institute bezüglich der Kosten haben sich als falsch erwiesen und befinden sich mittlerweile auf dem von der SWP Anfang 2005 prognostizierten Niveau [etwa 4 Milliarden Euro]."

## Quellen

Ralph Hötte/Markus Schmidt: MEADS: die wirksame Lobbyarbeit eines Rüstungskonzerns. In: Monitor vom 7. April 2005. Online unter http://www.wdr.de/tv/monitor/beitrag.phtml?bid=679&sid=127 (zuletzt abgerufen am 1.3.2007)

Joachim Krause: MEADS in der Kritik. Braucht die Bundesrepublik Deutschland ein bodengebundenes taktisches Luftverteidigungssystem? Kieler Analysen zur Sicherheitspolitik Nr. 13. Februar 2005. Online unter http://www.isuk.org/1/pdf/Analyse13.pdf (zuletzt abgerufen am 1.3.2007)

Christian Grams: Das Medium Extended Air Defense System (MEADS) – ein Prüfstein für Deutschlands Streitkräftetransformation? DGAP-Analyse Nr. 2. Februar 2005. Online unter http://www.dgap.org/midcom-serveattachmentguid-cb8598c4cebf11da89fb8d4e2743af4daf4d/DGAP-Analyse_MEADS.pdf (zuletzt abgerufen am 1.3.2007)

*Bearbeitet von Johannes-Marc Schubert*

## 8. Agrarsubventionen: EU verhindert rechtzeitige öffentliche Debatte

Obwohl im Herbst letzten Jahres die Offenlegung aller Informationen über EU-Agrarsubventionen auf europäischer Ebene für 2007 beschlossen wurde, werden sie der deutschen Öffentlichkeit weiterhin vorenthalten. Von den Medien weitgehend unbemerkt, hat die EU auf Druck einiger Mitgliedsstaaten die Pflicht zur Veröffentlichung der Agrarbeihilfen mittlerweile auf das Jahr 2009 verschoben, obwohl 2008 eine Neuverhandlung des EU-Haushalts und der Agrarsubventionen geplant ist. Offenbar möchte man verhindern, dass Informationen bereits vor der Neuaushandlung des EU-Agrarhaushalts ans Licht kommen.

*Sachverhalt & Richtigkeit*

Derzeit verweigern in Deutschland Bund und Länder die Offenlegung von Informationen über die EU-Agrarsubventionen, obwohl die Bundesrepublik nach Frankreich und Spanien drittgrößter Empfänger ist. In vielen anderen europäischen Ländern ist die Veröffentlichung dieser Informationen bereits Praxis. In den letzten Monaten und Jahren hat die öffentliche Bekanntgabe der konkreten Zahlungen in mehreren EU-Ländern dazu geführt, dass die Verteilung aber auch die Sinnhaftigkeit der Kriterien der EU-Prämien stark diskutiert wird.

Die Europäische Union subventionierte die Landwirtschaft nach Angaben des Bundesfinanzministeriums im Jahr 2006 mit ca. 51 Milliarden Euro und steckt damit knapp die Hälfte (45,5 Prozent) ihres Budgets in den Agrarsektor. Allein Deutschland, einer der größten Nettobeitragszahler der EU, steuert pro Jahr einen Anteil von etwa 9,3 Milliarden Euro der gigantischen EU-Subventionen für die Agrarindustrie bei. Der Agrar-Etat nimmt also den größten Posten im EU-Haushalt ein. Für 2007 liegt er bei einer Größenordnung von 127 Milliarden Euro. Der überwiegende Teil der Gelder ist allerdings keineswegs an wirksame soziale und ökologische Kriterien gekoppelt und darüber hinaus in höchstem Maße ungerecht verteilt. So erhalten, aktuellen Zahlen zufolge, in Deutschland 0,5 Prozent der Betriebe mehr als 300.000 Euro Agrarsubventionen, während 70 Prozent mit weniger als 10.000 Euro auskommen. Einige rationalisierte, flächenstarke Betriebe kommen somit auf Prämienzahlungen von bis zu 120.000 Euro je Arbeitskraft, während der Durchschnitt der Betriebe weniger als ein Zehntel davon erhält.

In jüngster Zeit sind in Deutschland und auf europäischer Ebene wichtige Entscheidungen bezüglich der Offenlegung von Informationen zu EU-Subventionsempfängern gefallen. Nach anfänglich heftigem Widerstand gegen die Offenlegung haben sich EU-Kommission, Parlament und Mitgliedsstaaten nun doch zu einem Kompromiss durchringen können, indem man sich auf die namentliche Nennung aller Empfänger von EU-Geldern einigte. In der auf europäischer Ebene beschlossenen Durchführungsverordnung wurde festgelegt, dass die Mitgliedstaaten ab 2007 den Namen des Empfängers, die Summe der öffentlichen Gelder sowie die entsprechende Maßnahme veröffentlichen müssen.

Nun soll aber aus nicht nachvollziehbaren Gründen gemäß Artikel 181 (4) der EU-Haushaltsordnung die Veröffentlichung der Zahlungen im Rahmen des Europäischen Garantiefonds für die Landwirtschaft insbesondere durch Drängen Frankreichs auf das Jahr 2009 verschoben werden. Diese Vorgehensweise scheint ein taktisches Spiel auf Zeit zu sein, da die Offenlegung der Agrarsubventionen auf einen Zeitpunkt nach der Neuaushandlung des EU-Haushalts verschoben wird, die für 2008 geplant ist. Die am heftigsten kritisierten Subventionen sollen also erst nach der Überprüfung des EU-Haushaltes veröffentlicht werden. Diese Vorgehensweise der Regierungen verhindert eine Revision der Förderpolitik im Hinblick auf Verteilungsgerechtigkeit, auf gesellschaftliche Ziele wie Tier-, Umwelt- und Klimaschutz, Stärkung des ländlichen Raums sowie Erhalt und Schaffung von Arbeitsplätzen.

Augenscheinlich möchte man nicht zu viele Informationen bereits vor der Neuaushandlung des Agrarhaushalts ans Licht kommen lassen. Hinzu kommt, dass im Vorfeld der Verabschiedung der EU-Haushaltsordnung erneut Schwellenwerte diskutiert werden. Für Deutschland würde dies heißen, dass ca. 85 Prozent der landwirtschaftlichen Betriebe von der Offenlegung ausgespart blieben. Die Schwellenwerte würden die versprochenen Bemühungen zur Verbesserung der Transparenz aushöhlen, dem Gleichheitsgrundsatz widersprechen und einer Neiddebatte Vorschub leisten, indem nur die größten Subventionsempfänger von einer Offenlegung betroffen wären. Die Überprüfung der Subventionen verbleibt damit in den Händen der Kommission und der Behörden, wodurch eine kritische Kontrolle der Zahlungen der deutschen Öffentlichkeit weiterhin verwehrt bleibt.

*Relevanz*

Der Zeitpunkt der Veröffentlichung der Empfänger von EU-Agrarsubventionen ist nicht nur aus Gründen einer möglichst schnellen Verbesserung der Transparenz von Bedeutung, sondern auch von umfassender gesellschaftspolitischer Relevanz. Bereits 2005 wurde in einer Studie der Organisation für wirtschaftliche Zusammenarbeit und Entwicklung auf den Missstand hingewiesen, dass die zu diesem Zeitpunkt reformierte Agrarstützung weiterhin die reicheren Bauern mit dem meisten Landanteil finanziell bevorzugt. Nur ein minimaler Teil der gesamten Agrarstützung ist darauf ausgerichtet, sozial gerechte, ökologisch verträgliche und tiergerechte Landwirtschaft zu honorieren. Jeder Bürger subventioniert die Landwirtschaft durch Steuern und erhöhte Preise für Lebensmittel. Von diesem Geld allerdings wird nur ein geringer Anteil von ca. 2 Prozent für Agrarumweltprogramme ausgegeben, die explizit darauf ausgerichtet sind, eine umweltverträgliche Produktion zu fördern. Darüber hinaus wird der Verbraucher in vielen Fällen sogar doppelt zur Kasse gebeten, beispielsweise in Form von höheren Wasserpreisen aufgrund der kostspieligen Aufbereitung des durch Nitrate und extensive Landwirtschaft stark belasteten Trinkwassers.

Im internationalen Handel verstärken Agrarsubventionen den Dumpingeffekt zu Lasten der so genannten Entwicklungsländer, was in den schlimmsten Fällen dazu führt, dass die Lebens- und Ernährungsgrundlagen von Kleinbauern gefährdet oder gar zerstört werden. Vertreter einer bäuerlichen Landwirtschaft kritisieren, dass die Subventionen genau diejenigen benachteiligen, die Arbeitsplätze in der Landwirtschaft erhalten oder neue schaffen.

Für eine grundlegende inhaltliche Debatte über die spezifischen Förderziele der europäischen Agrarpolitik ist es also aus vielfältigen Gründen unerlässlich, vor der Überprüfung des EU-Haushaltes 2008 auf diese Thematik aufmerksam zu machen und gegen die Verschleierungstaktiken der Regierungen anzugehen.

*Vernachlässigung*

Über die Verschiebung der Veröffentlichung der Subventionszahlungen im Rahmen des Europäischen Garantiefonds für die Landwirtschaft auf das Jahr 2009 findet keine weiterführende Berichterstattung in den Medien statt. Die Kritik an den Agrarsubventionen und der Gestaltung der europäischen Agrarpolitik erfordert eine transparente Behandlung in Bezug auf die Verwendung von Agrarsubventionen inklusive der Exportsubventionen, um eine sozialökologische Ausrichtung der europäischen Agrarpolitik voranzutreiben.

Die Forcierung der Offenlegung der Empfänger und Verwendungszwecke der Agrarsubventionen wird in den Medien sporadisch, aber ausreichend erwähnt – insbesondere im Zusammenhang mit den Bemühungen der Transparenzinitiativen auf europäischer Ebene, angestoßen durch Siim Kallas, Vizepräsident der EU-Kommission, sowie auf deutscher Ebene, angestoßen durch einen Zusammenschluss von über 30 NGOs, der „Initiative für Transparenz bei EU-Agrarsubventionen".

## Quellen

Tanja Dräger de Teran, WWF. E-Mail vom 6. November 2006
Marita Wiggerthale, Germanwatch/Oxfam. Telefongespräch am 8. November 2006
Transparency International Deutschland. Online unter http://www.transparency.de (zuletzt abgerufen am 1.3.2007)
FarmSubsidy.org. Online unter http://www.farmsubsidy.org (zuletzt abgerufen am 1.3.2007)
Europäische Kommission: Empfänger von Finanzhilfen. Online unter http://ec.europa.eu/grants/beneficiaries_de.htm (zuletzt abgerufen am 1.3.2007)
Wer profitiert? Initiative für Transparenz bei EU-Agrarsubventionen. Online unter http://www.werprofitiert.de (zuletzt abgerufen am 1.3.2007)
Bundesministerium der Finanzen. Online unter http://www.bundesfinanzministerium.de (zuletzt abgerufen am 1.3.2007)

*Bearbeitet von Kathrin Stein*

## 9. Öl-Konzern hintertreibt Klimaschutzpolitik

Exxon Mobil betreibt intensive Lobbyarbeit in Brüssel und in Deutschland, um eine Lockerung der Klimaschutzprotokolle zu erreichen. Deutsche Medien haben darüber kaum berichtet.

*Sachverhalt & Richtigkeit*

Exxon Mobil bemüht sich um eine Lockerung der Klimaschutzprotokolle und setzt dafür in Brüssel Lobbyisten wie Chris Horner in Bewegung. Horner ist Berater beim European Enterprise Institute (EEI) und Mitglied der konservativen US-Denkfabrik Competitive Enterprise Institute (CEI), die von Exxon Mobil unterstützt wird.

Ein Dokument von Chris Horner liegt der Initiative Nachrichtenaufklärung vor und trägt den Titel „The post-climate 2012 change debate. Reality check and course of action". Geschrieben wurde es für den Energiekonzern RWE. Auf 13 Seiten entwirft Horner eine „European sound climate policy coalition", ein Bündnis für eine „vernünftige Klimapolitik". Das „breit fundierte", „branchenübergreifende" und „in allen Mitgliedsstaaten verwurzelte" Industriebündnis soll die „praktischen ökonomischen und sozialen Einflüsse der EU-Klimapolitik" adressieren. Unternehmen wie Vattenfall, Endesa, Lufthansa, Exxon und Ford hätten bereits ihr Interesse angedeutet, schreibt Horner in dem mit zahlreichen Randnotizen versehenen Papier.

Gegenüber der Deutschen Welle dementierte RWE jede Zusammenarbeit mit Horner – ebenso wie Vattenfall und Lufthansa. Horner selbst bezeichnete seine Bemühungen als fruchtlos. Er betonte, er hätte unabhängig vom „Competitive Enterprise Institute" gehandelt.

Gleichwohl ist bekannt, dass Exxon Mobil Gutachten bezahlt, die den wissenschaftlichen Konsens über die Ursachen des Klimawandels bestreiten. Laut einer Studie der US-amerikanischen Union of Concerned Scientists summierten sich Zahlungen für „Desinformationskampagnen" in den vergangenen acht Jahren auf fast 16 Millionen Dollar. Der Kölner Verein „Lobby Control" vergab im Jahr 2006 den „Worst EU Lobby Award" an den Konzern. Zusammen mit anderen Nicht-Regierungsorganisationen ließ Lobby Control über die Verleihung im Internet abstimmen.

*Relevanz*

Die Durchführung des Kyoto-Protokolls stellt eine wichtige Veränderung und Regelung der Klimaschutzbedingungen dar. Wenn es Lobbyisten aus der Privatwirtschaft gelingen sollte, Einfluss auf seine Durchführung zu erlangen, wird somit die Wirksamkeit der Europa-Politik, aber auch der Politik an sich in Frage gestellt. Ob und wie Lobbyisten Einfluss auf die Gesetzgebung und deren Durchführung nehmen, ist für jeden Bürger in der EU von höchstem Interesse.

Bei dem von Chris Horner unternommenen Versuch handelt es sich um eine besondere Form der Lobbyarbeit. Die zu gründende Allianz soll gezielt im Verborgenen agieren. Sowohl Horner selbst als auch die angesprochenen Firmen distanzierten sich nach der ungewollten Veröffentlichung von den Inhalten des Dokuments. Eine aufklärende Berichterstattung ist deshalb wichtig. Ob sich eine Anti-Kyoto-Allianz in Brüssel bildet, ist nur mit intensiven Recherchen nachzuvollziehen. Allein der Hinweis darauf ist aber berichtenswert.

*Vernachlässigung*

Mit dem „Guardian" und dem „Independent" berichteten Ende 2005 zwei bedeutende britische Zeitungen über Horners Bemühungen zur Bildung einer Anti-Kyoto-Allianz. Auch AFP publizierte zwei Meldungen. Deutsche Medien griffen dieses Thema jedoch kaum auf. Einzig die „Berliner Zeitung" (1.12.2005), die Deutsche Welle (9.12.2005), das „Neue Deutschland" (14.12.2006), das „Wirtschaftsblatt" (22.12.2006) und die „Welt am Sonntag" (9.7.2006) berichteten. Allerdings bezieht sich die Berichterstattung nicht ausschließlich auf Chris Horner, sondern in drei Fällen auf die Verleihung des „Worst EU Lobby Award".

*Quellen*

David Adam: Oil industry targets EU climate Policy. In: Guardian vom 8. Dezember 2005
Andrew Buncombe: How America Plotted to Stop Kyoto Deal. In: The Independent vom 8. Dezember 2005
Rafael Heiling: Wirbel um Aktion der US-Öllobby gegen Kyoto. In: dw-world.de vom 9. Dezember 2005. Online unter http://www.dw-world.de/dw/article/0,2144,1808350,00.html (zuletzt abgerufen am 1.3.2007)
Project Censored: Top 25 Censored Stories of 2007. #23 US Oil Targets Kyoto in Europe. Online unter http://www.projectcensored.org/censored_2007/index.htm (zuletzt abgerufen am 1.3.2007)
Lobby Control. Online unter http://www.lobbycontrol.de (zuletzt abgerufen am 1.3.2007)

Union of Concerned Scientists: Scientists' Report Documents ExxonMobil's Tobacco-like Disinformation Campaign on Global Warming Science. Online unter http://www.ucsusa.org/news/ press_release/ExxonMobil-GlobalWarming-tobacco.html (zuletzt abgerufen am 1.3.2007)
David Adam: Royal Society tells Exxon: stop funding climate change denial. In: Guardian vom 20. September 2006. Online unter http://environment.guardian.co.uk/climatechange/story/ 0,,1876538,00.html (zuletzt abgerufen am 1.3.2007)

*Bearbeitet von Lin An und Katrin Budde*

## 10. Pauschale Bonitätsprüfung

Der Scorewert ist ein umstrittener, rein statistischer Wert, der vor allem Banken für eine Beurteilung der Bonität eines Kunden dient. Die Verbraucher sind über diese Bewertungskennzahlen oft nicht informiert und können daher auch keine Fehler korrigieren. Sofern sie wissen, wie der Wert zu Stande kommt, ist ihnen meist nicht klar, dass sie das Recht haben, auch gezielt nachzufragen, um ihre Kreditwürdigkeit zu verbessern. Die Aufklärung über die Kennzahlen zur Kreditwürdigkeit sollte in einem kooperativen Stil zwischen Banken und Kreditkunden geschehen. Das Thema ist wichtig, weil es Millionen von Bankkunden betrifft und zur Transparenz und Vertrauensbildung in der Beziehung zwischen Banken und ihren Kunden beiträgt.

*Sachverhalt & Richtigkeit*

Unternehmen bewerten ihre Kunden zunehmend anhand undurchsichtiger Scoring-Verfahren. In diesen wird ein Wert über die Bonität des jeweiligen Kunden errechnet, von dem dieser nur unzureichend in Kenntnis gesetzt wird. Der Scorewert soll den Unternehmen als interner statistischer Wert dienen, wird aber weitgehend als Kundenbewertung verwandt. Der Einreicher des Themenvorschlags sieht darin zu Recht ein Problem.

*Relevanz*

Millionen Verbraucher wissen nichts von der Existenz und den Berechnungsmethoden von Scoring-Verfahren. Es handelt sich also um Datensätze, die versteckt vor den Verbrauchern über sie angelegt werden. Die Kunden wagen allerdings auch oft nicht, bei Unternehmen bzw. der Bank nachzufragen, um den Kredit nicht zu gefährden. Nur bei ausreichender finanzieller Unabhängigkeit werden sie nach gezieltem Hinterfragen über ihre Einstufung informiert. Die Öffentlichkeit hat ein Recht darauf, über die Vorgehensweise kreditgebender Unternehmen ausreichend aufgeklärt zu werden. „Versteckte" Hinweise im Kleingedruckten der Allgemeinen Geschäftsbedingungen reichen hierbei nicht aus. Insbesondere für Arbeitslose ist das Thema wichtig, da gerade sie auf Kredite angewiesen sind, sofern sie diese denn bewilligt bekommen.

*Vernachlässigung*

In den vergangenen sechs Monaten fand sich in deutschen Zeitungen, Zeitschriften und Fachzeitschriften nach unseren Recherchen über Google und die Fachdatenbank LexisNexis nur ein einziger tiefer gehender Artikel – und zwar im Fachmagazin „Die Bank". Dieses wird aber nur von wenigen Tausend der Millionen Kreditkunden von Banken gelesen. Ein allgemeines Medieninteresse an Scoring-Verfahren durch Unternehmen ist somit kaum vorhanden.

*Expertenstatements*

Rena Tangens, Expertin für Datenschutz und Persönlichkeitsrechte, FoeBuD e.V.:

> „Scoring bedeutet, in einer Zahl auszudrücken, wie wünschenswert jemand als Kunde ist. Mit anderen Worten: wie profitabel. Das muss also gar nichts darüber aussagen, ob jemand ehrenwert ist und seine Rechnungen bezahlt, sondern kann auch heißen: Wie viel Geld steht diesem Menschen vermutlich zur Verfügung? So ein Scorewert wird aus vielen Informationen errechnet, beispielsweise Alter und Wohnort, bis hin zu einzelnen Straßenzügen. Liegen über Sie keine Daten vor, wird einfach zugrunde gelegt, wie sich andere Menschen in Ihrer Umgebung verhalten. Aus alldem werden Rückschlüsse über Sie gezogen."

Meike Kamp, Sachbearbeiterin beim „Unabhängigen Zentrum für Datenschutz Schleswig-Holstein":

> „Das Scoring birgt Chancen und Risiken. Befürworter argumentieren, dass das Verfahren im Verbraucherbereich, insbesondere beim Kredit-Scoring, zu schnelleren, gerechteren und objektiveren Entscheidungen führt. Zugleich schützt es den Verbraucher vor Überschuldung. Dagegen kritisieren vor allem Verbraucher- und Datenschützer, dass die Anwendung des Scorings eine so nicht bewiesene Gesetzmäßigkeit menschlichen Verhaltens voraussetzt. Dem Verfahren fehlt es an Transparenz, da die Ausgangsdaten einer Bewertung unterzogen werden, die der Verbraucher nicht überblicken kann."

*Quellen*

Uwe Gaumert: Bonität unter der Lupe – Moderne Scoring-Verfahren im Retail Banking. In: Die Bank vom 6. Oktober 2006

*Bearbeitet von Ina Ochsenreiter, Michael Zahn, Jens Krause, Daniel Rehn und Jan Walenda*

# Die Top Ten der vernachlässigten Themen 1997-2005 (Kurzfassungen)[1]

## 2005

*1. Korruptionsbekämpfung durch die UNO – Deutschland ist nicht dabei*

Ecuador hat es geschafft, Uganda und Peru auch. Nur Deutschland war nicht dabei, als die UN-Konvention gegen Korruption am 14. Dezember 2005 in Kraft trat. Sie verbietet Politikern jegliche Annahme von Präsenten und Annehmlichkeiten und macht eine schärfere strafrechtliche Verfolgung möglich. Vorteilsnahme wird bei deutschen Bundestagsabgeordneten bislang nur dann strafrechtlich verfolgt, wenn der Verkauf einer Stimme bei einer Abstimmung nachgewiesen werden kann. Nach Ansicht von Korruptionsbekämpfern könnte mit einer Umsetzung der Konvention der zentrale Schwachpunkt in den deutschen Anti-Korruptions-Bestimmungen beseitigt werden.

*2. Bedenklicher Einsatz von Wahlmaschinen*

Namen der Kandidaten können überklebt, gefälschte Wahlzettel eingefügt oder Speicherkarten ausgetauscht werden, Belege für die Stimmabgabe fehlen. Nach einer Untersuchung der Dubliner Universität aus dem Jahr 2004 weisen Wahlmaschinen der Firma Nedap erhebliche Sicherheitslücken auf. Dennoch setzen deutsche Kommunen zunehmend auf die elektronische Stimmabgabe mit Hilfe bauähnlicher Geräte. So kamen bei der Bundestagswahl 2005 allein in Köln 600 Nedap-Wahlmaschinen zum Einsatz. Kritisch betrachtet wird die Technologie nicht.

---

1     Ausführliche Informationen zu den Top-Ten-Listen der Jahre 1997 bis 2005 sind unter http://www.nachrichtenaufklaerung.de einsehbar.

*3. Der Pestizid-Bumerang: Die verbotenen Gifte kommen zurück*

Pflanzenschutzmittel, die in Deutschland verboten sind, werden weiterhin ganz legal produziert – für den Export. Im außereuropäischen Ausland gelangen sie auf Obst und Gemüse, das dann wieder importiert werden kann. Das hochgiftige und krebserregende Pestizid Lindan wurde beispielsweise von Greenpeace in Karotten gefunden, die aus Algerien stammten und in deutschen Supermärkten verkauft wurden. Im Jahr 2005 exportierte mindestens ein deutsches Unternehmen Lindan nach Algerien.

*4. Strategie der Abhängigkeit: Irakische Bauern müssen Lizenzgebühren für Saatgut zahlen*

Irakische Bauern drohen in eine Schuldenspirale zu geraten. Der ehemalige US-Zivilverwalter im Irak, Paul Bremer, hat ein Patentrecht eingeführt, das sie dazu zwingt, teure Lizenzgebühren für patentiertes Saatgut zu zahlen. Da sie aufgrund des Krieges kaum noch über eigenes, traditionelles Saatgut für den Nachbau verfügen, sind sie auf das patentierte Saatgut internationaler Konzerne wie Monsanto oder Bayer angewiesen. Ein Weg zurück ist kaum mehr möglich. In Afghanistan, Sri Lanka und Indien drängen die Konzerne den eigenen Nachbau über bilaterale Freihandelsverträge zurück.

*5. Geheimdienste überwachen unkontrolliert die digitale Kommunikation in Europa*

Polizei und Geheimdienste können in der Europäischen Union jederzeit für präventive Zwecke die digitale Kommunikation abhören und speichern. Möglich macht dies eine Schnittstelle, die Kommunikationsanbieter auf eigene Kosten einrichten und betreiben müssen. Allerdings haben sie darüber keine Kontrollmöglichkeiten, Missbrauch ist möglich. Die Überwachungsschnittstelle wurde als technische Möglichkeit ohne rechtliche Grundlage von Geheimdiensten, Strafverfolgern und Telekommunikationsunternehmen entworfen. Parlamente waren an Planung und Umsetzung nicht beteiligt.

## 6. Fehler im System: Wie der „Grüne Punkt" ausgehebelt wird

Totalverweigerer, Schiebereien, Fälschungen: Rund um die Müllverwertung in Deutschland gibt es etliche fragwürdige Praktiken. Seit 1990 sammelt und trennt das „Duale System Deutschland" (DSD) den Müll. Nach Angaben des DSD sind aber nur 60 Prozent aller verkauften Verpackungen überhaupt lizenziert. Weiterer Knackpunkt: Die EU-Kommission hat entschieden, dass das Unternehmen auf seinen „Grünen Punkt" kein Copyright erheben darf. Seitdem kann jeder Verpackungshersteller auf seine Produkte das Signet drucken, ohne Lizenzgebühren zu bezahlen. So entsorgt die Drogeriekette „dm" ihre Verpackungen selbst und zeichnet diese trotzdem mit dem Symbol aus. Einige Selbstentsorger nehmen in ihren Filialen nicht genug Abfall zurück, um ihre Wiederverwertungsquoten zu erfüllen. So kam es in den vergangenen Jahren zu einem virtuellen Handel mit so genannten Wiegescheinen. Fachleuten und Behörden ist das bekannt, dennoch geschieht nichts.

## 7. Deutschland verschläft die Energiewende

Deutschland bezieht derzeit 84 Prozent seines Energiebedarfs aus fossilen Energieträgern. Obgleich diese nur noch wenige Jahrzehnte verfügbar sind und die Energienachfrage weltweit steigt, will die Bundesregierung den Anteil der erneuerbaren Energien bis 2020 auf 10 Prozent des Primärenergiebedarfs steigern – heute sind es 3,6 Prozent. Ein hundertprozentiger Ersatz der fossilen Energieträger ist weder geplant, noch in Sicht. Um die absehbare Versorgungslücke zu schließen, müssten wesentlich intensivere Anstrengungen unternommen werden. Zwar wird über neue Energien und auch über das Ende der fossilen Energien berichtet, nicht jedoch darüber, dass es keinen adäquaten Ersatz gibt.

## 8. EU-Chaos beim digitalen Fahrtenschreiber

Nach 20-jähriger Entwicklung ist der digitale Fahrtenschreiber für Lkw auf dem Weg. Das Gerät soll die alte Papierscheibe ablösen. Ab Mai 2006 wird er in den EU-Ländern für alle Neufahrzeuge über 3,5 Tonnen zur Pflicht. In Deutschland gilt die Pflicht schon seit August 2005. Dabei hatten die EU-Gremien die Einführung schon seit 2004 geplant und zweimal verschoben. Zwar existieren On-Board-Units in ausreichender Zahl, doch wie die Überwachung EU-weit funktionieren soll, ist noch immer unklar. Denn in den Mitgliedsstaaten können noch immer nicht ausreichend Kontrollgeräte produziert werden, um Neufahrzeuge mit digitalen Fahrtenschreibern zu überprüfen. Die Folge: Viele übermüdete Lkw-Fahrer manipulieren ihre alten Geräte und gefährden Autofahrer.

## 9. Schmutzige Kredite

Mit Geldern aus Deutschland zerstören russische Ölfirmen die Umwelt in Westsibirien. Im Juli 2002 hat die WestLB einen Kredit in Höhe von 440 Millionen Dollar an die Firma Sibneft vergeben. Da das Geld an kein bestimmtes Projekt gebunden ist, gelten die von der Weltbank formulierten Richtlinien für den Schutz der Umwelt nicht. Sibneft lässt die Pipelines verrotten. Bis zu sieben Prozent des transportierten Öls sickert durch Leckagen in die Wälder und Gewässer. Verschmutztes Grundwasser fließt in die Leitungen der Haushalte in den Regionen. Krebs und Blutkrankheiten sind die Folgen bei Kindern und Erwachsenen.

## 10. Vom Petro-Dollar zum Petro-Euro: Iran plant neue Ölbörse

Die für diesen März 2006 geplante iranische Ölbörse (IOB) soll als Basis den Euro haben und damit den Petro-Dollar ersetzen. Diese Entwicklung ist nicht nur für alle Öl exportierenden und importierenden Länder für Bedeutung, sondern für fast alle Staaten weltweit. Damit zeichnet sich ein duales Währungssystem im Welthandel ab, das die Rolle des Euro gegenüber dem Dollar stärken würde. Es gibt zwar zahlreiche Berichte über den Atomstreit mit dem Iran, aber nur sehr wenige Berichte, die von der geplanten Ölbörse und ihren weit reichenden ökonomischen Konsequenzen handeln.

## 2004

*1. Aus Deutschland abgeschoben – und dann?*

Viele Menschen, die aus Deutschland abgeschoben werden, sind in ihren Heimatländern existenziell gefährdet – nicht nur auf Grund staatlicher Verfolgung, sondern auch durch gesellschaftliche Ächtung und Gewalttaten. Besonders Frauen sind davon betroffen. Über solche Gefahren wird während laufender Abschiebeverfahren durchaus berichtet, was nach der Abschiebung tatsächlich geschieht, wird selten bekannt.

*2. Mängel des virtuellen Arbeitsmarktes*

Die Internetjobbörse der Bundesagentur für Arbeit hatte im Jahr 2004 mit schwerwiegenden technischen Mängeln zu kämpfen. So haben Programmierfehler dazu geführt, dass viele Arbeitslose nicht auf den kompletten Stellenmarkt zugreifen konnten. Zwar sind diese technischen Probleme mittlerweile teilweise behoben. Die uneinheitliche Pflege der gespeicherten Daten durch die regionalen Geschäftsstellen führt jedoch dazu, dass der virtuelle Arbeitsmarkt noch immer erhebliche Mängel aufweist.

*3. Ärger mit Kundendatenbanken*

Jeder Deutsche ist mehrfach in Kundendatenbanken registriert. Immer häufiger kommen dabei falsche Eintragungen nach telefonischen Vertragsabschlüssen vor. Auch weil viele Unternehmen die kostenintensive Pflege ihrer Datenbanken vernachlässigen, können Kunden ihre Daten oftmals nur mit viel Aufwand ändern oder löschen lassen. Besonders nach Umzügen, Scheidungen oder Todesfällen wird dies problematisch. Viele Kunden berichten beispielsweise über Ärger mit Unternehmen wie Premiere oder Telekom-Töchtern.

*4. Gesundheitsreform bedroht Privatsphäre*

Die Patientendaten von 70 Millionen gesetzlich Krankenversicherten sollen nach einem Plan des Bundesgesundheitsministeriums ab 2007 zentral gespeichert werden. Aus diesen Daten wird die Lebenserwartung jedes Versicherten individuell berechnet: der so genannte Morbiditätsfaktor. Dieser soll künftig als

Grundlage für einen neuen finanziellen Risikostrukturausgleich zwischen den Krankenkassen dienen. Datenschützer warnen vor dem „gläsernen Patienten".

*5. Auf dem Weg in die Europäische Militärunion*

In der neuen EU-Verfassung verpflichten sich die Mitgliedsstaaten, ihre militärischen Kapazitäten zu steigern sowie ihre militärische Präsenz zu erhöhen. Die finanziellen Folgen dieser Aufrüstungsverpflichtung können enorm sein: Für Deutschland könnte sich eine Erhöhung der bisherigen Rüstungsausgaben um rund 50 Prozent oder 14 Milliarden Euro ergeben.

*6. Versteckter Hunger durch Mangelernährung*

Ein Drittel der Weltbevölkerung leidet unter Vitamin- und Mineralstoffmangel, der zu schweren gesundheitlichen Schäden und vielfach zum Tod führt. Experten sprechen vom „Versteckten Hunger", da die Mangelernährung weniger sichtbar ist als die Unterernährung an sich. Die Folgen sind fatal: Allein an den Folgen dauerhaften Vitamin-A-Mangels sterben jährlich weltweit eine Million Kinder, schätzen Experten. Viele Frauen in Entwicklungsländern sterben an Eisenmangel während der Schwangerschaft.

*7. Asylbewerber wehren sich gegen eingeschränkte Freizügigkeit*

Asylbewerber wehren sich gegen die so genannte „Residenzpflicht": Ohne Genehmigung dürfen sie den Landkreis nicht verlassen, der ihnen von den deutschen Behörden zugewiesen wurde. Besuche bei Freunden und Familienangehörigen können damit zur Straftat werden. Dies verstößt nach Ansicht von Flüchtlingsorganisationen gegen das Menschenrecht auf Freizügigkeit. Manche Asylbewerber verstoßen bewusst gegen diese Pflicht, um durch Gerichtsverfahren auf das Problem aufmerksam zu machen.

*8. Keine EU-Sicherheitsstandards für Atomkraftwerke*

Die Europäische Kommission hat im Juni 2004 eine Nuklearrichtlinie vorgelegt, mit der die Sicherheit von Atomanlagen geregelt werden sollte. Unter den Mitgliedsstaaten der EU gab es für diese Richtlinie keine Mehrheit. Insgesamt existieren in der EU mehr als 100 nukleare Anlagen, von denen zum Teil erhebliche Risiken ausgehen. Auf europäischer Ebene sind nur vage Einschätzungen über die Sicherheitsstandards einzelner AKW zu finden; die genauen Daten müssten bei den entsprechenden Behörden der EU-Mitgliedsländer abgefragt werden.

*9. Zu hohe Hürden für Wiederaufnahmeverfahren*

Verurteilte erreichen in Deutschland nur selten eine Wiederaufnahme ihres Strafprozesses. Sie müssen außerordentliche rechtliche Anforderungen erfüllen und mit hohen finanziellen Kosten rechnen. Da weder das Statistische Bundesamt noch die Justizministerien Anträge auf Wiederaufnahmeverfahren registrieren und auswerten, ist nicht bekannt, wie oft es dazu überhaupt kommt.

*10. Abwassertechnik rettet Menschenleben*

Durch Vermischung von Fäkalien und Wasser sterben jährlich fünf Millionen Menschen, zumeist Babys und Kinder unter fünf Jahren. Die Kindersterblichkeit in den Ländern der Dritten Welt könnte erheblich reduziert werden, wenn Fäkalien getrennt vom Schmutzwasser abgeleitet würden. Spezialisten der International Water Association (IWA) kämpfen weltweit für den Einsatz bereits entwickelter sanitärer Einrichtungen, mit deren Hilfe wesentlich weniger Krankheitserreger in den Wasserkreislauf gelangen würden.

## 2003

*1. Korruption: Deutsche Unternehmen schmieren im Ausland*

Deutsche Unternehmen bestechen Auftraggeber im Ausland. So berichtete etwa die ghanaische Zeitung „Accra Mail", dass DaimlerChrysler Offiziere der ghanaischen Streitkräfte bestochen habe. In der Folge tauschte die ghanaische Regierung nicht nur den militärischen Kontaktpartner zu DaimlerChrysler, sondern auch die gesamte Militärführung aus. Deutschland steht auf Platz 16 des Korruptionswahrnehmungs-Index von Transparency International. Die OECD fordert von Deutschland, wirksamer gegen die Bestechung ausländischer Amtsträger durch deutsche Firmen vorzugehen. Noch immer gibt es kein bundesweites Zentralregister auffälliger Unternehmen und keine rechtliche Absicherung von Informanten.

*2. Europa entscheidet – Machtverschiebung nach Brüssel*

Mehr als die Hälfte der Gesetzgebung in deutschen Parlamenten wird inzwischen auf EU-Ebene vorbestimmt. Diese Entscheidungsstrukturen sind wenig transparent. Über sie – wie über europäische Themen generell – wird in den Medien zu wenig informiert: Nur 0,4 bis 3 Prozent der wichtigsten Fernsehnachrichten konzentrieren sich auf die Europäische Union; in den überregionalen Tageszeitungen liegt die Quote unwesentlich höher.

*3. Mangelnde Hochwassersicherheit von Chemieanlagen*

Deutsche Chemieanlagen sind Experten zufolge nur unzureichend gegen Hochwasser gesichert. Treten bei einer Überschwemmung Chemikalien aus, sind Mensch und Natur besonders gefährdet. Die bisher geltenden Standards stammen teilweise aus den 20er Jahren des vorigen Jahrhunderts und müssen dringend den gewandelten Klimabedingungen angepasst werden. Obwohl zum Thema Hochwasser viel berichtet wurde, ist auf die besondere Problematik bei Chemieanlagen nur unzureichend hingewiesen worden.

## 4. Greenwash: Unternehmen und ihr ökologischer Deckmantel

Große Unternehmen betreiben „grüne PR", indem sie sich nach außen ökologisch und sozial geben. Dafür gründen sie imagefördernde Organisationen. Außerdem infiltrieren sie Aktivistengruppen, um Negativ-PR zuvorzukommen. Die tatsächliche Firmenpolitik entspricht aber dem Gegenteil des Umwelt-Images: Mit Lobby-Arbeit sorgen sie – wie das Beispiel des Energiekonzerns Exxon Mobil zeigt – dafür, dass klimaschützende politische Entscheidungen aufgeschoben oder verwässert werden.

## 5. Auslandsgeschäfte mit Giften und Pestiziden: die Doppelstandards der Industrie

Beim Geschäft mit Pestiziden wird mit zweierlei Maß gemessen: Die Industrie verdient mit giftigen Stoffen, die in Deutschland verboten sind, im Ausland auf legalem Weg viel Geld. Nach Schätzungen der WHO kommt es in Entwicklungsländern jedes Jahr zu 25 Millionen Vergiftungsfällen beim Umgang mit Schädlingsbekämpfungsmitteln. 20.000 davon enden tödlich.

## 6. Abgestufte UN-Resolutionen

Die Resolutionen der Vereinten Nationen ziehen unterschiedliche Konsequenzen nach sich. Resolutionen nach Kapitel VI der UN-Charta sehen eine friedliche Beilegung von Konflikten durch Verhandlungen vor. Resolutionen nach Kapitel VII der UN-Charta hingegen erlauben auch wirtschaftliche und militärische Sanktionen. In der Vergangenheit bezogen sich beispielsweise die Irak-Resolutionen meist auf Kapitel VII, während die Israel-Resolutionen auf Basis von Kapitel VI ausdrücklich keine Sanktionsmöglichkeiten vorsehen. Dieser wichtige Unterschied wird von den Medien in der Regel nicht erklärt.

## 7. Sozialhilfeempfänger: Unbekannte Chancen für Selbstständigkeit

Sozialhilfeempfänger können unter bestimmten Bedingungen von ihrer Kommune Darlehen zur Existenzgründung erhalten (Bundessozialhilfegesetz, §30). Angesichts des gegenwärtigen Sozialabbaus haben diese Hilfen beim Schritt in die Selbstständigkeit besondere Bedeutung. Die Medien informieren kaum darüber, während über neue politische Fördermaßnahmen für Arbeitslose (Ich-AG) intensiv berichtet wird.

*8. Das verschwundene Stasi-Vermögen*

Auch 14 Jahre nach dem Zusammenbruch der DDR-Staatssicherheit ist der Verbleib des Stasi-Vermögens noch nicht geklärt. Die Spurensuche ist sehr schwierig, sie führt zum Beispiel ins ehemalige Jugoslawien. Das Interesse der Behörden hat jedoch nachgelassen. Die deutschen Medien berichten zwar über den Verbleib des SED-Vermögens, das Stasi-Vermögen wird jedoch vernachlässigt.

*9. Leistungen für Asylbewerber weit unter Sozialhilfeniveau*

Bei der Berichterstattung über Asylbewerber wird vernachlässigt, dass ihre Leistungen oft gekürzt werden und sie weit unter dem Sozialhilfeniveau leben müssen. So wurden etwa einer Familie 40 Prozent der Sozialleistungen abgezogen.

*10. Fehlende Rechte von US-Besatzungskindern*

Besatzungskinder aus deutsch-amerikanischen Verbindungen können Rechte, die sich aus der Verwandtschaft mit ihren Vätern ergeben, nicht durchsetzen. Grund: Es existiert kein diesbezügliches deutsch-amerikanisches Abkommen. Mit anderen ehemaligen Kriegsgegnern haben die USA hingegen entsprechende Vereinbarungen getroffen. Bislang haben die Medien nur über Einzelfälle berichtet, das rechtliche Vakuum aber nicht thematisiert.

## 2002

*1. Vergessene Kriege*

Das Friedensforschungsinstitut SIPRI zählt derzeit auf der Welt 15 Kriege mit zahlreichen Opfern. Elf dauern bereits länger als acht Jahre, die meisten davon innerhalb afrikanischer Länder. Amnesty International bezeichnet die marokkanisch kontrollierte Westsahara als eines der Gebiete, in denen die Menschenrechte am wenigsten geachtet werden. Kostspielige UNO-Interventionen wie in Sierra Leone bleiben in der Regel ergebnislos. Solche fortdauernden Kriege bleiben in den meisten Medien unberücksichtigt.

*2. Altenheimbewohner: Pflegeleicht durch Psychopharmaka*

Menschenunwürdige Schikanen und Misshandlungen in Altenheimen werden dann publik, wenn die Staatsanwaltschaft einschreitet. Der stille, ständige und viel weniger beachtete Skandal besteht jedoch darin, dass den alten Menschen häufig Psychopharmaka in großen Mengen verabreicht werden, um sie ruhig zu stellen und besser unter Kontrolle zu halten. So wird den Bewohnern mangels Personal Lebensqualität geraubt.

*3. Lebenslänglich vergessen*

Viele Menschen glauben, wer zu „Lebenslänglich" verurteilt ist, sitzt höchstens 15 Jahre hinter Gittern. Doch statistische Daten belegen, dass die Haftzeiten in Deutschland oft erheblich länger sind. Viele dieser Häftlinge sind keine Triebtäter, sondern Konflikttäter mit geringer Rückfallgefahr. Über die Frage, wie oft „Lebenslänglich" für Gefangene in Deutschland einen Tod hinter Gittern bedeutet, wird kaum diskutiert.

*4. Unmenschliche Abschiebung*

In Deutschland werden Abschiebehäftlinge oft unmenschlich behandelt. Viele verbringen täglich 23 Stunden in ihren Zellen. So gibt es etwa in Ingelheim sowohl ein Ausreisezentrum als auch einen Komplex mit Abschiebehäftlingen. Im Ausreisezentrum leben Menschen, die zur freiwilligen Ausreise gebracht werden sollen, weil sie nicht abgeschoben werden dürfen. Das Recht dazu leiten die Behörden von der Wohnsitzauflage her. Die Abschiebehaft in Ingelheim soll nach Aussagen von „Pro Asyl" besonders hart und deshalb berichtenswert sein. Die in Auslieferungsverfahren vorgelegten Belege reichen in den meisten Fällen nicht für ein Gerichtsverfahren. Im Grundgesetz verbürgte Rechte gelten für sie nicht.

*5. Expo-Opfer*

Die verheerenden Folgen für viele mittelständische Unternehmen, die sich an der Expo 2000 in Hannover beteiligt haben, bleiben in den Medien weitgehend unbeachtet. Etliche Firmen haben im Vertrauen auf Zusagen der Veranstalter Millionenbeträge investiert. Die Expo-Beteiligungsgesellschaft verweigerte vereinbarte Zahlungen mit dem Hinweis, die Besucherzahl sei unter den Erwartungen geblieben. Jetzt schlittern viele Firmen in den Konkurs. Nach dem PR-Rummel um die Weltausstellung hat das Thema keine Konjunktur mehr.

*6. Schrottplatz Irak*

Kriege sind für die Militärs auch eine Chance, Altlasten aus den Depots loszuwerden. Bereits 1990 wiesen amerikanische Armee-Sprecher in Deutschland darauf hin, dass der bevorstehende Golfkrieg die ideale Voraussetzung für die Entsorgung alter Munition sei. Eine fachgerechte Beseitigung würde die US Army das Fünffache kosten, preisgünstiger sei es, technisch veraltete Munition und Bomben über dem Irak abzuschießen. Im Hinblick auf einen möglichen Golfkrieg 2003 sollte dieser Aspekt in den Medien nicht vernachlässigt werden.

*7. Blockade der UNO-Menschenrechtskommission durch Mitgliedsstaaten*

Bei den Abstimmungen in der UNO-Menschenrechtskommission in Genf am 19. April 2002 verdeutlichte sich eine Gefahr, die sich über die vergangenen Jahre bereits andeutete: Mittlerweile gibt es einen Block von stimmberechtigten Ländern, in denen es selbst immer wieder zu Verstößen gegen die Menschenrechte kommt und die fast ständig gegen etwaige Untersuchungen stimmen, um auch selbst gegen solche geschützt zu sein.

*8. Druckmittel UN-Finanzen*

Die USA üben auf die UNO finanziellen Druck aus. Mitgliedsbeiträge werden über Jahre zurückgehalten. Gezahlt wird nur, wenn politische Zugeständnisse zu erwarten sind. Dieses Instrument haben die USA vor dem Afghanistan-Krieg, aber auch 2003 wieder eingesetzt. Das US-Repräsentantenhaus bewilligte unter Verweis auf die „Nützlichkeit" eine Zahlung in dreistelliger Millionenhöhe für die Vereinten Nationen. Ziel ist es diesmal, die UNO im Kampf gegen Saddam Hussein gefügig zu machen. Trotz der umfangreichen Berichterstattung über den Irak-Konflikt spielt dieses Thema keine Rolle.

*9. Risiken von Kindern suchtkranker Eltern*

Über die Volkskrankheit Alkoholismus und andere Suchtkrankheiten wird immer wieder berichtet. Selten stehen die Kinder aus solchen Familien im Mittelpunkt der Veröffentlichungen. Fakt ist jedoch, dass diese Kinder sechsmal häufiger selbst suchtkrank werden als ihre Altersgenossen aus normalen Familien. Betroffen sind in Deutschland acht Millionen junge Menschen; rund ein Viertel ist jünger als 18 Jahre. Es gibt wissenschaftliche Beweise, dass Alkoholismus die Hauptproblematik darstellt. Kinder aus Suchtfamilien besitzen eine höhere Wahrscheinlichkeit, alkohol- oder drogenabhängig zu werden, als Kinder aus herkömmlichen Familien. 25 bis 30 Prozent aller Kinder aus suchtbelasteten Familien werden selbst wieder suchtkrank, wenn ihnen nicht frühzeitig geholfen werden kann.

*10. Ostdeutsche Kommunen hoch verschuldet*

Die ostdeutschen Städte und Gemeinden sind besonders stark verschuldet, obwohl die gesamtdeutsche Schuldenlast bei der Wiedervereinigung nicht durch die neuen Länder angestiegen ist. Zumeist wird nur über die Schulden der Länder berichtet, nicht aber darüber, warum speziell ostdeutsche Kommunen so hoch verschuldet sind.

## 2001

*1. Monopolisierung der Trinkwasserversorgung*

Transnationale Konzerne versuchen in Zusammenarbeit mit der Weltbank und der WTO das Trinkwasser zu privatisieren und auf dem freien Markt als Handelsware anzubieten. Ein profitables Geschäft, wenn man bedenkt, dass nur ein halbes Prozent des weltweiten Wassers als Trinkwasser geeignet ist und der Verbrauch sich alle 20 Jahre verdoppelt. Auch in den ärmsten Ländern werden die Preise ständig erhöht.

*2. Kein Asyl für verfolgte Kriegsdienstverweigerer*

In Deutschland werden zahlreiche Anträge auf Asyl abgelehnt, weil das Recht auf Kriegsdienstverweigerung nicht als Asylgrund gilt. Mehrere Urteile des Bundesverwaltungsgerichts halten an dieser Auffassung fest, obwohl zum Beispiel türkischen Kriegsdienstverweigerern, wenn sie in ihr Heimatland zurückkehren müssen, Haftstrafen drohen. Kurdische Kriegsdienstverweigerer werden in der Türkei verfolgt und es kann zu Folterungen kommen. Eine Überprüfung der deutschen Abschiebepraxis durch das Bundesverfassungsgericht oder den Europäischen Gerichtshof ist dringend nötig.

*3. Innenminister Schily behindert Informationsfreiheitsgesetz*

Für die vier Bundesländer Brandenburg, Berlin, Schleswig-Holstein und Nordrhein-Westfalen ist das Recht auf Informationsfreiheit bereits als Gesetz formuliert. Im Bundesinnenministerium liegt der Entwurf eines Informationsfreiheitsgesetzes seit Monaten vor, wird aber aus politischen Gründen nicht verabschiedet. Das Ziel des Gesetzes ist im Kern, dass alle Vorgänge und Unterlagen des Staates und seiner Verwaltungen den Bürgern offen gelegt werden müssen. Damit würde die Informationskultur in Deutschland wesentlich verbessert, die Recherchemöglichkeiten der Journalisten optimiert und das Verhältnis Bürger/Staat insgesamt gleichberechtigter gestaltet. Im Unterschied zu anderen europäischen Ländern sind die Chancen des Informationsfreiheitsgesetzes in Deutschland weitgehend unbekannt und ungenutzt.

## 4. CNN-Selbstzensur im Krieg gegen den Terrorismus

Walter Isaacson, der Chef des amerikanischen Nachrichtensenders CNN, legte seinen Mitarbeitern mit dem Beginn der US-Angriffe auf Afghanistan nahe, ihre Berichterstattung nicht zu „anti-amerikanisch" zu gestalten. Der Grund für diese Selbstzensur ist die heftige Kritik, welcher sich die CNN-Verantwortlichen während des Golfkriegs ausgesetzt sahen – verbunden mit dem Vorwurf, dass der Sender die USA diskreditiere. Diese Nachricht, obwohl von CNN als Pressebericht ausgegeben, wurde in den USA lediglich von der „Washington Post" aufgenommen.

## 5. Staatsverschuldung: Deutschlands unbekannte Gläubiger

Es läge im Interesse aller Steuerzahler, Klarheit darüber zu schaffen, bei wem ihr Land und damit sie selber verschuldet sind und welche Rolle Großbanken, Versicherungen, IWF und Weltbank im Verschuldungskarussell spielen. Öffentliche Informationen dazu sind unübersichtlich und unbefriedigend. Genaue Daten gibt lediglich die Weltbank auf einer CD-ROM, die allerdings 275 Dollar kostet.

## 6. Alkoholindustrie mitverantwortlich für häufigste Todesursache Jugendlicher

In Europa sterben jährlich 55.000 junge Menschen im Zusammenhang mit Alkohol. Das liegt laut WHO nicht zuletzt an den Herstellern. Deren verantwortungslose Marketingstrategie verbindet Alkohol mit Lifestyle, Sex und Sport und versucht so, die Gewohnheit regelmäßigen Trinkens zu verankern.

## 7. Unbeschränkte Videoüberwachung

Die Videoüberwachung der Öffentlichkeit in England ist in verschiedenen Medien ein großes Thema. Nach Wünschen von Premierminister Tony Blair sollen sämtliche personenbezogenen Daten zentral auf einem Großrechner verwaltet und bis zu sieben Jahre aufbewahrt werden. Der E-Mail- und Telefonverkehr darf in England bereits jetzt ohne große Hürden vom Staat eingesehen bzw. abgehört werden. Über die Situation in Deutschland wird jedoch nicht genügend berichtet – vor allem mit Blick auf die Aufbewahrungsfristen und die Verwendung des aufgezeichneten Materials.

## 8. Deutsche Unternehmen verdienen an Folterinstrumenten

Deutschland ist Europas führender Händler von für den Einsatz gegen Menschen entwickelten Elektroschockern. Von den Anbietern werden diese gerne „Geräte zur Selbstverteidigung" genannt. Laut Berichten von Amnesty International werden sie aber auch immer häufiger als Instrumente zur Folter genutzt, da sie sowohl preisgünstig als auch handlich sind und auf den Körpern der Opfer kaum Spuren hinterlassen. Der Handel mit den Elektroschockern ist schwer zu kontrollieren, da meist nur pauschale Zollstatistiken veröffentlicht werden. In Deutschland sind Elektroschockgeräte, ebenso wie Daumenschrauben und Fußfesseln, seit 1997 überhaupt genehmigungspflichtig. Im Rüstungsexportbericht der Bundesregierung tauchen sie jedoch immer noch nicht auf.

## 9. BRD bedeutender Exporteur von Biowaffen in die USA?

Obwohl sich die Bundesregierung weltweit für die Ächtung und Vernichtung von ABC-Waffen einsetzt, stellt sich die Frage, ob chemische und biologische Stoffe für den Kriegsgebrauch exportiert wurden. Letzteres legt der Rüstungsexportbericht 1999 des Bundesministeriums für Wirtschaft und Technologie nahe, der unter der Position „ABC-Schutzausrüstung" die Ausfuhr entsprechender Agenzien in die USA und andere Länder nachweist. In dem Bericht wird allerdings nicht transparent, inwieweit dieser Export mit der internationalen Verpflichtung der EU-Mitgliedsstaaten aus dem Vertrag der Nichtverbreitung der Kernwaffen, dem Übereinkommen über biologische und Toxiwaffen und anderen Kriterien des internationalen Rüstungsexports übereinstimmt.

## 10. Desinteresse an der Rüstungskontrolle

Im politischen Alltag spielt Abrüstung und Rüstungskontrolle faktisch keine Rolle mehr. Wie die im Juni 2001 veröffentlichten Jahrbücher des Stockholmer Friedensforschungsinstituts SIPRI und des Bonner Internationalen Konversionszentrums BICC zeigen, stehen die Zeichen sogar eher wieder auf Aufrüstung. Die Medien wenden sich dieser Thematik nur beim Erscheinen von derartigen Jahrbüchern und Exportberichten zu.

## 2000

*1. Das HAARP-Projekt: Neue Militärtechnologie aus den USA*

US-Militärs arbeiten zusammen mit zivilen Wissenschaftlern am so genannten HAARP-Projekt (High Frequency Active Auroral Research Program). Dabei geht es um Sendeanlagen für extrem energiereiche langwellige Strahlung im Gigawattbereich. Offiziell wird der zivile Charakter der Forschung betont, von der man sich Erkenntnisse für die Kommunikationstechnik verspreche. Dabei werden Gefahren verschwiegen, die sich für Umwelt, Gesundheit und vielleicht sogar die Psyche der Menschen ergeben. Es wird befürchtet, dass die extrem energiereiche und langwellige Strahlung den natürlichen Schutzschild der Erde gegen kosmische Strahlung vorübergehend oder sogar vollständig gefährdet. Außerdem ist nicht auszuschließen, dass an Strahlungswaffen gearbeitet wird, deren Wirkung ähnlich der von Atomwaffen ist. In den großen Zeitungen und Zeitschriften finden sich nur spärliche, praktisch keine aktuellen Informationen über HAARP.

*2. Vergewaltigung Behinderter wird weniger hart bestraft*

Das Strafgesetzbuch behandelt in den Paragraphen 174 bis 184c Straftaten gegen die sexuelle Selbstbestimmung: Wer eine Person vergewaltigt, wird mit einer Freiheitsstrafe nicht unter zwei Jahren bestraft. Wer jedoch eine durch Krankheit oder Behinderung widerstandsunfähige Person vergewaltigt, muss nur mit einer Mindeststrafe von einem Jahr rechnen. Das Thema ist relevant, weil das Strafrecht in diesem Fall elementar gegen den Gleichheitsgrundsatz verstößt und Behinderte diskriminiert. Medienberichte gibt es dazu kaum.

*3. Diskriminierung der serbischen Minderheit in Kroatien*

Die kriegerischen Auseinandersetzungen des vergangenen Jahres auf dem Balkan haben viele Menschen, meistens Minderheiten, dazu gezwungen, ihre Heimat zu verlassen und zu flüchten. Später kehren die Flüchtlinge zurück – und werden oft erneut diskriminiert. Das gilt auch für die serbische Minderheit in Kroatien. Die Flüchtlingsproblematik auf dem Balkan ist in den Medien ein verbreitetes Thema gewesen. Über eine Diskriminierung von Serben in Kroatien wurde jedoch nicht berichtet.

*4. Internet-Provider wie AOL oder T-Online sabotieren Kündigungen*

Der Internet-Provider America Online (AOL) versucht schon seit geraumer Zeit durch eine Werbe-CD, die den Nutzern des Services Freistunden und einfache Handhabe garantiert, neue Kunden zu gewinnen. Seit Juli 2000 bietet AOL seinen Mitgliedern je nach Anspruch vier verschiedene Abrechnungstarife an. In den Nutzungs- und Mitgliedsbestimmungen heißt es, dass eine Kündigung durch einen einmaligen Telefonanruf vorgenommen werden kann. Dem Archiv von „Vocatus" (www.vocatus.de), das im Netz (Kunden-)Beschwerden und Lob an diverse Unternehmen weiterleitet, ist zu entnehmen, dass sich AOL, T-Online und andere Internet-Provider nicht an ihre eigenen Kündigungsbedingungen halten. Ein Kunde soll viermal vergeblich versucht haben, seinen Vertrag zu kündigen und trotz zugesicherter Freistunden weiter Rechnungen von AOL erhalten haben. Ebenso sollen sofortige Kündigungswünsche von Kunden verzögert worden sein, mit der Begründung, das Freistundenguthaben könne sonst nicht berücksichtigt werden.

*5. Verzögern Großunternehmen die Nutzung von Zukunftstechnologien?*

Im Laufe der Jahre wurden sowohl in den Entwicklungsabteilungen großer Branchenführer als auch durch kleinere Betriebe technische Lösungen für viele drängende Probleme entwickelt, aber aus kommerziellem Interesse (Festhalten an alter Technologie) nicht genutzt. Die verzögerte Nutzung zukunftsweisender Technologien lässt sich an mindestens einem Beispiel belegen: 1996 stellte Greenpeace den in Zusammenarbeit mit dem Schweizer Unternehmen Wenko entwickelten „Twingo SmILE" der Öffentlichkeit vor. Hierbei handelt es sich um einen Kleinwagen, der auf Basis des Renault „Twingo" gebaut wurde und durch einen neu entwickelten Motor, Gewichtsreduzierung und Verbesserung der Aerodynamik nur 3,3 Liter Benzin auf 100 Kilometer verbraucht. Trotz des niedrigen Verbrauchs hat bisher kein Autohersteller diese Technik bis zur Serienreife umgesetzt. Das Medieninteresse an dieser Entwicklung hat mittlerweile merklich nachgelassen.

## 1999

### 1. Die Rolle der NATO im Kosovo: Am Rande des Dritten Weltkriegs?

Während des Einmarsches der NATO im Kosovo besetzte das russische Militär in der Nacht vom 11. auf den 12. Juni 1999 vor Eintreffen der KFOR-Truppen den Flughafen in Pristina. Der Oberbefehlshaber der NATO-Truppen, General Wesley Clark, befahl, die Russen an der Besetzung „militärisch zu hindern". KFOR-General Michael Jackson führte diesen Befehl jedoch nicht aus, da er für Clark „nicht den Dritten Weltkrieg anfangen wollte". Im Rahmen einer kritischen Aufarbeitung des Kosovo-Konflikts hätte die Information über diesen Einsatzbefehl nicht so unbeachtet bleiben dürfen.

### 2. Die Gefährdung elementarer bürgerlicher Rechte durch Rechtsextremismus im Internet

Rechtsextreme Gruppierungen veröffentlichen die Namen und Adressen von politischen Gegnern im Internet, um sie persönlich zu bedrohen.

### 3. Chinesische Botschaft in Belgrad von der NATO mit Absicht bombardiert?

Nach Hintergrundberichten der britischen Zeitung „Observer" fand der Raketenangriff der NATO auf die chinesische Botschaft in Belgrad im Mai auf Anraten der CIA bewusst statt, weil die jugoslawische Führung von dort aus Funksignale an die Armee gesendet hatte. Es kann vermutet werden, dass die NATO die Öffentlichkeit von einer „irrtümlichen Bombardierung" überzeugen wollte, um den politischen Schaden, den der Angriff hätte anrichten können, so gering wie möglich zu halten.

### 4. Eindringen von US-Geheimdiensten in Computer-Betriebssysteme

Besitzt die USA einen Nachschlüssel für die Krypto-Programme der Bundeswehr? Im militärischen Bereich – auch in der Bundeswehr – werden zunehmend Standard-Computerprogramme an Stelle von teuren Eigenentwicklungen eingesetzt. Die gesamte Kommunikation (Nachrichtenübermittlung, Dokumentenmanagement, Diskussionen zur Projektfluss-Steuerung) kann zwar verschlüsselt werden, doch soll die NSA eine Art Nachschlüssel zu den im Ausland verkauften Programmversionen besitzen. Dies betrifft zum Beispiel einen speziellen Schlüssel für die Krypto-Schnittstelle des Microsoft-Betriebssystems Windows. Mit diesem Nachschlüssel soll es möglich sein, Daten zu manipulieren, zu überwachen und abzufragen.

*5. Altersarmut in Deutschland*

Meist wird, wenn es um die wirtschaftliche und soziale Situation alter Menschen geht, auf die Themen Altersvorsorge bzw. Alterssicherung Bezug genommen. Wie viele alte Menschen und unter welchen Umständen in Deutschland in (versteckter) Armut leben, wird jedoch kaum thematisiert.

*6. Passive Sterbehilfe für chronisch Kranke?*

Aktive Sterbehilfe ist in der Bundesrepublik Deutschland verboten. Einige Verbände und Betroffene fordern, dieses Verbot zu lockern und unheilbar Kranken die Möglichkeit zu geben, nicht weiter gegen ihren Willen medizinisch am Leben erhalten zu werden. Trotz der Gesetzesänderung im letzten Jahr herrscht bei den Patienten, den Ärzten und auch den Verbänden große Verwirrung.

*7. Afrika in Berlin nicht präsent*

Einige diplomatische Vertretungen vor allem afrikanischer Staaten können sich den Umzug nach Berlin finanziell nicht leisten. Die betroffenen Botschafter fürchten nun einen sinkenden Einfluss ihrer Staaten insbesondere auf Fragen der deutschen Entwicklungspolitik.

*8. Neue Richtlinien für die militärische Weltraumpolitik des US-Verteidigungsministeriums?*

Die US-amerikanische Weltraumpolitik sieht eine strategische Nutzung des Weltraums zu militärischen Zwecken vor. Damit stellt sich die USA gegen ein UN-Abkommen, das eine ausschließlich friedliche und zivile Nutzung des Weltraums fordert und von allen Mitgliedsstaaten – außer den USA und Israel – unterzeichnet wurde.

# 1998

*1. ISDN-Telefon als Wanze: Lauschangriff auch bei aufgelegtem Hörer möglich?*

Durch technische Manipulation von außen soll es möglich sein, die Freisprechfunktion von ISDN-Telefonen zu aktivieren. In diesem Fall könnte jede Unterhaltung im Umkreis eines solchen Gerätes belauscht werden. Die Medien haben die Bevölkerung bisher nicht ausreichend über dieses Problem informiert. Der technisch wahrscheinlich mögliche Lauschangriff auf ISDN-Telefone ist das wichtigste vernachlässigte Thema des Jahres 1998.

*2. Das Echelon-System*

Der US-Geheimdienst National Security Agency (NSA) kann durch Anzapfen von Kommunikationssatelliten alle Telefongespräche, E-Mails und Fax-Sendungen in Europa überwachen. Es wird vermutet, dass die USA mit dem Überwachungssystem Echelon auch Wirtschaftsspionage betreiben. Die Berichterstattung in den Medien beschränkte sich bisher auf Technik- oder Medien-Rubriken. Da aber jeder Bürger betroffen ist, kann auf eine breitenwirksame Darstellung des die Grundrechte verletzenden Sachverhalts in den Medien nicht verzichtet werden.

*3. Noch immer Atomwaffen in Deutschland*

Auf den US-Luftwaffenstützpunkten in Rheinland-Pfalz sind immer noch strategische Atomwaffen stationiert. Selbst im nahen Umkreis ist die Bevölkerung kaum über die Existenz dieser Massenvernichtungswaffen informiert. Auch wenn eine journalistische Recherche aufgrund der militärischen Geheimhaltung schwierig ist, sollten die Medien die Bevölkerung über die Existenz der Atomwaffen und die damit verbundenen Risiken informieren.

*4. Parteien und die Lobby-Arbeit der Tabakkonzerne*

Tabakkonzerne stellen den Politikern bei Parteitagen gern Räumlichkeiten für Gespräche mit Journalisten zur Verfügung. Auch für das leibliche Wohl wird dabei gesorgt. Für eine solche Presselounge werden von den Zigarettenfirmen ungefähr 100.000 DM angelegt. Diese Art verdeckter Spende ist seit langem üblich, wird aber von den Journalisten selten zum Thema gemacht.

*5. Noch keine Entschädigung für SS-Massaker in Griechenland*

1944 wurden 219 Einwohner des griechischen Dorfes Distomo von der SS massakriert. Deutschland lehnt Entschädigungszahlungen ab, die den Angehörigen 1997 von einem griechischen Gericht zugestanden wurden. An aktuellen Meldungen über das Urteil war kein Mangel. Über die Bonner Ablehnung wurde dagegen kaum berichtet.

*6. Misshandlung von Ausländern durch deutsche Polizisten*

Amnesty International legt jährlich Berichte über Misshandlungen von Asylbewerbern durch die deutsche Polizei vor. Nach Angaben des Antifolter-Komitees der UNO wurden zahlreiche Ausländer in Abschiebehaft von Beamten misshandelt. Obwohl in einzelnen Skandalfällen intensiv berichtet wurde, mangelt es an einer kontinuierlichen Wahrnehmung der für die Behörden unangenehmen Thematik in den Medien.

*7. Gesundheitlicher Verbraucherschutz und Patientenrechte*

Auch Ärzte machen nicht immer alles richtig. Pro Jahr werden 400.000 Patienten durch Behandlungsfehler geschädigt. Es kommt zu mindestens 120.000 schweren Zwischenfällen durch Medikamente. Dennoch stellt ein Großteil der Bevölkerung die Autorität von Ärzten nicht in Frage. Eine vom Medizinjournalismus vernachlässigte Aufgabe ist die Aufklärung über gesundheitlichen Verbraucherschutz und Patientenrechte.

*8. Internationale Atomtechnik für Indien und Pakistan*

Die indischen und pakistanischen Atomtests vom Mai 1998 haben weltweit für Empörung gesorgt. Es gibt Hinweise, dass sie erst durch illegale internationale Technologie-Lieferungen, u. a. aus Deutschland, möglich geworden sind. Das recherchebedürftige Thema wurde in deutschen Publikumsmedien nicht behandelt.

## 9. Steuerschlupfloch Wilmington (USA)

Unternehmen mit Sitz im US-Bundesstaat Delaware zahlen keine Einkommensteuer auf Gewinne, die außerhalb der USA erwirtschaftet werden. Nach „Report Baden-Baden" unterhält sogar die staatliche „Kreditanstalt für Wiederaufbau" dort eine Briefkastenfirma, um die Zinsabschlagsteuer zu umgehen. Andere Steuerschlupflöcher wie Luxemburg und Liechtenstein wurden durch Staatsanwaltschaften aufgedeckt. Dagegen beschäftigt Wilmington, das Paradies für Steuerflüchtlinge, die Öffentlichkeit bisher wenig.

## 10. Geheimdienste verstrickt in Drogenhandel

Das Thema CIA und Drogen stand 1994 auf der Liste vernachlässigter Nachrichten des „Project Censored". Der ehemalige Bundesforschungsminister Andreas von Bülow weist in seinem Buch „Im Namen des Staates" darauf hin, dass auch der Bundesnachrichtendienst an Drogengeschäften beteiligt war. Diesem in Buchbesprechungen wiederholten Hinweis sind die Journalisten nicht weiter nachgegangen.

## 1997

*1. Die Demokratie der 3,8 Prozent*

3,8 Prozent – dies ist der Anteil der Personen, die, bezogen auf die wahlberechtigte Gesamtbevölkerung der Bundesrepublik Deutschland, Mitglieder in politischen Parteien sind. Das bedeutet zum einen, dass die politischen Geschicke in unserem Land von einer Minderheit, die in Parlamenten und Regierungen vertreten ist, geleitet werden (was für repräsentative Demokratien ganz normal ist). Zum anderen rekrutieren sich jedoch aus diesem schmalen Personenreservoir nicht nur die Parlamente und Regierungsmannschaften, sondern auch die Inhaber von Leitungspositionen in nahezu allen Behörden (von Arbeitsämtern, Zollverwaltungen, Fachministerien bis zu Anstalten öffentlichen Rechts).

*2. Nachrichtenlose Konten aus Afrika*

Korruption und Veruntreuung von Staatsgeldern und ausländischen Investitionen gelten als ein besonders wichtiger entwicklungshemmender Faktor in Afrika. Bestechung von afrikanischen Politikern und Beamten bei der Vergabe von Staatsaufträgen und bei der Bewerbung um Ölkonzessionen sind Usus. Ein besonderes Beispiel hierfür ist Nigeria. Nigerianische Guthaben auf Privatkonten bei westeuropäischen bzw. nordamerikanischen Banken sollen mehr als dreißig Milliarden Dollar betragen. In vielen Fällen sind die Inhaber dieser Guthaben (Politiker, hohe Beamte, Militärs) gestorben oder wurden bei Putschversuchen bzw. politischen Attentaten getötet. Die Staatseinkünfte werden vorwiegend für Waffen ausgegeben, obwohl der Großteil der Bevölkerung in absoluter Armut lebt. Erwirtschaftete finanzielle Mittel werden nicht mit dem Ziel reinvestiert, die marode Wirtschaft der jeweiligen Staaten anzukurbeln. Gefordert wird eine Überwachung des Einsatzes der finanziellen Mittel dieser Staaten.

*3. Schacht Konrad als Atommüllendlager*

Die Schachtanlage „Konrad" ist ein stillgelegtes Eisenerzbergwerk bei Salzgitter. Der Schacht wurde 1976 bis 1982 im Auftrag des Bundes von der Gesellschaft für Strahlen- und Umweltforschung auf seine Eignung als Endlager für radioaktive Abfälle mit geringer Wärmeentwicklung untersucht. Nach Angaben des Bundesamtes für Strahlenschutz ist das Genehmigungsverfahren schon so weit fortgeschritten, dass der Betrieb im Jahr 2001 aufgenommen werden könnte. Die niedersächsische Umweltministerin Monika Griefahn hält das Endlager „Schacht Konrad" für unnötig und überdimensioniert. Sie plädiert für ein einziges deutsches Endlager, das auch hochradioaktiven Atommüll aus den Kernkraftwerken aufnehmen kann (Gorleben sei dafür allerdings nicht geeignet). Die Errichtung des Endlagers „Schacht Konrad" soll 2,4 Milliarden Mark kosten, rund 1,3 Milliarden sollen bereits verbaut worden sein.

*4. Nukleare Gefahr aus dem Osten – Kola-Halbinsel*

Die Kola-Halbinsel im Norden Russlands ist eine Nuklear-Müllhalde ohne jegliche Sicherheitsvorkehrungen. Laut Aussagen des russischen Umweltschützers Eduard Gismatullin ist die Kola-Halbinsel der gefährlichste Ort Europas: Mehr als 200 zum großen Teil völlig veraltete Atomreaktoren befinden sich auf einem Gebiet der Größe von Bayern und Baden-Württemberg. Zudem sind in Murmansk Atom-Eisbrecher in Aktion, und an der Küste nördlich davon ist die Nordflotte stationiert – mit 84 aktiven, plus einer Zahl ausgemusterter (aber keineswegs entsorgter) atombetriebener U-Boote. Dazwischen befinden sich marode Zwischenlager, für sichere Endlager fehlt das Geld. Verklappungen und unsachgemäße Atomreaktorentsorgungen verschlimmern die Lage zusätzlich. Durch Wetter- und Meeresströmung gelangt die Radioaktivität auch in unsere „Reichweite". Die Kola-Halbinsel ist nur 2000 Kilometer von Hamburg entfernt.

*5. Der Flachglas-Skandal*

Am 23./24. September 1997 haben die Mitarbeiter des Gelsenkirchener Flachglas-Betriebs in einem selbständig organisierten Streik den Kampf um ihre Arbeitsplätze aufgenommen. Nach jahrelangem Lohnverzicht, Flexibilisierung der Arbeitszeit und weiteren Verschlechterungen, die die Mitarbeiter in Kauf nahmen, um Arbeitsplätze zu sichern, kündigte die Geschäftsleitung schließlich doch den Abbau von 300 Arbeitsplätzen an. Die Belegschaft entschied sich zur Rettung der Arbeitsplätze für einen Streik. Belegschaftsmitglied Peter Reichmann wurde einstimmig zum Streiksprecher gewählt. Die Flachglas-Geschäftsleitung reagierte sofort: Der gewählte Streiksprecher wurde von der Arbeit „freigestellt", erhielt Hausverbot und wurde von der Polizei des Geländes verwiesen. Schließlich wurde ihm gekündigt. Mit einer Regressforderung in Millionenhöhe für die durch den Streik entstandenen Produktionsausfälle soll Peter Reichmann persönlich haftbar gemacht werden.

*6. Das RAF-Phantom – Geheimdienstliche Terroranschläge unter dem Deckmantel der RAF?*

Der so genannten „Dritten Generation" der RAF werden im Zeitraum von Dezember 1984 bis April 1991 elf Terroranschläge zugeschrieben. Die Echtheit der Bekennerbriefe der RAF, so Bundeskriminalamt und Generalbundesanwaltschaft, sei über jeden Zweifel erhaben. Sie genügen dem Fahndungsapparat als ausreichendes Beweismittel zur Tatzuweisung. Ausführliche Recherchen des Autorenteams um den Journalisten Gerhard Wisnewski zeigen jedoch, dass die Beweiskraft der „echten" Bekennerbriefe äußerst fragwürdig ist. Es scheint daher angeraten, die Frage nach den Tätern neu zu stellen. Sehr viel spricht dafür, dass die Geheimdienste an der Legende des „RAF-Phantoms" beteiligt sind.

*7. Antibiotikaresistenz durch Fleischverzehr*

Zwischen der Anwendung von Antibiotika in der Tierproduktion und dem Entstehen resistenter Bakterien beim Menschen gibt es eine direkte Verbindung. Das Robert-Koch-Institut hat 1994 bei mehr als zehn Prozent der Testpersonen resistente Bakterien in Stuhlproben festgestellt. Als Wachstumshilfen sind Antibiotika mittlerweile in fast jedem Futtertrog zu finden. Bis heute gibt es in Deutschland keine exakten Angaben, wie viele Antibiotika bei der Mast eingesetzt werden. Seit April dieses Jahres ist der Einsatz von Avoparcin in der Tierproduktion weltweit verboten, eine Vielzahl anderer Antibiotika darf aber weiterhin verfüttert werden. Bereits geringste Mengen des Medikaments reichen aus, um Resistenzen auszulösen.

*8. Laserkanone für den Weltraumeinsatz*

In den USA wurde eine Laserkanone entwickelt, die dazu verwendet werden kann, Satelliten und Raumfähren im Weltraum zu zerstören. Die Laserkanone wurde an einem amerikanischen Satelliten erfolgreich erprobt. Damit sollte nach Angaben des Pentagon die Verwundbarkeit von US-Satelliten durch feindliche Angriffe eingeschätzt werden. Nach Ansicht von Kritikern handelt es sich jedoch um die Militarisierung des Weltraums.

9. *Ausweisung straffällig gewordener ausländischer Jugendlicher der zweiten und dritten Generation*

In der Bundesrepublik lebt eine große Zahl ausländischer Jugendlicher, die teilweise bereits als Kleinkinder in die BRD gekommen sind. Sie sprechen wie selbstverständlich Deutsch und beherrschen teilweise nicht einmal mehr ihre Muttersprache. Gesetzesverstöße haben für ausländische Jugendliche ohne deutschen Pass zur Folge, dass sie aus der BRD ausgewiesen werden. Für diese jungen Menschen hat das oft verheerende Konsequenzen: Sie finden sich in ihren „Heimatländern", denen sie juristisch zugeordnet sind, nicht zurecht. Aufgrund mangelnder Sprachkenntnisse finden sie weder Freunde noch Arbeit. Außerdem haben sie keinerlei Bindung mehr an die tradierten Normen in den jeweiligen Gesellschaften ihres Vaterlandes. Andere Kultur- und Religionsausrichtungen sind die größten Barrieren bei der Integration.

*10. Rassismus beim Bundesgrenzschutz*

Mit der Auflösung der innerdeutschen Grenze fiel ein wesentliches Aufgabenfeld des Bundesgrenzschutzes (BGS) weg. Seitdem wurden dem BGS unter anderem Aufgaben der Bahnpolizei zugeordnet. In letzter Zeit sind Fälle bekannt geworden, bei denen Menschen mit anderer Hautfarbe bzw. fremdländisch aussehende Personen von BGS-Beamten auf Bahnhöfen grundlos kontrolliert, schikaniert, festgehalten und sogar misshandelt wurden. Es scheint so, als träten gerade bei BGS-Beamten rassistische Verhaltensweisen häufiger auf als bei der Polizei. Ein weiterer Hinweis auf rassistische Tendenzen beim BGS liegt in dem Sachverhalt, dass überdurchschnittlich viele Bundesgrenzschützer Mitglied in rechtsextremen Parteien sind bzw. als Sympathisanten dieser Parteien gelten.

# Verzeichnis der Autorinnen und Autoren

*Sandra Berlinecke* ist freiberuflich im Bereich Content Management, Intranet-Redaktion und -Konzeption tätig. Sie hat von 1996 bis 1999 eine Ausbildung zur Industriekauffrau absolviert und anschließend als Marketing-Assistentin bei Mast-Jägermeister in Wolfenbüttel gearbeitet. Von 2001 bis 2007 studierte sie Medienwissenschaft, BWL und Psychologie an der Universität Bonn.

*Hubertus Gärtner* ist Reporter bei der „Neuen Westfälischen" in Bielefeld. Er hat Sozialwissenschaften in Göttingen studiert. Von 1980 bis 1983 arbeitete er am Fachbereich Germanistik der Universität Paderborn und in der Erwachsenenbildung. Anschließend absolvierte er ein Volontariat bei der „Neuen Westfälischen". Für diese Zeitung arbeitete er als Lokalredakteur in Minden, als Sportredakteur in Bielefeld sowie als Gerichts- und Regionalreporter in Paderborn und Bielefeld. Von 2001 bis 2003 war er Reporter für die „Süddeutsche Zeitung" in Düsseldorf. Anschließend arbeitete er drei Jahre lang als freier Journalist. Seit Juli 2006 ist Hubertus Gärtner wieder fest bei der „Neuen Westfälischen" angestellt.

*Christoph Hickmann* ist politischer Korrespondent der „Süddeutschen Zeitung" (SZ) in Frankfurt am Main. Von 2000 bis 2004 studierte er Journalistik und Politikwissenschaft an den Universitäten Dortmund und Bochum und absolvierte im Anschluss ein Volontariat bei der SZ.

*Dr. Carl Jensen* is professor emeritus of Communications Studies at Sonoma State University (USA). He founded "Project Censored" in 1976 and served as the project's director until his retirement in 1996. For more than 40 years, Jensen has been involved with the media as a newspaper reporter and publisher, public relations practitioner, an award-winning copywriter, advertising executive, and educator. He taught media, sociology, and journalism for more than 20 years at Sonoma State University, where he also developed the University's B.A. degree in Communications Studies and Journalism Certificate Program. In 1981, Jensen founded the Lincoln Steffens Journalism Award for Investigative Reporting in Northern California. He also played a role in the development of both the Bay Area Censored awards program by the "Media Alliance" in San

Francisco in 1989 and "Project Censored Canada" in 1993. He has written and lectured extensively about the First Amendment, the mass media, and press censorship.

*Dr. Dr. (USA) Peter Ludes* war Gründer der „Initiative Nachrichtenaufklärung" und ist seit 2002 Professor für Medien- und Kommunikationswissenschaft an der Jacobs University Bremen. Er hat Soziologie, Philosophie und Politikwissenschaft in Trier und an der Brandeis University (USA) studiert. Nach Tätigkeiten in Lehre und Forschung an den Universitäten Trier und Wuppertal (dort 1986 Habilitation in Wissenssoziologie) und Gastdozenturen in Amsterdam und an der Harvard University leitete er im Sonderforschungsbereich Bildschirmmedien der Universität Siegen (gemeinsam mit Prof. Dr. Rainer Geißler) von 1989 bis 1998 ein Projekt zur Entwicklung von Fernsehnachrichten in den USA, der BRD und der DDR und 1998/99 zu Medienumbrüchen. Von 1995 bis 2000 2. Sprecher des Sonderforschungsbereichs. 1992-2002 Professor für Kultur- und Medienwissenschaft, Universität Siegen; 1994-96 Professor für Kommunikations- und Medienwissenschaft, Universität Mannheim. 2001-2004 Sprecher des Teams „Convergence – Fragmentation. Media Technology and the Information Society" des Programms „Changing Media – Changing Europe" der European Science Foundation. Seit 2003 Sprecher eines internationalen Netzwerks zu Schlüsselbildern und visuellen Hegemonien (http://www.keyvisuals.org).

*Dr. Johannes Ludwig* ist Initiator des „DokZentrums Couragierte Recherchen und Reportagen" (http://www.ansTageslicht.de) und seit 2000 Professor an der Hochschule für Angewandte Wissenschaften (HAW) in Hamburg. Lehrgebiete: Ökonomie der Medien, Management, Technikfolgen/Kommunikationstheorie, journalistische Fächer und Recherche. Nach einem Studium der Musik (1968) und Tätigkeiten als Fotograf folgte 1974 ein wirtschaftswissenschaftliches Studium, danach eine fünfjährige Assistentenzeit am Lehrstuhl Finanzwissenschaft der TU Berlin. Von 1985 bis 1992 selbständig als freier Journalist, Publizist und Autor in den Genres Printmedien („Stern", „Zeit", „Wirtschaftswoche"), Hörfunk-Feature (SFB, WDR, NDR, SWDR, Deutschlandfunk) und Fernsehen (SFB, Rias-TV, SPIEGEL-TV). Außerdem tätig als Regisseur/Realisator und Fernsehfilmproduzent. 1992-1997 wissenschaftlicher Mitarbeiter am Studiengang Journalisten-Weiterbildung am Institut für Publizistik- und Kommunikationswissenschaft der FU Berlin; seither vor allem wissenschaftliche Beschäftigung mit Medien.

*Dr. Anke Martiny* hat nach einem Studium der Musikwissenschaft, Germanistik, Theaterwissenschaft und Soziologie in Berlin, Wien und Göttingen ein journalistisches Volontariat beim „Generalanzeiger der Stadt Wuppertal" absolviert, drei Kinder geboren und einige Jahre nebenberuflich als Journalistin gearbeitet, ehe sie in die Politik wechselte. Sie war als bayerische Listenabgeordnete von 1972-89 Mitglied des Deutschen Bundestages, danach für knappe zwei Jahre Senatorin für kulturelle Angelegenheiten im rot-grünen Senat in Berlin. Von 1992 bis 1996 leitete sie fünf Jahre das Büro der Friedrich-Ebert-Stiftung in Tel Aviv. Seit 1998 arbeitet sie ehrenamtlich für „Transparency International Deutschland" und gehört dem Vorstand an.

*Dr. Horst Pöttker* ist Geschäftsführer der „Initiative Nachrichtenaufklärung" und Professor für Journalistik an der Universität Dortmund mit dem Schwerpunkt Theorie und Praxis des Journalismus. Er hat Soziologie, Philosophie und deutsche Philologie in Hamburg, Zürich, Kiel und Basel studiert und war von 1972 bis 1982 Zeitschriftenredakteur. Von 1982 bis 1985 arbeitete er als wissenschaftlicher Mitarbeiter im Fach Soziologie an der Universität-Gesamthochschule Siegen; danach von 1985 bis 1996 als verantwortlicher Redakteur der Zeitschrift „medium" im Gemeinschaftswerk der Evangelischen Publizistik. Von 1992 bis 1995 Gastprofessur für Kommunikationswissenschaft (Schwerpunkt: Journalistische Berufsethik) an der Universität Leipzig; 1995 Habilitation für Soziologie (Schwerpunkt: Soziologie der Kommunikation und der öffentlichen Medien) an der Universität Siegen.

*Dr. Manfred Redelfs* leitet seit 1996 die Recherche-Abteilung von Greenpeace und ist Lehrbeauftragter an der Hamburg Media School. Er hat in Hamburg, Washington, Berkeley und Oxford Politikwissenschaft und Journalistik studiert. 1989 Mitarbeit am Center for Investigative Reporting in San Francisco. 1990/91 Volontariat beim Norddeutschen Rundfunk und bis 1996 freiberufliche Tätigkeit für den NDR. 1996 Promotion mit einer Arbeit über Investigative Reporting in den USA. Vertretungsprofessuren am Institut für Politikwissenschaft der Universität Hamburg im Jahr 2000 und am Institut für Journalistik in Leipzig 2005/2006. Manfred Redelfs ist Gründungsmitglied der Journalistenorganisation „Netzwerk Recherche" und hat sich dort vor allem für das Informationsfreiheitsgesetz engagiert.

*PD Dr. Christian Schicha* ist wissenschaftlicher Mitarbeiter an der Universität Marburg im Fach Medienwissenschaft, an der er 2006 auch habilitierte. Er hat Kommunikationswissenschaft, Germanistik und Philosophie an der Universität Essen studiert. Als wissenschaftlicher Mitarbeiter war er an den Universitäten Essen, Dortmund und Düsseldorf tätig. Er ist seit 1999 verantwortlicher Redakteur der „Zeitschrift für Kommunikationsökologie und Medienethik". Seit 2000 arbeitet er als Jurymitglied der „Initiative Nachrichtenaufklärung". Seit 2001 unterrichtet er als Dozent an der Business and Information Technology School in Iserlohn. Im Jahr 2004 wurde er Vorstandsmitglied des „Vereins zur Förderung der publizistischen Selbstkontrolle". Seit 2005 ist er als stellvertretender Sprecher der DGPuK-Fachgruppe „Kommunikations- und Medienethik" tätig. Weitere Informationen: http://www.schicha.net

*Christiane Schulzki-Haddouti* hat Kulturwissenschaften an der Universität Hildesheim studiert und ist seit 1996 freie Journalistin. Gemeinsam mit der „Telepolis"-Redaktion erhielt sie den Europäischen Preis für Online-Journalismus der Medien-Konferenz Net-Media 2000 in der Kategorie „Investigative Reporting". Seit 2000 ist sie Jurymitglied der „Initiative Nachrichtenaufklärung". Von 2002 bis 2005 leitete sie das Recherche-Seminar für die „Initiative Nachrichtenaufklärung" am Institut für Journalistik der Universität Dortmund. Seit dem Sommersemester 2005 betreut sie das Recherche-Seminar an der Universität Bonn.

*Dr. Caja Thimm* ist Professorin für Medienwissenschaft an der Universität Bonn. Sie hat Germanistik, Amerikanistik und Politologie in München, Heidelberg, San Francisco und Berkeley (USA) studiert. Promotion in Germanistischer Linguistik an der Universität Heidelberg, wissenschaftliche Mitarbeiterin im SFB 245 „Sprache und Situation". Stipendiatin des Margarethe-von-Wrangel-Habilitationsprogramms des Landes Baden-Württemberg. Habilitation an der Universität Heidelberg. Lehrtätigkeiten an den Universitäten Darmstadt, Saarbrücken und Essen. Forschungsschwerpunkte: Sprache und Kommunikation in den Medien, Geschlechterforschung, Sozialität im Internet, Unternehmenskommunikation, E-Learning.

*Rita Vock* ist Nachrichten-Redakteurin beim Deutschlandfunk in Köln. Sie hat Journalistik und internationale Politik in Dortmund, Bordeaux, Paris und Mexiko-Stadt studiert. Nach einem Volontariat beim Westdeutschen Rundfunk arbeitete sie als freie Journalistin für das ARD-Fernsehen, den WDR-Hörfunk und die „Süddeutsche Zeitung". 2004 erschien ihre Diplom-Arbeit zum Thema „Was ist wichtig? Über die Auswahl von Nachrichten im Journalismus". 2004 und 2005 leitete sie als Lehrbeauftragte zwei Recherche-Seminare im Rahmen der „Initiative Nachrichtenaufklärung" an den Universitäten Dortmund und Münster.

# Personenregister

Abu-Jamal, Mumia 164
Annan, Kofi 196, 198
Ashcroft, John 143
Bagdikian, Ben 138, 152, 160
Baker, James 196f.
Baltimore, David 190
Beckham, David 169f.
Bernstein, Carl 110ff., 135, 158
Bierdel, Elias 47, 48, 49
Black, Hugo 140
Blair, Tony 227
Bogart, John B. 163
Bremer, Paul 214
Brinkmann, Rainer 124
Bülow, Andreas von 235
Bush, George (sen.) 141
Bush, George W. (jun.) 19, 76, 143, 167
Carter, Jimmy 157
Chomsky, Noam 51, 53, 76, 77, 78, 160, 164
Cirino, Robert 160
Clark, Wesley 231
Crichton, Michael 164
Cronkite, Walter 158, 159, 164
„Deep Throat" 114
Defoe, Daniel 16, 17, 18, 23
Downs, Hugh 164, 165
Elias, Norbert 72, 74, 76
Elisabeth II. 168
Ellsberg, Daniel 109, 116, 117
Fischer, Joschka 135, 142
Flynt, Larry 160f.
Ford, Betty 160
Ford, Gerald 109, 157, 159
Friedrichs, Hanns-Joachim 16
Fröhder, Christoph Maria 21, 78
Gates, Mr. 39f.
Goldhagen, Daniel Jonah 17, 23
Goodman, Amy 164
Gray, L. Patrick 117f.
Griefahn, Monika 237

Hassan II. 196
Herman, Edward S. 51, 53, 76, 77, 78
Hersh, Seymour 135f., 153
Hightower, Jim 164
Hitler, Adolf 17, 19, 23, 93, 172
Hochschild, Adam 157
Hoffmann, Dustin 115
Höhns, Martina 46
Horner, Chris 208f.
Hunt, E. Howard 110, 117
Hussein, Saddam 19, 225
Isaacson, Walter 227
Isemeyer, Günter 46, 49
Ivins, Molly 165
Jackson, Michael 231
Jacobs, Paul 157
Johnson, Nicholas 160
Jürgs, Michael 172
Kallas, Siim 206
Kaplan, Rick 165
Kendelbacher, Joachim 47
Kerry, John 167
Kilpatrick, James J. 160
Kisch, Egon Erwin 16
Kohl, Hans-Helmut 15
Kohl, Helmut 135
Koppel, Ted 165
Leif, Thomas 21, 32, 78, 145, 154
Leisler-Kiep, Walter 115
Leyendecker, Hans 21, 78, 115, 123, 131, 145, 154
Maher, Bill 135
McChesney, Robert 164
Merkel, Angela 96
Miller, Judith 141
Mitchell, John N. 109, 110
Mitford, Jessica 164
Nader, Ralph 159
Nelson, Jack 160
Nessen, Ron 159
Neuharth, Al 138

Nitschmann, Johannes 124
Nixon, Richard 108f., 110, 111, 117, 157, 159
Ormond, Herzog von 17
Palast, Greg 76, 79, 164
Paley, Bill 158
Park, Robert E. 22
Parker, Richard 157
Pax, Salam 85
Phillips, Peter 78, 79, 164
Puschkin, Alexander 16
Rajneesh, Bhagwan Shree 162
Rather, Dan 76, 79
Redford, Robert 115
Reichmann, Peter 237
Roddick, Anita 157, 163f.
Schechter, Danny 164
Schily, Otto 60, 226
Schröder, Gerhard 142
Simon, Dan 164

Sinclair, Upton 16
Solomon, Norman 76, 79, 164
Sontag, Susan 135
Staud, Toralf 60
Stone, I. F. 159
Tas, Fatih 77
Teitel, Marty 163
Teller, Edward 159f.
terHorst, Gerald F. 159, 160
Trittin, Jürgen 135
Vietinghoff, Eberhard 50
Wallraff, Günter 135, 147
Walters, Barbara 165
Wansleben, Rudolf 126f.
Waschke, Gerlinde 46f.
Webb, Gary 164
Weidenfeld, Sheila Rabb 160
Wisnewski, Gerhard 238
Wolff, Theodor 16
Woodward, Bob 110ff., 135, 155, 158

# Sachregister

11. September 2001  85, 131f., 134, 135, 136, 143, 146, 153
„60 Minutes"  140, 145
ABC-TV  164f.
ABC-Waffen, s. Rüstung
Abschiebung  217, 223f., 226, 234
Abu Ghraib  136, 153
„Accra Mail"  220
Additivitätshypothese  27
advocacy press  159
Afghanistan-Krieg  131, 135, 153, 225, 227
Agence France-Presse (AFP)  77, 209
Agenda Setting  27, 53, 91ff.
Agrarsubventionen  13, 59, 204ff.
AIDS  48
Air Force  143, 233
Aktualität  18, 26, 28, 44, 45, 48, 55, 195
Alkoholismus  11, 179ff., 225, 227
„All the President's Men"  115, 117
alternative press  158
Altersvorsorge  232
American Civil Liberties Union (ACLU)  144, 152
„American Journalism Review"  148
Amnesty International  182, 183, 223, 228, 234
Anniversary News  169
Antisemitismus  15f.
Anzeigenkrise  15, 21, 138, 151
AOL  230
„Arbeit und Leben"  124f.
Arbeiterwohlfahrt (AWO)  47, 48
Arbeitslosigkeit  56, 74f., 211, 217, 222
Armut  182, 232, 236
Arzneimittelabhängigkeit, s. Medikamentenabhängigkeit
Associated Press (AP)  94, 144
Asyl  56, 218, 222, 224, 226, 234
Atomkraft  12, 57, 185ff., 216, 218f., 229, 233, 234, 236f., 237
Audio-Blog  85

Aufmerksamkeit  20, 21, 25, 27, 28, 29, 37, 48, 50, 51, 57, 59, 61, 85, 87, 89, 90, 91, 94, 98, 138, 140, 174, 182, 190, 194, 195, 206, 218
„Augsburger Allgemeine"  96
Ausbildung  17, 21f., 32, 41, 52f., 60, 65, 69, 74, 75, 77, 78, 83, 132, 144ff., 155
Auskunftsanspruch  105, 132, 142
Auswahl  26, 27ff., 35ff., 55, 58, 75, 89, 91
Authentizität  84, 161
„Die Bank"  212
Barrieren  16, 95, 104, 105, 106, 107f., 113, 115, 116, 117, 119, 239
Bayer  214
Beleidigungsschutz  132, 141
Berliner Forum Zukunft  200, 201
„Berliner Zeitung"  209
Bertelsmann  99, 125, 153
Bestechung  115, 220, 236
Betrug  109, 124, 125
Better Government Association (BGA)  136, 152
Bild  26, 67, 68, 71, 72, 74, 76, 78, 82, 83, 95, 104, 123, 143, 172
„Bild Online"  96
„Bild"-Zeitung  85, 135
„Bildblog"  85, 101
Bildschirmmedien  68, 74, 76
Bildung  17, 20, 21, 22, 32, 52f., 53, 55, 60, 65, 69, 71, 74, 75, 78, 83, 124f., 132, 142, 144ff., 151, 155, 195
Biotechnologie  58, 190
Biowaffen, s. Rüstung
Blawg, s. Weblawg
Blog, s. Weblog
Blogosphäre  61, 81ff.
Blogroll  86, 87
„blogstats.de"  83
The Body Shop  157, 163f.
Bonitätsprüfung  14, 211f.
„Bonner General-Anzeiger"  181, 197

Bonner Internationales Konversionszentrum (BICC) 228
Boulevardjournalismus 26, 44, 85
British Broadcasting Corporation (BBC) 164, 184
Bundesagentur für Arbeit 217
Bundesamt für Strahlenschutz 236
Bundesgrenzschutz (BGS) 239
Bundeskriminalamt (BKA) 238
Bundesnachrichtendienst (BND) 235
Bundesrechnungshof 200
Bundesregierung 11, 13, 60, 70, 142, 179, 180, 199ff., 215, 228
Bundestag 61, 69f., 124, 189, 201, 213
Bundesverfassungsgericht 171, 226
Bundesverwaltungsgericht 226
Bundeswehr 192, 199, 202, 231f.
C. S. Fund 163
Cable News Network (CNN) 99, 165, 227
California Institute of Technology 190
Cap Anamur 47
Celebrity News 169
Center for Investigative Reporting (CIR) 136, 153
Center for Public Integrity (CPI) 136, 153
Central Intelligence Agency (CIA) 110, 153, 155, 160, 231, 235
Christlich Demokratische Union (CDU) 115, 127
Columbia Broadcasting System (CBS) 76, 140, 158
„Columbia Journalism Review" 139, 148, 153, 154
Community Newspaper Holdings Inc. 139
Competitive Enterprise Institute (CEI) 208
Computer Games 76
Computer-Assisted Reporting 142, 154
„Computerwoche" 188, 189
Content Management 82
Corporate Blog 85
Corruption Perceptions Index, s. Korruptionswahrnehmungs-Index
DaimlerChrysler 220
Darstellungsform 16, 17, 18, 66
Datenschutz 142, 211f., 217f.
Demokratie 15, 20, 25, 32, 51, 55, 70, 77, 81, 85, 93, 97, 100, 105, 119, 132, 133, 136, 137, 154, 236
Demokratische Partei 109, 110
„Detroit News" 160
Deutsche Bischofskonferenz 46, 49

Deutsche Gesellschaft für auswärtige Politik e. V. (DGAP) 200, 201, 203
Deutsche Hauptstelle gegen Suchtgefahren 179, 181
Deutsche Presse-Agentur (dpa) 133, 150
Deutsche Welle 208, 209
Deutscher Gewerkschaftsbund (DGB) 125
„Die Dezentrale" 85, 101
Digital Divide 89, 100
digitaler Fahrtenschreiber 215f.
Diskriminierung 229
Diskurs 23, 32, 33, 47, 88, 91, 92, 98, 100
Diskussionsforum 87, 88, 94
Dissonanz-Theorie 19
dm 215
Doping 141, 181
Dortmunder Industrie- und Handelskammer 49
Drogensucht 11, 179ff., 225
Duales System Deutschland (DSD) 215
Dublin City University 69, 70, 213
Echelon 233
Ehrverletzung 141
Einschaltquoten 137, 140, 152
„Elektronik Praxis" 188
E-Mail 30, 69, 73, 87, 88, 143, 181, 189, 190, 192, 207, 227, 233
Endesa 208
Energie 7, 12, 61, 128, 185ff., 208, 215, 221, 229
Entertainment, s. Unterhaltung
Enthüllungsjournalismus 32, 105, 106, 107, 108, 113, 122, 123, 129, 136, 137, 140, 143, 144, 154
Ereignismanagement 28, 32
Erkenntnistheorie 19, 20, 22, 99
establishment press 158, 159
Ethik 17, 20, 22, 91, 100, 134, 147, 148, 172, 190
Europäische Kommission 59, 187, 189, 204ff., 215, 218
Europäische Union (EU) 13, 57, 59, 63, 66, 73, 74, 77, 78, 95, 105, 187, 189, 204ff., 208, 209, 214, 215f., 218f., 220, 228
Europäischer Gerichtshof 226
European Aeronautic Defence and Space Company (EADS) 13, 59, 199ff.
European Enterprise Institute (EEI) 208
Existenzgründung 221
Experiment 38
Expo, s. Weltausstellung

Sachregister 249

Exxon Mobil 13, 208ff., 221
Federal Bureau of Investigation (FBI) 114, 117, 118, 161
Federal Communications Commission 160
„Feed/Back: The California Journalism Review" 162
Feldstudie 41
Fernsehen 8, 20, 30, 31, 33, 47, 61, 77, 96, 117, 121, 131, 133, 140, 144, 152, 155, 158, 163, 164f., 167, 168, 170, 171, 183, 202
„Le Figaro" 16
Fiktion 74, 76
First Amendment 141, 152, 154
Flachglas-Skandal 237
Flick-Affäre 115
Flut, s. Hochwasser
FoeBuD e.V. 212
Folter 77, 136, 144, 226, 228, 234
Fox News 135
„Frankfurter Allgemeine Zeitung" (FAZ) 49
„Frankfurter Rundschau" (FR) 15, 85, 93, 95, 101, 188
Freedom of Information Act (FOIA) 142, 143, 144, 154, 155
Friedensforschung 36f., 197, 198, 223, 228
funktionale Differenzierung 17
Gallup 134, 153, 194, 195
Gameshow 75
Gannett 138
Gatekeeper-Modell 35, 39f., 54, 99
Generalbundesanwaltschaft 238
Genre, s. Darstellungsform
Gen-Technik 12, 190ff.
Gesellschaft für Strahlen- und Umweltforschung 236
Gesundheit 20, 63, 74, 180, 181, 193, 216, 217f., 219, 225, 229, 234
Gewalt 20, 28, 29, 70, 72, 74, 76, 77, 78, 88, 107, 117, 182, 217, 229
Gleichheitsgrundsatz 205, 229
Golfkrieg 60, 224, 227
Google 87f., 93, 98, 99, 100, 185, 187, 212
Greenpeace 185, 186, 188, 189, 191, 214, 230
„Greenpeace Magazin" 60
Greenwash 221
Grundgesetz 105, 194, 224
Die Grünen 13, 60, 187, 199

Grüner Punkt 215
„Guardian" 209, 210
„Handelsblatt" 85, 95, 101, 188
Handy, s. Mobiltelefon
„Healing Iraq" 97, 101
„Heise online" 70, 96, 189, 192
Hessische Stiftung Friedens- und Konfliktforschung (HSFK) 199
„Hessisch-Niedersächsische Allgemeine" 96
High Frequency Active Auroral Research Program (HAARP) 229
Hochwasser 48, 220
Hofberichterstattung, s. Verlautbarungsjournalismus
Home Mortgage Disclosure Act 142
Honorar 128, 129, 139
Hörfunk, s. Radio
Human Development Index 64, 78
Human Interest 28, 195
Hunger 28, 164, 171, 182, 218
„Hustler" 160f.
Hyperlink 83, 84, 86ff., 93, 99, 178
Ich-AG 222
„The Independent" 209
„Indiskretion Ehrensache" 85, 101
Informantenschutz 12, 113f., 119, 122, 128, 141f., 193ff., 220
Informations- und Kommunikationstechnologien 65, 73, 89, 229
Informationsanspruch, s. Auskunftsanspruch
Informationsfreiheitsgesetz 60, 105, 142, 226
Infotainment 76
Inhaltsanalyse 38
Initiative für Transparenz bei EU-Agrarsubventionen 206, 207
Initiative Nachrichtenaufklärung (INA) 8, 9, 11ff., 22, 30ff., 33, 42, 45, 53, 54, 55ff., 69f., 75, 77, 78, 81, 94, 96, 97, 170, 172, 173ff., 177f., 179ff., 213ff.
Initiative Neue Soziale Marktwirtschaft (INSM) 96
„Insider" 145
Institut für Sicherheitspolitik 200
Institut für Strategische Analysen (ISA) 200
Inszenierung 28, 29, 33, 67, 71, 72, 75
Integration 25, 196, 239
Interaktivität 73, 92, 93

International Water Association (IWA) 219
Internationale Gesellschaft für Menschenrechte 11, 182
Internet 12, 31, 58, 61, 63, 67, 68, 70, 72, 73, 78, 81ff., 143, 148, 173, 178, 183, 185f., 190ff., 208, 217, 230, 231
Interview 16, 46, 58, 98, 114, 140, 149, 181, 192
Investigative Reporters & Editors (IRE) 131, 137, 139, 142f., 150, 151, 154
investigativer Journalismus 9, 21, 25, 31, 32, 60, 65, 75, 78, 81, 103ff., 121ff., 131ff., 159, 161, 163, 195
Irak-Krieg 60, 85, 97, 131, 132, 141, 143, 144, 200, 214, 221, 224, 225
Iranische Ölbörse (IOB) 60, 216
Issues Management 94, 98, 100
J-Blog, s. Media-Blog
Journalistenausbildung 17, 21f., 32, 41, 52f., 60, 78, 144ff., 155
Journalistik 30, 53, 55, 150, 153, 155, 175
Junk Food News 162, 163, 169, 170
„Jura-Blogs" 85, 101
Jury 8, 22, 31, 47, 56, 57, 58, 59, 78, 158ff., 174, 175, 177f.
Katastrophe 26, 48, 67, 170, 190
Kernkraft, s. Atomkraft
KFOR 231
Kirche 7, 17, 46, 49, 172
Klimaschutz 13, 20, 48, 185ff., 205, 208ff., 220, 221
Komitee zur Wiederwahl des Präsidenten 110ff.
Kommentar 16, 58, 82, 86, 90, 93, 94, 95
Kommerzialisierung 26, 44, 136, 140, 152, 230
Kommunikation 8, 16, 23, 32, 35, 41, 53, 55, 56, 60, 65, 67, 68, 69, 71ff., 78, 82f., 84ff., 88ff., 98, 99, 100, 107, 113, 114, 154, 155, 194, 214, 229, 231f., 233
Kommunikationswissenschaft 8, 23, 35, 55, 56, 60, 71, 99
Kommunikator 75, 88
Kommunismus 135, 182
Komplementaritätshypothese 27
Konsistenz-Theorie 19
Konsonanz 28, 37
Kontrollfunktion 81, 117, 146
Korruption 12, 57, 63, 65, 122, 132, 136, 137, 171, 193ff., 213, 220, 236

Korruptionswahrnehmungs-Index 194, 195, 220
Krebs 20, 127, 170, 214, 216
Kreditanstalt für Wiederaufbau 235
Kreditwesen 14, 142, 211ff., 216
Krieg 13, 16f., 17f., 26, 60, 75ff., 78, 85, 108, 116, 131, 132, 135, 137, 143, 171, 196ff., 200, 214, 222, 223, 224, 225, 226, 227, 228, 229, 231
Kriminalität 28, 136, 180
Kryptonite 94, 97
Kyoto-Protokoll 209
Landesvereinigung der Arbeitgeberverbände 49, 50
Landwirtschaft 13, 59, 204ff.
Lauschangriff 233
„Law Blog" 85, 101
Lawrence Livermore National Laboratory 159
Leitfadeninterview 46
LexisNexis 212
LFK-Lenkflugkörpersysteme 200
Lidl 85, 92, 101
„Life" 17, 23
Link, s. Hyperlink
Live Aid 164
Lobby Control 96, 99, 101, 208, 209
Lobbyismus 13, 21, 32, 96, 99, 101, 197, 201, 203, 208ff., 221, 233f.
Lokaljournalismus 9, 49f., 97, 104, 108, 110, 111, 121ff., 138, 140, 150
„Londonleben" 92, 101
Lucona-Affäre 116
Lufthansa 208
Luftwaffe 199, 233
Machtkontrolle 133, 134, 154
„Magdeburger Volksstimme" 96
Mainstream-Journalismus 31, 76, 152, 157, 161, 165
Mangelernährung 218
Manipulation 26, 61, 70, 124, 216, 232, 233
Massachusetts Institute of Technology (MIT) 160, 191
Massenvernichtungswaffen, s. Rüstung
Media-Blog 85
Medico International 13, 196, 198
Medienbiashypothese 27
Medienkompetenz 68, 72, 89
„Medienrauschen" 96, 100, 101

Sachregister 251

Medienwirkungsforschung 19
Medienwissenschaft 32, 33, 53, 54, 56, 61, 139
Medikamentenabhängigkeit 11, 179ff.
Medium Extended Air Defense System (MEADS) 13, 59, 199ff.
Medizin 75, 179ff., 190, 232, 234
Meinungsbildung 25, 32, 70, 88ff., 104, 117
Meldung 11, 16, 25, 27, 31, 38, 39, 52, 60, 86, 95, 123, 129, 133, 149, 150, 182, 209, 234
Menschenrechte 11, 46, 182ff., 218, 223, 224
„Merkur Online" 96
Methodologie 22, 155
„Metroblogging New Orleans" 92, 101
Microsoft 232
Militär 17, 26, 56, 57, 63, 65, 74, 75ff., 78, 79, 131, 136, 144, 161, 200, 202, 218, 220, 221, 224, 229, 231, 232, 233, 236, 238
Military Entertainment 75ff., 78
Mineralstoffmangel, s. Mangelernährung
Misshandlung 182, 223, 234, 239
Mission für das Referendum in der Westsahara (MINURSO) 196f.
Mitteldeutscher Rundfunk (MDR) 56
Mobiltelefon 63, 82
Modell der Kontexte des Journalismus 132
Molekularbiologie 190
„Monitor" 13, 59, 199, 200, 202, 203
Monopolisierung 60, 76, 77, 107, 138, 160, 226
Monsanto 214
Morbiditätsfaktor 217f.
„Mother Jones" 139, 157, 159
MSNBC 165
Müllverwertung 215
Multimedia 65, 69, 71, 72, 73, 74, 78, 83, 100
My Lai-Massaker 135
Nachhaltigkeit 7f., 63, 70
Nachricht 8, 9, 16, 17, 22, 23, 25, 27, 30, 31, 35ff., 55, 60, 61, 67, 68, 69, 75, 78, 81, 86, 88, 90, 91, 93, 103, 104, 122, 133, 135, 137, 139, 144, 146, 147, 150, 153, 170, 173, 174, 178, 220, 227, 231, 235
Nachrichtenfaktoren 21, 23, 25ff., 36ff., 51, 52, 54, 91, 195
Nachrichtenfunktion 81

Nachrichtenwert-Theorie 16, 27, 29, 35ff., 43, 54, 60
„The Nation" 139
National Citizen's Committee for Broadcasting 160
National Institute for Computer-Assisted Reporting (NICAR) 142
National Security Agency (NSA) 231f., 233
National Security Archive 144, 154
Nationalsozialismus 17f., 93, 98, 101
„Nature" 190
Naturkatastrophe, s. Katastrophe
Nedap 69f., 213
„Netzausfall" 96, 101
„Netzjournalist" 96, 101
„Netzpolitik" 96, 101
Netzwerk 82, 86, 87, 92, 93, 96, 98, 125, 128, 135, 136, 139
Netzwerk Recherche 21, 60, 65, 131, 145, 151, 152, 154
„Neue Rhein/Ruhr-Zeitung" (NRZ) 115
„Neues Deutschland" 209
„New Times" 159
„New York Sun" 163
„New York Times" 16, 77, 94, 136, 140f., 141, 143, 152, 153, 154, 159
„New Yorker" 135, 153
„Newsweek" 139
„Nightline" 165
Nobelpreis 190
North Atlantic Treaty Organisation (NATO) 231
„Observer" 231
öffentliche Meinung 32, 54, 55, 88ff., 136, 143f.
Öffentlichkeit 8, 9, 11, 12, 13, 15, 17, 20, 21, 22, 23, 25, 26, 27, 29, 30, 31, 32, 33, 45, 50, 51, 53, 54, 55, 57, 59, 61, 69, 71, 75, 81ff., 103, 104, 109, 115, 116, 117, 125, 126, 127, 128, 133, 134, 135, 136, 141, 142, 143, 145, 151, 153, 171, 173, 174, 178, 179, 180, 181, 182, 185, 188, 193, 196, 199, 201, 204ff., 211, 227, 230, 231, 235
Öffentlichkeitsarbeit 46, 49, 50, 53, 153
Ökologie 20, 25, 33, 65, 187, 188, 189, 204, 206, 221
Online-Journalismus 84, 89
„onlinejournalismus.de" 95, 96, 98, 101
„Orange County Register" 137

Organhandel 11, 182ff.
Organisation der Vereinten Nationen für Erziehung, Wissenschaft und Kultur (UNESCO) 63, 64
Organisation für wirtschaftliche Zusammenarbeit und Entwicklung (OECD) 205, 220
Österreichische Energieagentur 187
Pacific Gas & Electric 157
„Panorama" 202
Parteispenden-Affäre 115
PATRIOT-System 199, 200, 202
„PC-Welt" 96
Pentagon 109, 116, 135f., 140, 143, 153, 238
„Penthouse" 161
Personalisierung 26, 28, 29, 94
Personality Blog 85
Persönlichkeitsrecht 20, 104, 212
„Philadelphia Inquirer" 138
Physikalisch-Technische Bundesanstalt (PTB) 69f.
„Playboy" 161
Podcast 85
political correctness 16
Politik-Verdrossenheit 134
Polizei 16, 74, 110, 126f., 214, 234, 237, 239
Pornografie 72, 161
Premiere 217
„Die Presse" 192
„Presseclub" 145
Pressefreiheit 25, 97, 141, 154, 171
Presserecht 104, 119, 141
„PrimeTime Live" 165
Privatsphäre 217f.
Pro Asyl 224
Professionalisierung 17, 75, 139, 162
„The Progressive" 139, 159
Project Censored 22, 30, 42, 54, 65, 69, 77, 78, 79, 157ff., 169, 170, 175, 209, 235
Propaganda 17, 18, 26, 51
Propaganda-Modell 51
„Providence Journal-Bulletin" 137
Public Interest Disclosure Act 194
Public Relations 26, 33, 44, 48, 49f., 52, 65, 98, 100, 101, 150, 153, 221, 224
Publikum 15, 16, 17, 18, 21, 27, 29, 42, 67, 88, 89, 91, 146, 188, 234
Publizistik 18, 54, 89
Publizität 42, 88

Pulitzer-Preis 131, 137, 145, 154
Qualität 8, 18f., 21, 23, 27, 49, 61, 66, 68, 89, 90, 91, 97, 99, 100, 107, 133, 136, 137, 148, 151, 152, 168, 171, 223
Radio 8, 30, 31, 121
„Radio Free Nepal" 97, 101
Raketenabwehr 13, 59, 199ff.
Rassismus 15, 239
Realität 23, 33, 46f., 48, 50, 54, 69, 99, 103, 104, 105, 106, 108, 114, 117, 164
Recherche 9, 11, 15ff., 25, 26, 30, 31, 32, 43, 44, 49, 52, 53, 55ff., 65, 78, 84, 85, 93, 96, 99, 103ff., 121ff., 131ff., 173, 174f., 177, 178, 182, 188, 195, 209, 212, 226, 233, 234, 238
Rechtsextremismus 16, 231, 239
Redaktion 26, 30, 35, 38ff., 41ff., 48, 49, 50, 52, 60, 65, 71, 81, 91, 116, 121, 125, 126, 132, 133, 136, 137, 138, 139, 144, 146, 148, 150, 152, 153
Redaktionsforschung 35, 39
Relevanz 8, 9, 23, 25, 28, 29, 30, 31, 36, 37, 41, 42, 45, 46, 50, 51, 55, 57, 58, 81, 87, 88, 89, 90, 92, 94, 96, 98, 103, 107, 115, 119, 132, 133, 140, 168, 170, 173, 174, 180, 182, 186ff., 191f., 194f., 197, 202, 205f., 209, 211, 229
„Report Baden-Baden" 235
Reportage 16, 23, 60, 76, 106, 172, 184
Reporters Committee for Freedom of the Press 143, 153
„Reporterwelt" 95, 101
Repräsentantenhaus 108, 225
Republikanische Partei 76, 109
Residenzpflicht 218
Rezeption 19, 25, 26, 29, 37, 71, 82, 83, 89, 90, 91
„Rheinische Post" 95
Richtigkeit 15, 18, 30, 69, 174, 178, 179f., 182, 185f., 190f., 193f., 196f., 199ff., 204f., 208, 211
Robert-Koch-Institut 192, 238
„Rolling Stone" 159
Rote Armee Fraktion (RAF) 238
RSS-Feed 86
Rüstung 12, 13, 16, 58, 59, 190ff., 196, 199ff., 201, 218, 228, 229, 233, 236
RWE 208
Sahrauis 12f., 196ff.
„San Francisco Chronicle" 141
Sandoz 194

"Schwarzbuch Lidl" 85, 92, 101
Scoring 14, 211f.
Selbstkontrolle 72, 74, 76, 190, 191, 192
Selektion, s. Auswahl
selektive Wahrnehmung 107, 108, 119
Sensation 8, 15, 17, 21, 104, 140, 163
Sex 20, 169, 227
Sex News 169
Sibneft 216
Siemens Business Services (SBS) 195
Stockholm International Peace Research Institute (SIPRI) 223, 228
Soap Opera 75
Social Software 82
Sozialdemokratische Gemeinschaft für Kommunalpolitik 124
Sozialdemokratische Partei Deutschlands (SPD) 13, 60, 123f., 199
soziale Realität 46f., 50
Sozialhilfe 221f., 222
Soziologie 23, 35, 40, 78, 82, 100, 104
Spenden 48, 115, 182f., 201, 234
"Der Spiegel" 19, 109, 115, 123, 139, 187, 188, 189, 202
"Spiegel Online" 60, 92, 93, 98, 100, 154, 188
Spielfilm 73, 78, 115
"Spindoktor" 96, 101
Spionage 78, 233
Sport 47, 56, 94, 141, 148, 180, 181, 227
"Spreeblick" 93, 98, 101
SS 234
Staatssicherheit 222
Stanford University 65, 159
Statistisches Bundesamt 219
Sterbehilfe 232
Stereotypie 28, 29, 67
"Stern" 19, 172, 181, 242
Steuern 33, 76, 77, 96, 124, 172, 201, 206, 227, 235
Stiftung Wissenschaft und Politik (SWP) 199, 202, 203
Strafrecht 213, 229
Streik 237
Strom, s. Energie
"Students for a free Tibet" 97, 101
"StudiVZ" 95
Subjektivität 39, 84, 91
Suchmaschine 73, 83, 87f., 89, 93, 98, 99, 212

"Süddeutsche Zeitung" (SZ) 49, 60, 115, 123, 124, 131, 154, 181, 188, 195, 202
Südwestrundfunk 96
Sullivan-Urteil 141, 154
Sun Microsystems 185ff.
Supreme Court 141
Synanon 161
Tabak 233f.
Tablettensucht, s. Medikamentenabhängigkeit
"Tagesschau" 181
"die tageszeitung" (taz) 184, 188, 192, 197, 198
Talkshow 63, 75, 160
"Technology Review" 192
"Technorati.com" 83
teilnehmende Beobachtung 41
"Telegraph Online" 94, 101
Telekommunikation 68, 214
Telenovela 75
Terrorismus 12, 26, 65, 77, 85, 135, 143, 153, 190ff., 201, 227, 238
Thematisierungsfunktion 91, 92, 93
Third World Network 191
"Thüringer Blogzentrale" 97, 101
"Time" 139
"Toledo Blade" 137
T-Online 230
Top-Ten-Liste 8, 9, 11ff., 22, 30, 31, 45, 55ff., 63, 64, 69, 70, 158, 159, 177, 179ff., 213ff.
Toxiwaffen, s. Rüstung
Trackback 86, 87
Transparency International 194, 195, 207, 220
Transparenz 14, 55, 143, 205, 206, 207, 211, 212
Treibhauseffekt, s. Klimaschutz
Trinkwasser, s. Wasser
"Tsunami Survivor" 92, 101
Überschwemmung, s. Hochwasser
Überwachung 66, 75, 118, 214, 215, 227, 232, 233, 236
Umfrage 83, 84, 90, 100, 134, 145, 147, 149, 194
Umweltinformationsgesetz 105
Umweltschutz 7, 20, 47, 185ff., 193f., 205f., 216, 221, 229, 236f., 237
Unabhängiges Zentrum für Datenschutz Schleswig-Holstein 212

Unabhängigkeit 9, 17, 18, 20, 28, 30, 51, 52, 58, 95, 97, 118, 173, 175, 183, 196, 200, 201, 208, 211, 212
„Die Unbestechlichen", s. „All the President's Men"
Union of Concerned Scientists 208, 210
United Nations, s. Vereinte Nationen
Universal Press Syndicate 160
Universalität 42
Unterhaltsamkeit 18
Unterhaltung 68, 73, 75ff., 78, 137, 140, 146, 152
US Army 224
„U.S. News & World Report" 139
„USA Today" 138
Valenz 28
Vattenfall 208
Verbraucherschutz 12, 14, 26, 57, 185ff., 193, 206, 211f., 234
Verbraucherzentrale 46f.
Vereinte Dienstleistungsgewerkschaft (Verdi) 46, 85, 101, 124
Vereinte Nationen 13, 63f., 78, 79, 196ff., 213, 221, 223, 224, 225, 232, 234
Vergewaltigung 229
Verlautbarungsjournalismus 50, 104, 105, 106, 108
Vermittlung 15, 18, 21f., 25, 26, 27, 29, 33, 47, 49, 52, 53, 55, 71, 73, 86, 89f., 91, 95, 100, 103, 145, 146
Vernachlässigung 8, 9, 11ff., 17, 18ff., 21, 22, 25ff., 35ff., 55ff., 65, 69, 70, 75, 94, 97, 173, 174, 178, 179ff., 213ff.
Vernetzung 65, 72, 73, 74, 86ff., 90, 91, 93, 98, 100, 132, 151
Verschwörungstheorie 32, 116f.
Verständlichkeit 18, 25, 68, 76, 86
Vertrauen 14, 70, 72, 77, 128, 211, 224
Viacom 76
Video Games 76, 78
Video-Blog 85
Video-Telefonie 69
Video-Überwachung 75, 227
vierte Gewalt 55, 117, 134, 138, 140, 154
Vitaminmangel, s. Mangelernährung
Vlog, s. Video-Blog
Vollständigkeit 15, 18, 42, 103, 116, 193
Wächterpreis 146f.
Wahlen 61, 69f., 78, 108ff., 127, 143, 158, 168, 196, 213, 236
Wahrhaftigkeit 18, 135

Wahrheit 15, 17, 18, 48, 63, 77, 121, 136, 141
Wahrnehmung 15, 18, 25, 38, 41, 43, 66, 68, 107, 108, 113, 117, 119, 220, 234
„Wall Street Journal" 142
War Programming 76
Warblog 85, 92
Warschauer Pakt 200
„Washington Post" 94, 108, 110, 111, 114, 116, 117, 118, 135, 138, 148, 154, 158, 227
Wasser 60, 77, 172, 191, 206, 216, 219, 220, 226
Watchblog 85, 92
Watergate-Affäre 104, 108, 109ff., 131, 135, 140, 145, 148, 157, 158
Webcam 66, 69
Weblawg 85
Weblog 61, 65, 81ff.
Weißes Haus 67, 109, 110, 111, 117, 118, 143, 158, 162
„Die Welt" 49
„Welt am Sonntag" 184, 209
„Welt.de" 95
Weltausstellung 224
Weltbank 216, 226, 227
Weltgesundheitsorganisation (WHO) 221, 227
Welthandelsorganisation (WTO) 226
Wenko 230
„Werbeblogger" 93, 101
Westdeutscher Rundfunk (WDR) 13, 59, 202, 203
WestLB 216
„Where is Raed?" 85, 101
Whistleblowing 12, 85, 99, 109, 113, 193ff.
White House, s. Weißes Haus
Wiederaufnahmeverfahren 219
Wiedervereinigung 225
Wirklichkeitskonstruktion 107, 116, 119
„Wirtschaftsblatt" 209
Wissensgesellschaft 63ff.
„World News Tonight" 165
Worst EU Lobby Award 208, 209
Wuppertal-Institut für Klima, Umwelt, Energie 185, 186, 188, 189
„YouTube" 95
„Die Zeit" 85, 95, 101
Zeitschrift 31, 93, 135, 139, 148, 149, 161, 165, 212, 229

## Sachregister

Zeitung  7, 15, 16, 23, 31, 39, 42, 47, 49, 53, 59, 60, 63, 77, 85, 98, 110, 111, 114, 115, 117, 123, 124, 126, 129, 131, 132, 135, 136, 137, 138, 139, 140, 141, 143, 144, 145, 147, 148, 150, 151, 153, 154, 155, 168, 170, 171, 181, 183, 188, 195, 198, 202, 209, 212, 220, 229, 231
Zensur  11, 42, 44, 72, 76, 97, 140, 157ff., 182f., 227
Zentrum für interdisziplinäre Suchtforschung  179, 181
Zigaretten, s. Tabak
Zivilisationstheorie  67, 72, 76, 78
Zukunftstechnologien  230
Zutrittsbarrieren, s. Barrieren
Zwangsarbeit  182f.
Zweiter Weltkrieg  17, 77

# Allgemeines Programm

Christina Holtz-Bacha (Hrsg.)
**Die Massenmedien
im Wahlkampf**
Die Bundestagswahl 2005
2006. IV, 360 S. Br. EUR 34,90
ISBN 978-3-531-15056-7

Christina Holtz-Bacha /
Nina Reiling (Hrsg.)
**Politikerinnen kommen vor**
Wie die Medien mit Frauen in der Politik umgehen
2007. ca. 250 S. Br. ca. EUR 29,90
ISBN 978-3-531-15357-5

Kurt Imhof / Roger Blum / Heinz Bonfadelli / Otfried Jarren (Hrsg.)
**Demokratie in der
Mediengesellschaft**
2006. 384 S. Br. EUR 44,90
ISBN 978-3-531-15299-8

Nikolaus Jackob (Hrsg.)
**Wahlkämpfe in Deutschland**
Fallstudien zur Wahlkampfkommunikation 1912 - 2005
2007. 352 S. Br. EUR 39,90
ISBN 978-3-531-15161-8

Olaf Jandura
**Kleinparteien in der
Mediendemokratie**
2007. ca. 400 S. Br. ca. EUR 44,90
ISBN 978-3-531-15018-5

Miriam Melanie Köhler /
Christian H. Schuster (Hrsg.)
**Handbuch Regierungs-PR**
Öffentlichkeitsarbeit von Bundesregierungen und deren Beratern
2006. 499 S. Br. EUR 49,90
ISBN 978-3-531-15192-2

Michaela Maier / Marcus Maurer /
Carsten Reinemann / Jürgen Maier
**Schröder gegen Merkel**
Wahrnehmung und Wirkung des TV-Duells 2005 im Ost-West-Vergleich
2007. ca. 200 S. Br. ca. EUR 19,90
ISBN 978-3-531-15137-3

Kristina Wied
**Der Wahlabend
im deutschen Fernsehen**
Wandel und Stabilität der Wahlberichterstattung
2007. 420 S. Br. EUR 49,90
ISBN 978-3-531-15302-5

Jeffrey Wimmer
**(Gegen-)Öffentlichkeit in der
Mediengesellschaft**
Analyse eines medialen Spannungsverhältnisses
2007. ca. 250 S. Br. ca. EUR 29,90
ISBN 978-3-531-15374-2

Erhältlich im Buchhandel oder beim Verlag.
Änderungen vorbehalten. Stand: Januar 2007.

**www.vs-verlag.de**

**VS VERLAG** FÜR SOZIALWISSENSCHAFTEN

Abraham-Lincoln-Straße 46
65189 Wiesbaden
Tel. 0611.7878 - 722
Fax 0611.7878 - 400